岡村圭真著作集 第一巻

空海思想とその成りたち

法藏館

弘法大師坐像（万日大師・桃山時代・金剛峯寺蔵）

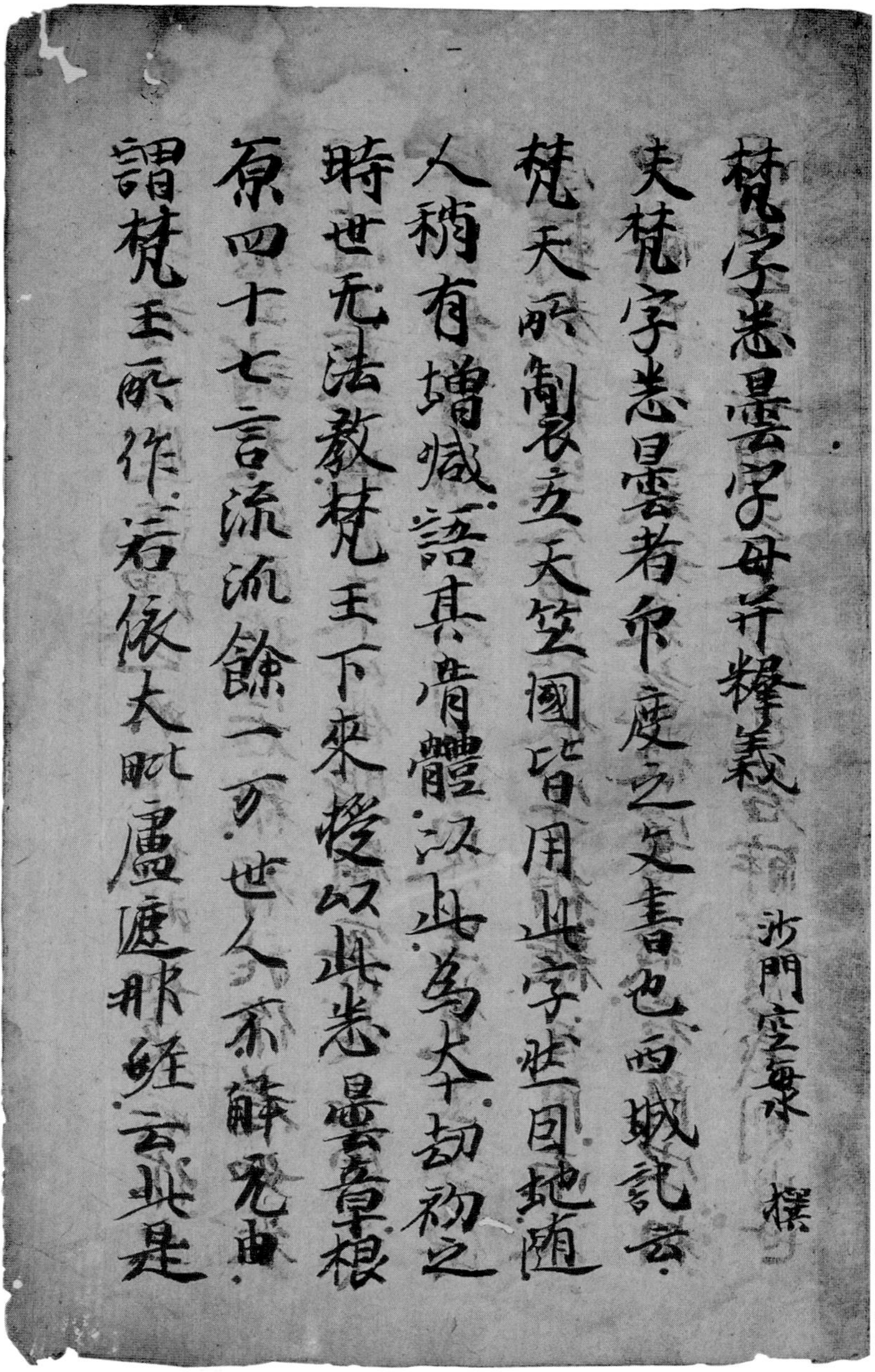
梵字悉曇字母并釋義　沙門空海撰
夫梵字悉曇者印度之文書也西域記云
梵天所製五天竺國皆用此字然因地隨
人稍有增減語其骨體以此為本劫初之
時世无法教梵王下來授以此悉曇章根
原四十七言流流餘一万世人不解无由
謂梵王所作若依大毗盧遮那經云此是

『梵字悉曇字母并釈義』 巻首（高野山大学図書館三宝院文庫蔵・元永二年〈1119〉移点）

献辞

松長有慶（高野山大学名誉教授）

岡村圭真は思索の人である。観じ、思い、考え、長い歳月をかけて、それを頭の中で反芻する。そして暫くして、その成熟した果実を紙の上に吐露する。だから遅筆である。しかしその内容は濃くて、重い。

青年時代に京都大学で西洋哲学を学び、神秘主義を研究課題とし、高野山大学に研究教育職を得て、空海と慈雲の研究に没頭し、学生たちと夜を明かして議論を重ねながら宗教教育に当たった。

戦後間もないころ、仏教学を修めるのに、東京大学は国際交流に、東北大学は文献学に、京都大学は哲学的思索にと、それぞれ特徴をもっていた。岡村と同年代で高野山大学に所属する若手の研究者であった私たちは、各人が異なった研究分野をひっさげて集まり、空海をテーマに議論を重ね、互いに影響を受け、また与えながら研究者として育っていった。

その仲間に、国文学の山内潤三、高野山史の和多秀乘、インド哲学の高木訷元、中国哲学の加地伸行などがいた。インド密教を研究領域としていた私が、空海の思想に関心を抱くようになったのも、この研究会がその機縁の一つであったと思われる。

この空海研究会も、メンバーの各自の研究と雑務の多忙によってそれほど時を経ずして休会となった。だが数年後に京大の名誉教授で、空海研究に関心を持ち、業績を相次いで発表されていた上山春平らを招聘して再開し、研究会を継続したことが、今では懐かしく思い出される。

岡村の空海に対する関心は、空海の還源の思いから出発し、恵果からの受法の意義、『勧縁疏』の重要性の指摘、即身成仏思想に対する思い入れなど、訥々として語る深い思索の跡は、私の知的好奇心を少なからず刺激し、空海への視点を多角化し、研究の純度を高めるために資するところが大きかったように思う。

そのほか慈雲に対する傾倒は、慈雲の釈尊への回帰の思いと、教団から一定の距離を置いての、自由で鋭角的な求道の精神に対する共感、正法律の教えの現代社会への適用の問題などに起因するものと思われる。それとともに慈雲の書についての見解にも傾聴すべきものをもっている。

師僧の老齢による臥床のため、高野山大学を辞し、徳島の自坊に戻り、高知大学に通われるようになって以降は、親しく謦咳に接する機会を逸したが、独自に空海研究を継続されていたようである。

恵果の曼荼羅による真実の具現化を越えて、空海が文字、ことばによって真実をあらわすという立場を鮮明にしたことの指摘など、円熟した思索の結実というべきであろうか。

以上のような特色をもつ空海研究と慈雲研究が、それぞれ一冊の書籍にまとめられて、上梓されることはまことに喜ばしい。待望の書の出現といってよい。杯とともに、疎辞を添えて机下に献上したいと思う。

はしがき

高野山大学に奉職し、すぐれた先輩、諸先生に恵まれ、感激の想いを馳せた記憶が残っている。

木造の貧弱な学舎にまるで似合わない高潔の教授陣、この対照がひどく心を打った。新制大学一期生の著者にとって、昭和三十年代の高野山はまさしく別天地の感がしたものである。まず人に触れ、環境に触れて、高野山が聖域であると悟った。顧みて時代の転換期の高野山で学んだことは、その後の私の生き方に計りしれない影響を与えたように思う。

ただ、旧稿では空海の文字の深みに踏みこめず、浅薄な考察に留まっている。むしろ文字に捉われて真実が捉えられず、なお一歩の処で筆が止まり、文字の深みに踏みこむことなく、未熟な考察に留まったことは省みて忸怩たるものがある。

また『即身成仏義』の六大説に対して、『十住心論』序文が大日如来の真言を提示する問題で、後者は識大の欠如とする解説がみられるが、『十住心論』の真言重視の姿勢から納得しがたいところである。

いまや、空海研究が大きく進展してきた時代に旧稿を提示する意味ありやという問題がある。

粗雑ながら徒手空拳、空海の思想に迫り、かつは時代に応じた密教のありようについて考察を巡らすことは、大きく変化する時代なればこそ末徒の一人ひとりに課せられた責務と信ずるものである。足許を固め大局を見誤らないこと、これこそがわれわれに課せられた時代の要請ではないだろうか。

今回は、新しい時代にふさわしい思索の擡頭を祈念しながら旧稿を上梓するものである。

なお、卒爾ながらこの度の出版にご協力頂いた方々に甚深なる謝意を表する次第である。

平成二十九年十二月

著者記す

空海思想とその成りたち　岡村圭真著作集　第一巻＊目次

空海思想とその成りたち

岡村圭真著作集　第一巻

凡例

本著作集では、出典・典拠とした全集類は、左記の要領にて記した。

一、『定本弘法大師全集』（弘法大師著作研究会編、全十一巻）……定本
一、『大正新脩大蔵経』……大正
一、『新訂増補国史大系』……国史
一、『慈雲尊者全集』……慈雲

一　空海伝の成立――空海と弘法大師――

一　空海と弘法大師

「空海と弘法大師」、これが与えられたテーマである。思想でなく歴史の観点から書いてほしい、との編集者の注文である。いってみれば門外漢に、ひとつ空海の伝記における根本問題を解明してみないかという、すこぶるつきの難問である。

そういえば「史的空海と信仰としての弘法大師」という問題があってもいいのではないか。キリスト教に、世紀の大問題とされる「史的イエスと宣教（ケリュグマ）としてのキリスト」というテーゼがあるわけだから、密教の方でも、伝説や潤色にみちた弘法大師伝に真っ向から立ちむかって、空海その人の史実に迫ろうとする試みがあって、すこしもおかしくはない。いや、そればかりでなく、非神話化という主題は、もともと空海研究にとって宿命ともいうべき課題であったのかもしれない。最近刊行された『定本弘法大師全集』（高野山大学密教文化研究所、一九九一〜九七年）全十一巻は、文献考証の領域において画期的な成果をあげ、伝説や伝承から脱却して、非神話化という課題にひとつの答えを提出したという点からも評価できる。

とはいえ、「史的イエスと宣教としてのキリスト」論は、もともと歴史学（新約聖書研究）と哲学の領域にまたがる、とりわけ実存的な問題を基盤としてもっているところの根の深い問題である。たとえば、空海伝の研究者が四国霊場の巡拝中に、同行二人《どうぎょうににん》の弘法大師をまのあたり体験したとしてみよう。研究者であるかぎり、学問的に空海に対する場合、研究対象としての空海は、一定の時代に実在した歴史上の人物である。しかし、「南無大師遍照金剛《なむだいしへんじょうこんごう》」と唱えて巡拝する信仰者であるかぎり、弘法大師は、いつでもどこでも自分と共にいまして（時間・空間を超えて）、現にいま自分とひとつに、巡拝の途上に現前する大師その人であって、過去の空海ではない。縋《すが》りてあゆむ杖のごとく、これだと指し示すわけにはゆかないが、あくまで厳然たる、疑うことのできない体験の事実として、リアルに現前するもの、それが弘法大師その人である。

そうなると、学問と信仰という二つの次元で、それぞれリアルな仕方で出会われる、空海と弘法大師は自分自身にとって、一にして二となる。学問の場での真理と、信仰における事実というように、真なるものが二つに分かれてしまう。ところが、もし信仰者の出会う弘法大師が、単なる観念上の大師にとどまらず、どこまでも誓願に生きた、史実としての空海その人にほかならないと確信できたとき、事態は一挙に変わる。四国路で出会われる大師（人は修行大師と呼ぶ）、不断に修行して衆生済度を続けておられるその大師は、「虚空つき、衆生つき、涅槃つきなば、わが願いもつきん」（定本八—一五八）という四尽句の誓願を掲げて、その誓願のゆえに不惜身命、生涯を捧げられた空海その人のほんとうの姿にほかならない、そう確信するものにとっては、空海と弘法大師はもともと一であって二ではない、ということになってくる。もっとも、かかる確信は自分のあり方そのものと通底する、いわば実存の次元にかかわるものであって、もはや、学問以前のことに属すると考えるべきであるかもしれない。

そこで、空海と弘法大師という主題を歴史の領域のうちで追究するには、空海伝の問題にしくものはないと思いついた。上山春平氏の評伝『空海』（朝日新聞社、一九八一年）以来、いわゆる『御遺告《ごゆいごう》』を原型とする空海研究は、信仰もしくは宗団の立場にたっており、史実としての空海の探究にはふさわしくないとされてきた。その成果が、先の『定本全集』の刊行であり、その中で『御遺告』は「参考資料」に分類されるにいたった。しかし、史実か信仰かという命題そのものは、もともと空海伝の成立と緊密に結びついた、はるかに根の深い問題だったかもしれないのである。およそ偉人や高僧の範疇におさまらず、おそらく同時代人にとっても、ときに大鵬や巨鯤のごとく、ときに深山幽谷に似て、まるで捉えどころのない空海その人に接して、いったい何を史実、何を信仰というのか、判断に窮するのがむしろ当然ではなかっただろうか。この超人的な宗教的天才の、どこに照準を合わせて空海その人を描くのか、空海伝の成立は、そういう興味深い問題へとわれわれを導く険しい小道なのである。

意外なことに、『御遺告』に対置される、もうひとつの原型、つまり『続日本後紀』（以下『続後紀』とする）の「卒伝」が参考にし材料とした資料を探ってみると、空海伝の祖型ともいうべきものが浮かび出てくる。異例にみちた「卒伝」記事の構成には、拠るべき典拠があって、意表をつくような撰者の意図が隠されている。あえて、淳和帝の「弔書」を載せた真意は何か、といった推理小説じみた問題がつぎつぎ出てくるとともに、その雲霧のかなたに、空海伝成立の姿がほのかに立ち現われてくるから不思議である。この夢のような推理の顚末を報告するのは、ただただ空海研究のあらたな転換期を迎えて、あらたな研究の展開を切に念願してやまないからである。

二　空海伝の原型と祖型を探る

承和二年（八三五）三月二十一日、「大僧都伝灯大法師位空海、紀伊の国の禅居に終る」（国史三―三八）と報じたのち、『続後紀』は同二十五日、「勅して内舎人一人を遣して法師の喪を弔ひ、ならびに喪料を施す」(国史三―三八)として、後太上天皇(淳和帝)の「弔書」と「卒伝」を載せている。これは、おなじ『続後紀』に収める僧侶――円澄・護命・空海・慈朝・寿遠・守寵・守印・明福の八人――のうち、もっとも際立った破格の「卒伝」ということができる。この記事がいかに桁はずれて異例のものであったかは、たとえば前年の護命の「卒伝」記事(承和元年九月十一日)と比較すれば一目瞭然であろう。

まず、「化去」の記事が変わっている。「護命卒《しゅつ》す」が「空海、紀伊の国の禅居に終る」となる。続いて「卒伝」を掲げ「法師は云々」と書くのが通例であって、まず例外はない。ところが、空海の場合、日を改めて、遣使以下の葬儀にかかわる記事があらわれる。たしかに儀式礼容の記事は『続後紀』の一特色とされてはいるが、僧侶に限ってみると、まったく前代未聞のことである。のみならず、後太上天皇(淳和帝)の「弔書」が添えられたのも、未曾有のことに属し、管見によれば、おそらく六国史の僧伝のうちに先蹤を求めることができないのではなかろうか。

そこで、もしこの一連の記事が、単なる儀式の報告にとどまらず、六国史の編修方針に基づき、何か拠るべき材料を参考にして書かれたと仮定すれば、いったいどうなるであろうか。意外なことに、その材料とおぼしき記事が、たしかに存在したのである。ほぼ同一の構成をとったものに「勅使劉仙鶴致祭文一首」の文章がある。これは、不空(七〇五～七七四)の祭奠記事で、皇帝の遣使、祭奠と「祭文」にいたるまで、みごとな符合を示している。その文章は、『不空表制集』巻四(大正五二―八四九下)と、『広付法伝』巻二「第六祖大弁正広智不空三蔵和上」(定本一―九九)の伝記に収めるもので、いずれも空海研究の基礎資料と目されている。そこには、「皇帝(代宗)内給事、劉仙鶴を遣して、香茶の奠をもって敬《つつ》しみて大弁正広智三蔵(不空)和上の霊に祭る、文にいはく(「祭文」は略す）」（定本一―九九）とある。かれこれ対照して、両記事の対応はあきらかであるから、前記のいずれかの文書を参考にして、この記事が書かれたことはまちがいないであろう。すなわち、代宗の遺使、香奠と「祭文」に対するに、仁明帝の勅使、弔喪、ならびに淳和帝の「弔書」をもってし、さらには「皇帝」の「祭文」に応じて、「後太上天皇」の「弔書」を配する、じつに行き届いた心配りが目に浮かぶようである。

このことは、「卒伝」撰者が、代宗と淳和帝、そして不空と空海を対応させることにより、「先古未聞」（『貞元新定釈教目録』巻一六〈大正五五―八九一中〉）と評された三朝（玄宗・粛宗・代宗）と国師（不空）の関係を、淳和帝と空海の法縁浅からぬ間柄のうちに彷彿させせようとしたと解釈できるであろう。のみならず、「不空和上碑文」には「荼毘の時に、詔して中謁者を遣はし、祝を父祖に斉《ひとし》くして祭って（「祝文を齎《もたら》して祖祭し」勝又『弘法大師著作全集』二―七七註11）如在の敬を申《の》ぶ、睿詞深切なり、嘉薦令芳、礼、群倫に冠、挙《あげ》て与比なし」（『広付法伝』〈定本一―一〇一〉）と記し、代宗の「祭文」を「睿詞深切」「群倫に与比なし」と絶讃してある。この讃辞を、淳和帝の「弔書」のうえに、撰者はかさね合わせていたかもしれないのである。とにかく、先古未聞、睿詞深切、群倫に比なしという点で、不空も空海も軌を一にしているとする撰者の判断が、この「卒伝」記事をとおして伝わってくるように思われる。

ところで、『続後紀』は斉衡二年（八五五）撰者五人に命じて編修が始められたが、途中で伴善男ら三人が職を離れ、ついに貞観十一年（八六九）、藤原良房（八〇四〜八七二）と春澄善縄《はるずみのよしただ》（七九七〜八七〇）の二人が完成、奏上したといわれている。編修のことに当たったのは式部大輔春澄善縄および散位犬養貞守の両名と考えられるが、一貫して従事することができたのはやはり碩儒のほまれ高い善縄ひとりとなるから、空海の「卒伝」についても、おそらく撰者は善縄とみてまちがいはないであろう。善縄は、「性は周慎謹朴、己の長ずる所をもって人に加えず」

（『三代実録』貞観十二年二月十九日条）と評され、また「学問一途に生きて、政治や世の交わりを嫌った、純粋な学者」（坂本太郎「六国史とその撰者」『日本古代史の基礎的研究』上、東京大学出版会、一九六四年、二六八頁）といわれるうえに、承和二年には三十八歳、まさしく同時代の証言を記録するにふさわしい碩学であったことが知られる。さらに、坂本論文は、『続後紀』の人物伝には「人物批判は無いことはないが、後紀ほどの辛辣さはなく、且つここでも、儀式礼容に筆の傾くことの多いのは興味深い」（前掲書二六七頁）と述べているから、空海「卒伝」をこの興味深い一例とみなすことも可能であろう。のみならず「『続後紀』は碩儒春澄善縄の学問、人格の結晶であり、善縄の長所短所はそのままに『続後紀』の長所短所でもあった」（坂本前掲書二七〇頁）とも書かれている。ここにきて、不空の葬祭記事がそのまま、空海の「卒伝」記事の材料として参考に供された理由がようやく理解できる。つまり、善縄の学殖と、儀式礼容についての関心なくしては、とうていあの唯一例外的な記事も成りたちえなかったわけである。

　しかし、まだ問題が残っているかもしれない。なるほど淳和帝の「弔書」と代宗の「祭文」まではよいが、しかし、空海を六祖不空と対応させることは、どうして可能なのか。また、その根拠は何か、という問題である。たしかに、「弔書」の冒頭に掲げる「真言の洪匠、密教の宗師、邦家はその護持を憑《たの》み、動植はその摂念を荷《たの》む」（国史三―三八）という空海讃歌が、不空密教の継承者にふさわしいということはわかる。空海の『御請来目録』は、師の恵果を「大広智不空三蔵の付法弟子」（定本一―三）と位置づけ、また「玄宗皇帝、景仰して味を忘る。これよりこのかた一人三公、武《あと》を接して耽《ふけ》り翫《もてあそ》び、四衆万民、稽首して鼓篋す」（定本一―四）と、唐朝における国師不空の尊重を報じて、その不空密教を相承したことをみずから宣言している。これより、空海の生涯にわたる宗教活動はすべて、その継承せる不空密教を流布するための礎石を据えるものであったと考えられる。そして、その最後の極め付きが、「真言宗年分僧三人を度せむことを請う」（承和二年一月二十二日、空海上表）であったことも周知のとおりである。「卒伝」もまた、これを総括するというかたちで、「秘密の門を啓き、大日の化を弘む」と書いたものであろう。それにしても、このように空海の活動を捉えて、不空密教と結びつけるという構想そのものを、撰者はいったいどこからえたのであろうか。この点が判明しないことには、「卒伝」記事の謎解きは終わらないのである。

しかし、そのことの解明には、あらかじめ二つばかり検討すべき問題があるかと思われる。ひとつは、「卒伝」成立時に、撰者が参考に供することのできた材料、つまり資料文献を特定することであり、もうひとつは、伝記の全体構想（プラン）の探索である。前者については、竹内信夫『空海入門　弘仁のモダニスト』（ちくま新書、一九九七年）の言及があり、公的文書と私的文書の二種の材料があること、公的文書は戸籍や僧籍に関する官符のたぐい、また私的文書とは『三教指帰』序その他であることが指摘されている。これらに、のちに検討する『性霊集』序（真済撰）の記事を加えると、「卒伝」の材料はほぼ出揃うことになるであろう。その場合、注目すべき点は「国史所載の伝記の中には、あらかじめ書かれてある伝記を材料とし、参考として用いたもののあること」という指摘である（坂本「六国史と伝記」前掲書三〇四頁）。たとえば光定、円仁、真済の場合、既成の伝記が「卒伝」編修の材料とされたことはすでに確認されている。これらは『文徳実録』や『三代実録』所載のものであるから、時代がすこしずれる。しかし、平安初期の慣行として、功臣の家では家伝を撰し、これが国史の伝記記事の材料に供されたということである（坂本前掲論文三〇三～三〇四頁）。もとより、これは「有功の家、その家伝を進む、省（式部）更に修撰す」（『令義解』巻一〈国史二一―三八〉）という式部卿の職掌にかかわる事項とされているが、かれこれ勘案して、僧俗ともに、まず家伝を撰して国史所に奉ったという慣習があったと考えてよいのではなかろうか（たとえば円珍の例）。そうなると、あらかじめ書かれた伝記、もしくは伝記に準ずる文書（『三教指帰』序のごとく）

のたぐいが、「卒伝」を作製する場所に提供されていたと推察することが許されるであろう。しかも意外なことに、『性霊集』序にはどうやら書かれた伝記といいうる性格が備わっていたのである（すなわち学問、修行、遍歴、入唐受法、立教開宗、弘法利人と文筆活動の記事が指摘できる）。この空海の詩・文章・上表・願文のたぐいを集成した『性霊集』が、同時代の撰者、通儒にして文章を好んだ善縄の座右に置かれたことは想像にかたくない。真済序もまた、おのずと注目される機会があったにちがいないであろう。

これに対して『弘法大師伝全集』巻一が、この「卒伝」（『大僧都空海伝』という）のまえに収める七種の文書、すなわち『御手印縁起』、『御遺告』（四種）、『空海僧都伝』、『阿波国太龍寺縁起』は、いずれも「卒伝」の材料とされた形跡がない。これは、「卒伝」の成立時に、すくなくとも撰者の関知しないところ、つまり公的な仕方で存在が認められていなかったことを意味するものであろう。

それでは、もうひとつ、空海伝の基本にかかわる伝記の全体構想（プラン）とはいったいどういうことなのか。のちの対照表によって指摘されるとおり、「卒伝」はまず『三教指帰』序を材料として青年時代の記事をまとめ、その成果である文章および書法という文化活動、さらには入唐留学とその成果である宗教活動については、『性霊集』序を参考、あるいは材料として、記事を書いたことが想定できる。このような記事・項目についての対応関係は、次節の対照表に譲るとして、ここでは「卒伝」撰者が何によって伝記の全体構想をまとめたかを探ろうというのである。『三教指帰』序は、青年空海の学問・修行に焦点を合わせているから、空海の全体像を示したものではない。これに対して『性霊集』序の方は、弘仁時代の唐文化高揚の一翼を担った、空海の詩や文章・上表・願文のたぐいを集成し、かかる卓越した技量、天賦の徳性を発揮した、空海の人となりを紹介する文章であって、必ずしも伝記を意図して書かれたものとはいえない。ところが、「卒伝」撰者は、この真済の序文を、ほかならぬ空海伝の祖型、もしくは元型としてとり扱うことになったと推察される。とりわけ真済序にみえる空海観が、まず撰者善縄に大きな影響を与えたようである。それは、㈠「ここにひとりの上人います。号して大遍照金剛という」、㈡「たまたま京城青龍寺の大徳恵果阿闍梨にまみゆ。すなはち南天竺の大弁正三蔵（不空）の上足の弟子なり。代宗皇帝の師とし供する所なり」、㈢「金剛薩埵、大日の寂を扣《たた》いてのち、いはゆる第八の析負《せきふ》は吾が師これなり」（定本八―三～四）、この三つの文章にあらわれているが、これをつづめると、不空の孫弟子であり真言付法第八祖にあたる大遍照金剛その人という一句に集約できる。これが、つまり真済の空海観のすべてであった。これをうけて、撰者は㈡の「代宗皇帝の師とし供する所」に基づいて、代宗の「祭文」と淳和帝の「弔書」を対照させる例の葬儀の記事を書いたことは、すでにみたところである。さらに、ここに示された代宗と不空の関係を前提とすることによって、淳和帝と空海の緊密な関係を、あたかも二重写しのようにかさね合わすこともできたわけである。そして、なによりも㈢「第八の析負」、すなわち第八祖空海阿闍梨という認定が、六祖不空に対して八祖空海という対比を可能にする決定的な要因となったと思わずにはいられない。このように「卒伝」撰者が、あえて唐の法将不空に比肩すべきものとしての空海に照準を合わせて記事を書き、また後漢の草聖張芝に斉しいとして空海の書を顕揚するにいたった根拠は、じつに真済序の空海観にあったのである。

いうならば、撰者のみるところ、空海は日本のうちに比肩するものなく、日本および中国、つまり世界という尺度で測って、しかも第一級の位置を占めるということであろう。たしかに第八祖とはインド・中国直伝の法脈につらなり、日本では開祖を意味して、まさしく独脱無依ということである。この日本人離れした空海は、唐や後漢の第一級の人物と「名を斉しくする」、現代風にいえば国際的水準に照らして超一流の、世界的な文化人、宗教家という讃辞であったにちがいない。このような撰者の評価基準は、どうやら『性霊集』序から学びとったようである。

たとえば、空海の請来せる仏教は「印度の新教」「唐・梵の式」であり、その詩作は「土人（唐土の人）すら、子《なんじ》がごときものは稀なり」と評されたという。このように、空海を世界的な水準の文化人・宗教家として描こうとしたのは、もともと真済の発案だったと考えられるからである。『続後紀』の撰者は、これに倣って空海を世界の頂点にたつ不空や張芝の列に並べたまでのことであろう。

こうなると、いよいよ「卒伝」撰者の空海観は、真済の影響を大きく受けたものと判断されざるをえない。そして、このように無比にして世界一流というイメージを伴った八祖空海阿闍梨の捉え方が、空海伝の成立の発端に認められるということは、これまた、たいへんに興味深いところである。古代人は、仰ぎみて、まるで捉えどころのない鑽仰《さんごう》の対象を、みごとに超一流ということから「大遍照金剛」と名づけたものであろう。ここでは、空海の灌頂名ということが、もはや超過されて、遍照如来とひとつに、遍照如来を体現せるものという意味が濃厚であるようにみえる。「大（マハー）」の字を大師とか南無に通ずるといえば、むろんいい過ぎとなろうが、「大」の響きからは、如来を「大師その人」と呼んだ空海の言語感覚が伝わってくるようである。それはともかく、空海伝成立のはじめに大遍照金剛あり、ということはきわめて重要であり、今後あらためて空海伝を検討するうえで指針となるであろう。

とかくして、『続後紀』の「卒伝」を手掛りに、空海伝の成立を探ってみると、真済の『性霊集』序がすこぶる重要な役割を果たしており、いわば祖型、もしくは元型と称してよいのではないかと推定されるにいたった。おそらく真済序なくして「卒伝」は成立せず、これを原型とする空海伝の展開もなかったことであろう。ただ「卒伝」撰者は、「弔書」を含む一連の記事に托して、その伝記記事を補完し、「卒伝」を骨子としながら、ひとまわり大きな空海伝の全体構想を、暗に示していたとも受けとれる。しかし、後世になると、「卒伝」が単独の完結した空海伝であるとする解釈のもと、撰者の意図は理解されることがなかったであろうし、また「卒伝」記事の祖型として、真済序を解明する試みも現われなかったと考えられる。総じて、空海伝の成立を問うということが、これまで問題にならなかったということであろう。とりわけ、延喜二十一年（九二一）、弘法大師の諡号宣下を機して舞台は一転し、空海伝は弘法大師伝への傾斜に拍車をかけ、古い空海伝への関心はしだいに薄れ、やがてその歴史的使命を終える段階を迎えるにいたったものであろう。

「紀伊の国の禅居に終る」に始まる空海の化去および「卒伝」の記事は、おそらく六国史に収める僧伝のうち、もっとも異例の部類に入るにちがいない。「禅居に終る」は、「卒伝」にいう「自ら終焉の志あり、紀伊国金剛峯寺に隠居す」に基づいて書かれ、またこの「終焉の志」が『性霊集』巻九の「紀伊の国伊都の郡、高野の峯において入定の処を請け乞はるる表」という上表文によるものであることは、ほとんど自明に近い。このように、前代未聞ともいうべき異例の記事が、あくまで拠るべき材料を参考にして書かれたという想定から、前節の推理は始まったわけである。それは、まず記事の内容でなく、むしろその筆法、つまり表記法に注目することであった。また、伝記資料の枠を拡げて、『不空表制集』もしくは『広付法伝』『性霊集』序などが参考にされていることに注意を払った。さらに六国史の伝記が、すでに書かれてある伝記を材料なり、参考なりに用いて編修される慣行があったという指摘をうけて、記事の項目のみでなく、伝記の構成プラン、あるいは評価の基準についても、拠るべきところがあったにちがいないと推定しておいた。

三 「卒伝」とその資料

しかし、撰者は与えられた資料をそのまま用いることはない。記事の取捨選択をはじめ、文章の節略、加筆、あるいは辞句の修正などが、材料に加わるのは当然のことであろう。そのさいに、撰者の見識や思想、さらには主観的な判断による裁量の余地があったことも、むろん十分に考えられる（坂本前掲書二五八・三〇四頁）。

そのため、ここでは、まずもって「卒伝」記事とその材料に用いた文書（A『三教指帰』序、およびB『性霊集』序）を対照して一覧に供することとする。そして、その対照表によって、何があきらかになるかを、適宜検討してみたいと思う。

【対照表】

〔『続後紀』「空海卒伝」〕（国史三―三八～三九）

①法師は、讃岐国多度郡の人なり。俗姓は佐伯直。

②年十五にして、舅《おじ》の従五位下、阿刀宿禰大足に就きて、文書を読み習ふ。

③十八にして槐市に遊学す。

A〔『三教指帰』序〕（定本七―四一）

B〔『性霊集』序〕（定本八―三～五）

A余、年志学にして外氏阿二千石文学の舅に就きて、伏膺、鑽仰す。

A二九にして槐市に遊聴す。雪蛍を猶《なほ》怠るに拉《とりひし》ぎ、縄錐の勤めざるを怒る。

④時に一《ひとり》の沙門あり、虚空蔵聞持の法を呈示す。その経に説かく、もし人、法によつてこの真言一百万遍を読まば、すなはち一切教法の文義を暗記すること を得と。ここにおいて大聖の誠言を信じ、飛焔を鑚《さん》燧《ずい》に望み、阿波国大滝の岳に攀《よ》じ躋《のぼ》り、土左国室戸の崎に勤念す。幽谷は声に応じ、明星影を来たす。

⑤これより慧解日に新たにして、

⑥筆を下せば文を成す。世に伝ふ、三教論は、これ信宿の間に撰するところなり。

⑦書法に在つては、最もその妙を得。張芝と名を斉《ひと》しくし、草聖と称せらる。

⑧年三十一にして得度。

⑨延暦二十三年に入唐留学す。

青龍寺の恵果和尚に遇ひ、真言を稟け学べり。

Aここに一《ひとり》の沙門あり、余に虚空蔵聞持の法を呈す。その経に説かく、「もし人、法に依つてこの真言一百万遍を誦すれば、すなはち一切の教法の文義、暗記することを得」。ここに大聖の誠言を信じて、飛燄を鑚燧に望む。阿国大滝嶽に躋《のぼ》り攀《よ》ぢ、土州室戸崎に勤念す。谷、響を惜しまず、明星来影す。

Bあるいは天問に対《こた》へてもつて献納して、手に随つて章を成す。（その詩賦哀讃の作、碑誦表書の制、遇うところにして作す。草案を仮らず。）

B天、吾が師に仮して伎術多からしむ。なかんづく草聖、最も狂逸なり。

B去《いんぬ》る延暦の末に命を銜《ふく》んで入唐す。たまたま京城青龍寺の大徳恵果阿闍梨に見《まみ》ゆ。（中略）すなはち二部の大曼荼羅の法、百余部の秘蔵を授く。（中略）

その宗旨、義味に該通せざることなし。

⑩つひに法宝を懐ひて本朝に帰来し、

秘密の門を啓き、大日の化を弘む。

⑪天長元年、少僧都に任ぜられ、七年、大僧都に転ず。

⑫自ら終焉の志あり、紀伊の国金剛峯寺に隠居せり。

⑬化去の時、年六十三。

故に付法して云はく、今日本の沙門あり、来つて聖教を求むるに両部の秘奥・壇儀・印契をもつてす。唐梵差《たが》ふことなく悉く心に受く、猶し瀉瓶のごとし。吉きかな。汝、伝灯了んぬ。（中略）

B故に命を伝ふるに唐梵の式をもつてし、恩を答するに秘密の宝をもつてすることを得たり。

B真言加持の道、この日来漸し、曼荼灌頂の風、この時に弥布す。

はじめに、この対照表からあきらかになる点を要約してみると、およそつぎのようになるであろう。

一、「卒伝」記事のうち、①⑧⑨⑪⑫⑬、つまり出身、得度、入唐、僧綱と化去に関する項目は、公的文書のたぐいが参考にされたと考えられる。ただ⑪「七年転大僧都」は四年の誤り。

二、②③④は、A文書を材料として、簡略、また辞句の修正を施したもので、項目に増減がない。時期はおよそ学問と修行の青年時代にあたっている。ただし、③と④については一部、辞句を修正した結果、もとのA文書の文脈から逸脱することになるが、それについてはのちに触れる。

三、⑤については、直接の典拠を認めがたく、④と⑥の記事を結合する媒介項として、撰者の判断によって挿入されたとも考えられる。

四、⑥⑦の記事は、B文書を参考として項目をたて、おそらく「卒伝」成立に近いころ、巷間にあらわれた『三教指帰』の風評を採り入れて、撰者の評価を書いたものであろう。文章と書法という生涯にわたる創作活動を、『三教指帰』執筆の二十四歳の時期に配したことが問題とされるが、略伝の手法としてはやむをえない措置である。

五、⑨⑩の記事について、『御請来目録』によるという説があるが、ここではB文書としておく。たしかに、文章の繁と簡、冗長と簡略の距りは大きい。にもかかわらず、項目ごとの内容は相互にほぼ照応して、過不足がないといってよさそうである。そのうえ、帰朝後の「秘密の門を啓き、大日の化を弘む」という立教開宗の項目は、『御請来目録』の記さない事項にあたること、さらにはこの記事でもって、伝記の主たる構成部分が結末を迎えるということからも、やはりB文書の構成プラン踏襲は否定しがたいであろう。

こうして対照表を整理してみると、「卒伝」が、公的文書ならびにA・B二つの文書を主な材料として書かれた、という仮説の妥当性を認めることがほぼ許されるであろう。

そこで、「卒伝」が、これらの文書を材料として、どのように用いたかという異同を調べる、双方の校異ということが、つぎの問題となってくる。どの文書にも風格があり、それぞれ含蓄に富む文章であるため、ときに微妙、ときに大胆な改修が加わる可能性は大きいと予想されるからである。

一、②の「文書を読み習ふ」は「伏膺、鑽仰す」の取意の文である。しかし、「伏膺」「鑽仰」ともに、『中庸』『論語』の有名な顔回の故事に基づく、理想的な師弟関係をあらわした辞句であり、阿刀大足《あとのおおたり》に対する空海の信頼と尊敬の想いが凝集しているという解釈もありうると思うが、撰者は顧慮しない。

二、③「槐市に遊学す」も事態まさにかくのごとしであって、A文書の雪蛍と縄錐の故事（孫康・車胤・孫敬・蘇秦）を斟酌しない。大学教授を務めた撰者は、かかる表現が大学教育の実情に合わないと判断したのかもしれず、また空海の博覧強記や旺盛な知識欲の源泉を他に求めようと考えたのかもしれない。しかし、空海には大足の膝下を離れて、新天地に解き放たれた心地で、遮二無二、法外な知識の吸収に励んだ時代があったことを、『三教指帰』（または『聾瞽指帰』）が証明している。ここで辞句の修正は、撰者の意図する伝記の構成プランによったものと考えられる。

三、④「時に」と、A文書の「ここに」については竹内信夫『空海入門』にくわしい。この違いは、むろん撰者の判断によるもので、つぎの項目につらなる。「幽谷声に応ず」は『文選』の原意を汲んで辞句を改めたと考えられるが、求聞持の体験としては「谷は響を惜しまず」の方がより直截であろう。

四、⑤「これより慧解日に新たなり」は、A文書の説かないところ、経文の「一切教法文義暗記」の解釈に基づいて、あるいは当時、聞慧と義解、もしくは暗記力増進をもって求聞持の呪法の効験とする説が唱えられたことも考えられるが、他にたしかな文証はない。むしろ、この記事が撰者の判断をもっとも明白にあらわすと解釈すれば、これまでの微妙な異同は、これによってすべて氷解する。どうやら青年空海のうちに天賦の才、薫陶、そして猛勉強といったものでは説明のつかない、何か尋常ならざる霊験、霊能のたぐいの顕現を撰者はかたくなに信じていたのかもしれないのである。

しかし、まさにその点で、「卒伝」はA文書とはっきり袂を分かつこととなる。A文書の方は、求聞持の体験によって「つひにすなはち朝市の栄華、念念にこれを厭ひ、巌藪の煙霞、日夕にこれを飢《ねが》ふ」（定本七―四一～四二）

と書き、山林斗藪の遍歴と、出家の志を披瀝して、青年の修行時代のクライマックスとする。B文書にも類似の記事（「出俗入真」）があって、随処に山林修行したという項目を掲げて、入唐留学の布石としているところからも、「卒伝」とは別な空海伝の構想があったことがわかる。なによりも、じつは「仮名乞児論」が一種の自伝小説として、山林に修行する沙弥の姿を彷彿させる文章を伝えていたのである。

もっとも、撰者の方でも、得度以前の時代を世間的な文化活動に配し、出世間の宗教活動の時代と区分して、文化と宗教の領域に関する儒者としての見識を示した、と解釈することが可能であろう。

五、⑥「筆を下せば文を成す」と「手に随つて章を成す」の対応はあきらかであるが、『三教論』への言及は、当時の唯一の評価として注目に値する。「信宿（二泊）の間」には、一気呵成に書かれたという驚嘆の念がこめられているのであろうか。

六、⑦「書法に在つては最も妙を得」および「草聖」は、B文書の「草聖（草書）最も狂逸なり」の取意か。後漢の張芝と名声を斉しくするとは、世界的な名声という評価の導入と、弘仁時代の唐文化高揚に対する撰者の感慨が伝わる点で無視できない。B文書によって、B文書を超えているところというべきであろう。

七、⑧⑨の記事は、「三十一歳得度」と「延暦二十三年入唐留学」を書き分けたものか。得度の翌年四月に具足戒を授けるという規定によったことも考えられる（高木訷元『空海　生涯とその周辺』吉川弘文館、一九九七年）。ここでは、むしろ「出家入唐」の年に、空海が初めて歴史の舞台に登場したことに伴う、公的文書の混乱を窺う材料と解すべきかもしれない。

八、⑩帰朝の年時はあきらかであるが（『御請来目録』）、いわゆる立教開宗の時期については諸説が分かれる。ここで注目されるのは、B文書と「卒伝」の記事がいずれも弘法利人のための真言伝授という項目で終わることである。これによって、真済は真言付法第八祖、大遍照金剛としての空海観を示し、これをうけて、善縄が空海を不空に擬して葬儀の記事を書いたことはさきに述べたとおりである。

九、⑫「終焉の志」は、弘仁七年六月十九日の上表文（『性霊集』巻九）によったものであろう。ただ⑬「化去」とあわせ、「終焉」「禅居に終る」といった表記法は、撰者のことばとして、やはり異例であり、格別のものであったことが注意をひく。それをなぜ通例に従わなかったか、についいては別の機会に検討したいと思う。

以上、「卒伝」記事とその材料との対照、および校異、つまり表記上の問題の概略をたどった結果、いくらか空海伝の成立した背景なり、「卒伝」の性格なりが見通せるようになった。さらに、B文書と「卒伝」の対照と校異、とりわけ入唐以前の精神的な苦悶と遍歴などが解明されれば、初期の空海伝の諸問題をほぼ網羅することになるであろう。今回は、紙数の都合からこれを省略するほかはない。

そこで、あらためて所論をまとめ、空海伝の成立について述べることとする。

一、「卒伝」は、みられるとおりA・B二つの文書を主な材料として書かれている。しかし、両文書に共通の関心事であった「俗を出でて真に入る」、つまり出家の志とその理由という問題は、「卒伝」にとって主要な項目とはみなされなかった。むしろ「卒伝」は、書や文学の名声を重視して、その原因の解明につとめようとした。これが、儒学者の書いた伝記と、宗教家の書く伝記との分岐点となった。

二、もっとも、この対立を除くと、「卒伝」はおおむね両文書の記事と項目に従っている。のみならず、一部ではB文書の構想に基づきながら、これを超える独自の判断と評価が加えられた。

三、おそらく材料の制約のために、「卒伝」は「弔書」を添えて、伝記内容の補完をはかる一方、不空の祭奠記事を援用することによって、B文書にはなかった空海伝の飛躍的なレベルアップを遂行するにいたった。すなわち、最高の礼をもって祀られる、世界一流の宗教家という栄誉につつまれた空海像は、あくまで「卒伝」の演出に基づく同時代の評価を示したものであって、真済序の域を超えている。

四、かくて「卒伝」は、ひとつの空海伝の完成を意味し、そのうちに「祖型」およびこの時代の空海観を総合・網羅する地平を開いた、ということができるであろう。

五、しかし、それを史実としての空海その人を描いた伝記とするのか、それとも異例・格別といった装置のもと、日本人離れした世界性という基準に照らして評価する、主観的な判断によってまとめられた伝記記事とするかは、おそらく意見が分かれるところであろう。

六、つまるところ、空海伝の成立は、その祖型と原型とを問わず、いわば最初から、どういう空海に照準を合わせ、地域性を超え、歴史性を超えた、どういう地平（おいてある場所）から空海を描こうとするのか、という問題に直面していたことがあきらかになったと思う。祖型は「大遍照金剛」としての空海を、「卒伝」は前代未聞の「後太上天皇の弔書」を受けるに値する空海を、それぞれの空海観の、いわば光源に据えて空海伝を描いたわけである。

そのかぎり、史実の空海を追究しただけでは空海伝は完結しない、というあらたな命題の検討がつぎなる課題ということになってくるのかもしれない。

二　恵果阿闍梨との出逢い

はじめに

恵果阿闍梨との出逢いとは、周知のごとく、ひとり弘法大師空海の生涯における画期的な出来事であったばかりでなく、密教の歴史の中でも、ことに特筆さるべき重大事項に属している。もしこの奇しき邂逅が実現しなかったならば、わが弘法大師の出現はもとより、真言宗の成立もありえなかったであろうし、ひいては、日本密教の展開のみならず仏教の日本的形態というものも、おのずと違った性格をもつにいたったとも考えられるであろう。あえていうならば、それは古代から中世にかけての日本宗教史上、最大の出来事のひとつであったのである。

こうした視野にたてば、とうぜんこの出逢いの意味ということも、ただ単にこれを空海の個人的体験のうちに求めるのみでは不十分であるといわざるをえない。この出来事はおそらく、空海が密教の祖師と出逢うことによって、初めてそこで求道者から付法者へ、すなわち密教の伝法者へと転換したことを意味し、やがて宗祖弘法大師たるべき礎えがここに築かれたということでなければならない。ということはまた、密教そのものの問題としてみれば、インド伝来の密教を中国において集大成するにいたった六祖、不空三蔵直伝のいわゆる真言密教が、ここで初めて東流して日本に伝わるための端緒を捉えたと同時に、さらに教学的な整備と基礎づけをうるとともに真言宗として独自の教団を形成し、ついには日本の宗教として定着するにいたる、つまりは密教があらたな飛躍をとげるべき最大の岐路にさしかかっていたということであろう。それゆえに、恵果と空海との対面は、なによりもまずインド伝来の密教、なかでも六祖直伝のいわゆる正純密教と日本仏教との結接点として位置づけねばならなくなってくる。ところがすでに指摘したとおり、それが同時に、あくまでも空海じしんの宗教的な開眼すなわちあらたな転換を意味するがごとき、まさしく宗教的な出逢いの体験であったという事情によって、どこまでも二重の意味を含んだ出来事としてたえずわれわれに問題を投げかけずにはおかないのである。

それを、たとえば道元における先師天童古仏、親鸞における法然上人との出逢いのごとく、師に対する絶対の信頼とあい呼応して、まさにそのところで自己の宗教を決定せしめるような根本体験、いいかえると自心の源底にまでたち還らしめられるというような根源的な自己の体験、そしてそれが同時にそれぞれの宗教とか信仰の基調ともなってくるような原本的な体験が獲得された、宿命的な事件として捉えることは誤りであろうか。すなわち空海における恵果との出逢いの根底に、これらの道元や親鸞といったおのおのすぐれた仏者の体験とはどこか異なった性格の問題、それも根本的に禅とか念仏とは違って、どうしても密教的といわざるをえないような契機が潜んでいたとは考えられないであろうか。もとより、これはすこぶる難問というべく、空海の宗教についての深い造詣と、かれの伝記に関する綿密な考証とをまって初めて処理できるところの問題であった。そのうえ従来の研究からいえば、恵果との出逢いをここで取りあげたような意味に解釈する試みは、寡聞にしてほとんど見受けなかったように思われる。というより、すでにこの出逢いのうちに、こうした宗教的な転換とか回心の契機を認めてかかること自体がそもそも問題なのであった。そうした意味からも、ここで試みようとする考察は、あまりにも準備不足で、なお公表できる段階に立ち到っていないのであるが、ただ今後の研究の方向と、いちおうの見取り図を明らかにして、できれば先学諸賢の御教示を仰ぎたいと念ずるものである。

一　出逢いの諸説

延暦二十三年（八〇四）、空海が生命を賭して遣唐船の渡航に加わり、文字どおり「万たび死波を冒して再び生日を見る」（定本八—七九）ことをえてとおく長安の都にのぼり、その翌年やがて宿願かなって青龍寺の恵果阿闍梨の室に入り、真言の秘法を授かったときの感懐はいかばかりであったろうか。その歓喜、その感激についてはもはや論じ尽くされてきたともいえる。古来、密教に触れて弘法大師の法灯を語らざるものなく、空海を論じてその師恵果との値遇に説き及ばずにはおかなかったからである。いまこうした諸説の中で、とりあえずこの出逢いの問題点を明らかにしてもらえるような研究二篇を選んでみることとする。それはむろんさきにも述べたように、この主題がもともと二重の意味をもっていたという理由に基づく。したがって、それらの研究はやがてわれわれの目指すところの問題に対しても導きの役割を果たすものとなるにちがいないと思うからである。

そのひとつは『文化史上より見たる弘法大師伝』（豊山派御遠忌事務局、一九三三年）を執筆された守山聖真師の所説であって、主に伝記的考証の見地にたったものといえる。他は『弘法大師の信仰観』（高野山大学出版部、一九四四年）つまり金山穆韶師の所説にして、いわばきわめて独自な金山師じしんの大師信仰観を披瀝されたものであった。これらの論考はいずれも新しい研究とはいえないし、それに選び方についても疑問がおおいかもしれないが、しかしその後の研究といえども、当面の主題に関するかぎり大綱においては両者の見解をまったく修正するというほどのものではなかろう。まして、ここでは、おのおのの立場からいったいどういう点が重視され、問題となっていたかを検討すればよいのであるから、その含みでもって両師の所説をひとまず借用してみたいと思うのである。

　そこで、まず守山師の『弘法大師伝』からはつぎの文章を引いてみよう。

> 我が師と頼むは青龍寺東塔院・恵果和尚の外なしと心に思ひ定め、西明寺の志明・談勝法師等に伴はれて恵果和尚に接するや、百年の旧知の如くに待つこと慇懃にして本土の人にも容易に授けざりし両部大法を皆伝し、剰へ経論の書写、絵画、道具の製作等にその与へし待遇は到底筆紙の尽す所ではなく、実に骨肉もたゞならざる親切さであつた。大師にとつては父母に次での父母であり、日本に於ける師に勝つての師である。此の師に値遇して海山にも勝る高恩を受け……。（一八四頁）

この海山にも勝る師の高恩と、それを促すまでにひたむきな求法者との、つまりは師弟の麗わしい関係が、いまの叙述の主眼点であったことはあらためていうまでもあるまい。そこで「我が師と頼む」べき唯一の師とは、もとより「大広智三蔵付法の弟子」すなわち「密教付法の第七祖」としての阿闍梨恵果ということでなければならない。かの『性霊集』巻五には、この青龍和尚に「袈裟を献ずる書」を収めるが、そこで空海は、

> 三密を一法に朗かにし、十地を一生に究むるが若きに至つては、空しく英響を聞ひて未だ其の人を覯《み》ず。伏して惟みれば、和尚、三明円かにして万行足れり、法船牢《かた》くして人具に瞻《み》る。秋月を懐きて巨夜に懸け、旭日を孕むで迷衢に臨む。謂つべし、三身の一身、千仏の一仏なりと。（定本八―八六〜八七）

と恵果を称えていた。まさに師とすべき良師に恵まれた弟子の喜びが、この文面には満ちあふれているのであった。そして事態はまさしくかくのごときものであったと推察されるのであるが、ここに、たとえば「三身の一身、千仏

の一仏なり」と書き留めざるをえなかった空海の心境は、はたしてどんなものであったろうか。守山師によると「父母に次での父母」とか「日本に於ける師に勝つての師」といった表現が、これにあたるものであろうか。もとより空海にとっては、「日本における師」など、はるかに顧みるまでもなく、まことの師は恵果ただ一人と思い定めていたと考えられるから、いまの場合その唯一の師をただ讃嘆するだけの言葉であったのか。それならば法身とか仏と称するほかにどのような表現でも構わないこととなるであろう。それとも、かかる表現以外の何をもってしても、十分に意を尽くせないようなものが空海のうちにあったかどうか、という問題になってくる。それも結局のところ師の称讃という点では変わらないが、空海じしんの胸中に想いをはせるときは、どうしても単に師と弟子の関係といっただけでは納まらないようなものが、そこに存在していたと考えることもできるのではなかろうか。つまり同じ「師弟の礼」を尽くしたといってみても、この恵果と空海との間柄を設定していたものがいったい何であったか、という問題そのものはなお残されたままでしかありえない。

もっとも、はやく『続日本後紀』の空海伝の中に、

　延暦廿三年入唐留学、遇二青龍寺恵果和尚一稟二学真言一。其宗旨義味莫レ不二該通一、遂懐二法宝一帰二来本朝一、啓二秘密之門一弘二大日之化一（国史三―三八）

とあったところからも、むろん空海は真言を稟け学び、その宗旨・義味をわが掌中のものとして、いわゆる虚往実帰したのであってみれば、恵果との師資の関係はあくまで密教的な性格のそれでなくてはならないこととなる。したがって、真言付法における師と弟子の関係が、さきの「三身の一身、千仏の一仏」という表現を必然的なものにしたと解釈することもできるわけである。そこで真言付法の「原型」ともいうべき初祖大日如来と二祖たる金剛薩埵との、まさに唯仏与仏の付法面授という関係が、ここ恵果と空海のあいだにあっても映しとられていたというこ

とはたしかにありうる。のみならず空海において、それが単なる観念というよりも、もっと実感をもって迫るところがあったと考えることも、そのいくつかの書き残された文章から跡づけることは十分可能である。とまれ、恵果との出逢いはただ良師（僧宝）との値遇にとどまらずして、もとをただせば真言の教え、すなわち「法宝」との出逢いであるといわざるをえないものであった。それがつまりは「密教付法の第七祖」との出逢いということの意味にほかならなかったからである。

　これに対して、金山師の所説はかなり違った見解を示していたようにみえる。すなわち空海のうちには一貫して「道の精要を尋求」せずばやまないという素志がもともとあって、それが虚空蔵求聞持の法に端を発して密教の根底を究めさせる原動力となり、やがて恵果のもとで宿願が達成されるにいたったというのである。その一節を引用してみると、

> 初め外典を学ばるるや、その浅膚なることを知り仏道に入り、仏道中に於ても、また精要を尋ねて所謂顕教より密教に入り、密教に於て一門の虚空蔵菩薩の三摩地を躰得せられたるも、更に普門大日の果を欣求し、大日経を感得し、つひに普門大日の果を感じ給ふに至つた。一面より観れば、これ大師の久遠実成の本覚の躰たる、自己の大日を現証せずば息まざる自心内奥の本然の要求に促され、つひに自己の本果たる大日の覚躰を現証し給ふに至りしものである。（金山前掲書六頁）

という。ここでは宿願の達成ということが、いわゆる真言付法の問題のみでなく、「両部大日の尊位を躰得せられ、遍照金剛の覚位を成」（金山同上）ずるにいたったことを指すものとされたわけである。むろんこれが『御請来目録』に記された入壇灌頂の不思議な因縁を受けていることはいうまでもない。つまり、

> 六月上旬入㆓学法灌頂壇㆒、是日臨㆓大悲胎蔵大曼荼羅㆒依㆑法抛㆑花、偶然着㆓中台毘盧遮那如来身上㆒。阿闍梨讃曰、

不可思議不可思議。再三讃歎。

七月上旬更臨二金剛界大曼荼羅一重受二五部灌頂一。亦抛得二毘盧遮那一。和尚驚歎如レ前。（定本一―三五～三六）

というまさに稀有にひとしい事態が、この灌頂壇において二度までも生じたのである。これでは恵果ならずとも不可思議と驚歎せざるをえなかったであろうが、この奇跡的な出来事をもって直《じき》に、これこそ大日如来の覚体を現証されたものであると解釈するのも、たしかに容易ならぬ見識であった。もとより入壇灌頂の秘法について論ずることは慎まねばならないとしても、一般にはむしろ空海の法力ないし多年にわたる純一無雑の修行の功をそこに推し量るのが、まず普通の解釈かと思われる。これを大日如来の仏果を体現したと解することによって、弘法大師が大日如来の示現である、とする大師信仰の拠りどころを示したものこそ、この金山師の『信仰観』であった。

むろん、師の主張のおおくは前説とあい覆うものであって、たとえば内面的要求の重視ということも伝記をすこしでも検討すればすぐ思いあたることである。しかし、虚空蔵法の修法から虚空蔵菩薩の三摩地を説き、それを曼荼羅のうちで南方宝生如来の「宝部の徳」と結びつけ、空海の宗教の特質たる「理智不二の人」ということを明らかにしようと試みるなど、空海の生涯をいわば密教のうちから光をあてて照明された功績は大きい。なかんずく当面の主題に関しては、まのあたり大日如来と出逢ったということをわれわれは教えられたのである。それをいまの問題に置きかえると、恵果との出逢いということの究極に、さきにも触れた密教付法の阿闍梨の原型ともいうべき大日如来が、本師たる恵果と一体となって現前し、かつは密教そのものの根底であるところの法身仏が、如実にそこで同時現成するという、もっとも密教的な出逢いの構造が潜んでいたと解釈することもできるであろう。いうまでもなく、密教的な出逢いということがいわれるためには、まずもって仏との出逢い、ことに大日如来との出逢いをその根本的な構造として含むものでなければならないのであった。その意味で、空海における出逢いとは、このもっとも密教的な特質をもっともよく伝える出来事であったということができるであろう。

二　其の人と出逢う

とはいってみても、なお重大な問題が残されている。金山説が大日如来の仏果現証を挙げるのに対して、それをいま如来との出逢いと置きかえたことはやはり不当でないかと思われるからである。前者はもとより自心の源底にまでたち還る自覚の体験という問題であり、仏との出逢いというときの絶対他者性の契機をまるで含んではいなかった。さきに「自己の大日を現証せずば息まざる自心内奥の本然の要求」を説かれたのも結局はそのためであったが、そのかぎり「自己の本果」ないし我即本尊、我即大日の覚証ということにほかならなかった。別のいい方をすれば、本来の自己に覚醒めることではあっても、絶対他者としての大日如来との出逢いではありえなかった、ということになってくる。それに反して、後者ではこの絶対に他なるものとの出逢いにおいて、自己の一切を超出するごとき絶対否定の契機が転換の軸となっている。それはおそらく自己の覚醒という内在的な契機を重視するところの自力的宗教に対していえば、むしろ絶対他力の宗教でなくてはならない。したがって出逢いということも、それが自己との出逢いであるかぎりは、やはりどこまでも真に絶対的な他者との出逢い、つまり本来の出逢いという性格を保ちえないばかりか、そこで惹きおこされる絶対的な転換とか回心という問題にしても、その意味では「死復活」のごとくまったくあらたな自己に蘇えるというものでもなかった。それだけに金山師が、虚空蔵法とか『大日経』の感得をもって、本然の自己に覚醒してゆく過程として取り扱われたのは、その立場上とうぜんの帰結でもあった。

しかし空海の場合、はたしてこのようにとうぜんの成りゆきとして済ますことのできる問題であったのか。また恵果のもとで空海が体験した転換とか回心の問題も、ただ本然の自己の覚醒ということだけで処理できるような問題であったろうか。こうした問題に逢着してみると、結局われわれは、これら一連の問題がひとり空海のみの体験や自覚の内容というだけでなく、もともと本質的には密教の根本問題と深く絡みあった問題であったということを知らされてくる。少なくとも空海の宗教の本質的な契機をなす仏身観の問題を無視しては、いまの問いに答えることができないということになるであろう。ところが金山師はそれを「理智不二の人」としてすでに提示されていた。すなわち、

> 大師の教義は理智不二の人を教の根本観念となすものなりといひ得らる。（中略）大師以前の仏教は涅槃寂静の理に帰するを究竟となすものなるも、大師はその寂静究竟の躰に法爾として化他無尽の行あることを明かす。（中略）即ち大師以前の仏教は動に即する静を主として説けるに対せば、大師の仏教は寧ろ静に即する動を明かすものである。（金山前掲書四〜五頁）

というものである。たしかに、奈良時代の仏教の特色がどこか「法中心、理観為本の教」というところにあったのに比べると、空海の宗教はむしろ「人中心、行為本」をもって特質とするものである。そしてこの「大師の教義の特質たる人」を、金山師はさらに「南方の宝部の徳である」として虚空蔵法の問題に配釈されていたのである。すなわち、その主旨とするところは、

> 大師は入仏道の最初に宝部中の宝部たる虚空蔵菩薩の三摩地を躰得せられ、後、開顕せられたる教義は人中心、行為本の義を特質となすを思ふとき、また大師の御入定は宝部の三昧に住せらるるものなりしと伝ふる秘趣を思ふとき、入仏道の最初に求聞持法の悉地を成ぜられたることが、大師の仏教の根基をなせるものなりしこと

を知らるるのである。(金山前掲書五頁)

という点にあった。これはもはや文字どおりの秘趣を説くもので浅学非才の嘴をさしはさむべき問題ではないといえば無論それまでのことであろう。がしかし、あえていうならば、最初に修した求聞持法の悉地のほんとうの意義を、空海がみずから悟りえたのは、もとより恵果の法恩に浴する時をまって初めて可能であった。のみならず、その三摩地を「南方の宝部の徳」と配釈しうる立場そのものも、じつに空海の密教付法に由来するところの教学に基づいている。これらの事実をわれわれはまず見逃すわけにはゆかない。したがって金山師のいわゆる「人為本」の主張ということも、本来的にはただ恵果の室に入って初めて空海じしんの関心事となりえた、と解すべきものと思うのである。

ところで周知のとおり空海は「人」という語を好んでよく使った人であるが、それにはやはり深い理由があったと推察される。たとえば『性霊集』をみても、

塵躰の不二に達し、滴心の如一を覚るは、所謂る我が大師薄伽梵摩訶毘盧遮那薩他怛掲多其の人なり。(定本八―一二九)

仏の三密、何処にか遍せざらむ、仏の慈悲　天のごとくに覆ひ、地のごとく載す、悲は苦を抜き、慈は能く楽を与ふ、所謂大師、豈異人ならむや。阿哩也摩訶味怛羅冒地薩埵　即ち是なり。(定本八―一三一)

躰用大いに奇なるは我が大師　薄伽梵　其の人なり。(定本八―一三四〜一三五)

といったような用例がすぐに目につく。むろんごく普通の用法としては、

人を導くは教なり、教を通ずるものは道なり、道　人無ければ擁り、教　演ぶること無きときは廃る。(中略)所謂　人能く道を弘むといふ　斯の言実なるかな。(定本八―一九一)

人能く道を弘むること　之を古に聞き、道の能く人を通することは今に見えたり。（定本八―一九五）

こういう表現も随処に見うけられるが、しかし、空海の用語法としての特色はおそらく前記のごときものであったかと思われる。すなわち大日如来や弥勒菩薩、総じて諸仏、諸菩薩を指して直に「我が大師」「其の人なり」と呼ぶところにかれ独特の語法があったのである。それはまったく親しいもの、ごく身近な存在として、三世の諸仏を受けとっていた空海の態度を示すものと考えてよいであろう。かれの前では、もはや諸仏は彼岸的な、どこかよそよそしい存在ではなくなって、どこまでも近しいものとして、まのあたりに姿を顕わすのであった。しかし、かといって「其の人」は、そのまま自己とか自心と直に置換できる性格のものでもなかった。まさしく「我が大師」であって、どこまでも自己自身とは隔てられたところがどこか残ってくる。いかに身近だからといって、いわゆる我即本尊とか我即大日というところまで、すぐに連続するわけにはゆかない何者かがここに介在しているのである。いうならば、理法としてはあくまで我即大日ではあるが、げんに大日如来に帰依し、これを祈願するわれに対しては、どこまでも「我が大師」「其の人」がまのあたりに現前するというところがなくてはならない。我即本尊といっても、本尊に向かってわれが祈るという現実の修法の場を離れては、もはや単なる空理にもひとしい。「理」としての我即大日、我即本尊ということは、もとより具体的、現実的な「事」、ことに密教的な行法、祈禱を離れるときは真実の意味も内容をも失って、単に形式的な教えというものになり終わるほかはない。そこであくまでも真実の教えをみずから如実に体現した「其の人」すなわち仏の現前、感応瑜伽ということを必須不可欠な契機として、もっとも重視するというのが、つまり密教のたてまえであったわけである。

おそらく、このことをもっとも端的に表現するものこそ、つぎの一節であったかと思われる。すなわち、

吾に弗《あら》ずは未だ其の人を見ず。其の人豈遠からむや。信修すればすなはち其の人なり。若し信修すること有ら

ば、男女を論ぜず　皆是れ其の人なり。貴賤を簡ばず　悉く是れ其の器なり。（定本八―二〇四～二〇五）

と。ここには「我が大師」としての仏をうけた「其の人」、そして信修すれば直に開顕するところの自心中の仏、すなわち自心の源底をきわめるところで現成する「其の人」が、まさしく一語のうちに含蓄され、畳みこまれていたと考えることもできるであろう。いわんや「其の人を見ず」の一句には、いわゆる見性とも見仏とも違って、どこか空海独自の宗教のもちえた特質とみるべきものが籠っていて、千載の余光をいまに放っている感がある。それを教学的には、金山師のごとく「理智不二の人」と称すべきでもあろうが、ここではもっと素朴に解しておきたいと思う。

すなわち既述のとおり身近といえばごく身近な存在ではあるが、またどこまでも絶対の他者性を残すような「其の人」は、それでいてやはり、まったくの他者ではなくしてあくまで本然の自己にほかならない。しかもかく本然の自己といえども、自己の本性とか仏性、ないしは自心として把捉されるよりは、「其の人」としてどこまでも「この身このまま」父母所生の身に即するところで、全人的な働きとしてのみ直下に掌握されるほかないような自己である。そういえば、いわゆる即身成仏の主張が、即心即仏とか即身即仏としては提撕されないで、ことさら成仏を唱えた理由も、あるいはこの「其の人を見る」というあり方と深く結びあっていたかとも解されるのであるが、あたかも已成といえばどこまでも已成の仏、また未成を指すときは限りなく未成仏という、成の一字にこめられていた非連続にして連続、連続の非連続という性格が、この「其の人を見る」の一句にも秘められているごとくである。

いわば仏とわれとのあいだに張りわたされた緊張関係がどこまでも徹底して貫かれると同時に、その関係そのものまですっぽりと包みこむような、測り知れぬ無限の力が、われともなく仏ともないものとしておのずと感得されてくるところで、もはや何ということなしに出逢われるごときものを指して、「其の人」とみることもできるであろう。しかも、それがあくまで仏とわれとの関係をとおして、またその関係のうちでのみ顕わになってくるところの「人」であってみれば、どうしてもそれを「我が大師」「其の人」と名づけるほかに術がないということにもなってくる。かといって「其の人」はわれを離れてどこか別の人ということもはやできない。そこでは「信修すれば其の人なり」と説かざるをえなかったわけであり、また一切の衆生がまさに「其の器」と称される理由もそこにあったのではあるまいか。

それはさておき、いまは空海にこうして「吾に弗ずは未だ其の人を見ず」といわしめたところの原体験が、ほかならぬ恵果との出逢いの最後の、そして根源的な問題であったのではなかったか、とわれわれは考えてみたかったのである。つまり、いまいうところの「其の人」との出逢いということが、一方では大日如来の仏果証得を説かせ、他方、大日如来とまのあたり出逢ったといわせたとしても、事態そのものに変わるところがなかったことはすでに明らかであろう。そしていずれの場合にも、空海がこの出逢いにおいて根本的な体験と自覚をもって、昔日の求道者としての空海とはまったく別人のごとく豹変するにいたったといわねばならなかった。ただ金山説によれば、この最終的な転換はおのずから求道の必然的帰結として内面的な連続の側面が強調されていたのである。これに対して、いま出逢いの側面を重視しようとする理由はといえば、金山説とは異なり空海の宗教を根本的に規定するような内面的転換の契機、さきの「吾に弗ずは未だ其の人を見ず」といわしめた体験の意義をそれとして正当に評価したかったまでのことである。しかし、かかる試みがどういう意味をもつものであるかは、さらに立ち入った恵果との出逢いにおける諸問題の吟味をまたねばならないであろう。以下すこしく考察を進めてみたいと思う。

三　其の人を見、其の人となる

ところで、恵果との出逢いに関しては、古来とりわけ不可思議な、一種の奇跡的な逸話がおおく絡んでいて、凡慮をもってしてはとても窺知しがたいような神秘な出来事という一面を伝えている。しかもそれが単なる伝説の域にとどまらず、空海自筆のいくつかの文献にはっきり書き留められていたわけである。たとえばまず最初の相見からして尋常なものではなかったことを『御請来目録』にはつぎのごとく記してある。

空海（中略）往見二和尚一。和尚乍見含レ笑喜歓告曰、我先知二汝来一相待久矣、今日相見大好大好。報命欲レ竭無レ人二付法一。必須下速弁二香花一入中灌頂壇上。（定本一―三五）

たしかに、こうした「我さきより汝が来ることを知て相待つこと久し」といった恵果の、いわゆる神通力の問題がこの師弟関係をことさら神秘のベールに包みこむ効果を与えていたのである。もっとも、すでに周知されているとおり、この一件については、榊亮三郎博士（『弘法大師と其の時代』創元社、一九四七年、八八～九〇頁）にじつに明快なる分析もあって、ことさらに神秘化せずとも説明のつくものとなってはいるが、しかし、その榊説をもってしても、直にこの不思議な出逢いの全貌をすべて解明し尽くしたものということはできなかった。なぜなら、いまの最初の相見とあたかも対応するごとく、じつに恵果掩色の夜、境界の中においていわば最後の相見がなされたと、もういちど不思議な宿縁を空海は語っていたのである（定本八―三六）。のみならず、この夢のお告げによって初めて、恵果の最初の言葉がはたして何を指していたのかということも理解できる、という性格のものであった。そのうえ、こうした首尾の中間にあたって例の投華得仏の不思議が顕われたということであってみれば、やはりどうしても先入見を離れて、空海の語るところに、もっと虚心に耳を傾けねばならないと思うのである。

そこで第一にもっとも注目すべき、例の『恵果和尚の碑』ただしくは『大唐神都青龍寺故三朝国師　灌頂阿闍梨恵果和尚碑』の一節から考えてゆこう。周知のとおり、そこでは空海の入唐求法も、僥倖にもひとしい密教の大阿闍梨との出逢いも、それから師の滅後やがて早急に帰国の途についたことまで、これら一切の出来事がすべて恵果の神通妙用に帰せられていたのである。いま一言でこれを覆えば「進退我が能くせむに非ず、去留我が師に随ふ」（定本八―三六）というものであった。すなわち、

弟子空海、桑梓を顧みれば東海の東、行李を想へば難が中の難なり。波濤万万たり、雲山幾千ぞ。来ること我が力に非ず。帰らむこと我が志に非ず。我を招くに鉤を以てし、我を引くに索を以てす。船を泛べし朝、数《しばしば》異相を示す。帆を帰す夕、縷しく宿縁を説く。（定本八―三六）

というのである。たしかに和尚は、大阿闍梨たるにふさわしく大日如来の神通妙用を示現して、よくぞ弟子を誘い導きたもうたと、師の高恩に対して惜しみなき称讃の辞を献上したところであろう。

好機よく望みうる最高の師に出逢いえたというかかる感動はとうぜん空海をして、われとわがはからいによる出逢いではなく、ただただ恵果の不思議のはからいによったものであると、深く信じさせたとしても不思議ではなかった。顧みてそこには一点の「我が力」も「我が志」も認めがたく、ただひたすらに恵果の教え導くがまま、おのずと法爾自然にして「秘蔵の奥旨」に直入しえたと、空海は想わずにはいられなかったのである。それは、まさに出逢うべくして出逢ったのであるに相違ない。にもかかわらず空海にしてみると、この師とのこの邂逅は、いかなることにも不思議な宿縁に促され、出逢わしめられたものとしか考えられなかった。自分の方から出逢うというのではなく、どこか向こうから、むしろ恵果の方から出逢われてくるような出逢い、そういう出逢いに空海じしんが

出逢ったというところが、どうしても右の文面から感じられてくるのである。しかし、かく感ずるというのは、やはり師を讃嘆せずばやまない空海の筆端から生じたものであろうか。はたしてこの魅了してやまない名文の然らしめるところ、つまりは文章の力にのみ帰せしめてよい問題であったろうか。この点は文章の続きを読まないとわからないように思われる。

汝未だ知らずや、吾と汝との宿契の深きことを。多生の中に相共に誓願して密蔵を弘演す。彼此《かしこここ》に代《かわるがわる》　師資たるや、只一両度のみにも非ず。是の故に汝が遠渉を勧めて我が深法を授く。受法云《ここ》に畢りぬ。吾が願も足りぬ。汝西土にして我が足を接す。吾東生して汝が室に入らむ。久しく遅留すること莫れ、吾前に在りて去なむ。（定本八―三六）

この有名な一節は、また『御請来目録』にも書写されているが、その文面はこうである。

是夜於二道場一持念。和尚宛然立レ前告曰、我与レ汝久有二契約一、誓弘二密蔵一我生二東国一必為二弟子一。（定本一―三七～三八）

そして一説によると「和尚の入寂に対する切々たる悲痛の念と、惻々たる追慕の情とは、その夜において恵果和尚をして大師の面前に現われしめた」と解し、ここに「いかに深く恵果和尚を慕って居たか」という、空海の胸裡を窺うことができるというのである。なるほど恵果に対する追慕愛惜の情が、かれの心をつよく締めつけていたことは事実であるにせよ、この解説では、夢の中で恵果が「宿契」とか「契約」を説いたこと自体はまるで無視されていた。それでは、ここに空海が涙ながらに認めた宿縁とは、事実ではありえなかったというのか。残念ながら解説者はここで筆を止めて語らないのであるが、しかし、われわれの知りたいのは、伝記作者の沈黙した、まさにそのところにあったのである。

さきに、われわれはこの師弟の出逢いの構造として、いわば出逢わしめられつつ出逢うという契機を想定しておいた。ところが、かかる出逢い方はもともと一般的に絶対者とか神との出逢いとして規定されるものであって、師弟関係にはむしろ不適当な表現であったといえよう。ことにキリスト教のように絶対的な神をたてる宗教では、どうしても回心の重要なモチーフとしてかかる出逢いということが強調されねばならないのである。むろんそこでは一切のわれと我性の絶対的な否定が、そのまま神の恩寵として神の側から出逢われてくる。すなわち絶対者としての神がどこまでもわれを否定するものである、まさにそのゆえにかえって「死復活」的にわれをあらたな光の中に蘇らせるものとして顕わになってくる。つまり出逢われてくるものは、どこまでも神であるとともに、いわば神の光に包まれた自分であったということもできる。これに対して空海の場合はどうであろうか。ここにもやはりわが力も、わが志もすべて無にするような絶対に他なるものの開顕があった。さきほどは、それをいちおう阿闍梨恵果と考えたわけであるが、後の文章をみるとどうもそれだけでもなさそうである。おそらく恵果と空海との関係を規定していたのは、ただ師と弟子ということだけではなく、より本質的にはここで「宿契」といわれたものでなくてはならないであろう。そしてこの宿契のゆえに「進退我が能くせむに非ず」と空海はいわざるをえず、また恵果は不思議の妙用をもって空海を誘《いざな》うこともできた。つまり、ここにはどこか師弟の関係を超えたような、もっと別の何ものかが、師と弟子とをしかく契合させ、あるいは両者のうちに感得されていたとは考えられないであろうか。いいかえると、空海をして師と出逢わしめたものは、何も恵果その人の力のみではなかった、否むしろ恵果をしてかくあらしめずには措かないような何かが別にあって、それこそがまぎれもなく両者を対面させ、出逢わしめた当体にほかならないと、このように解釈できないか。もしそれが可能であるならば、さきにわれわれが文章の感じとして取り扱った問題が、やがて単なる感想だけでは終わらないということもできるであろう。

しかし問題は、まさにこの師弟関係のみに尽くせないような、宿契と称されるものの当体を見極めうるかどうかということにかかっている。そこでひとまず引用文に戻ると、宿契とは密教を弘演せずにはやまないという熱烈な悲願であり、誓願だということであった。たとえば恵果については、とくにこの点が呉慇の『恵果阿闍梨行状』（以下『恵果行状』とする）の中でも強調されていた。

常に門人にいっていはく、金剛界・大悲胎蔵両部の大教は、諸仏の秘蔵、即身成仏の路なり。普く願くは法界に流伝して有情を度脱せむことを。（定本一―一一一）

と。恵果の念願は、師の不空三蔵におけるごとく、密教を集大成し、かつは皇帝の寵愛をほしいままにするといったはなばなしい活動とはむしろ対照的に、師によって礎えをおかれた密教をもっぱら宣教流伝することにあった。たしかに、その門弟をみても中国各地はいうに及ばず、朝鮮その他かなり辺境の地のものがおおいことに気づくのであるが、かかる遠近の子弟教育に甚大なる配慮が払われたであろうことは容易に推察がつくのである。となると、空海としてもじつに恵まれた師に巡りあえたというわけであるが、問題はさらにそのさきにあった。すなわち、いま引用した『恵果行状』の文とちょうど対応する『恵果和尚の碑』の文面が、われわれの注意をひくのである。そこでも同じく「常に門徒に告げて曰く」として密教の骨子を説いたすぐ後に、こんどはつぎの文章が挿入されてくる。つまり、

無畏三蔵、王位を脱躧《だっし》し、金剛親教、盃を浮べて来り伝ふ。豈徒《ただ》然るのみならむや。金剛薩埵、稽首して寂を扣いてより、師師相伝して今に七葉。（定本八―三五）

という一節がそれである。まずはこの「師師相伝して今に七葉」の句が、目をうばう。われわれは伝承のうえで恵果の七祖たることを些かも疑わないのであるが、いまの一句はあきらかにこの伝承の成立を宣言したものであり、

しかも呉慇の『恵果行状』には、それは記されていなかった事柄である。これをどう解釈すべきであるかは、もとよりわれわれの問うところではないが、しかしこの記事がさきの宿契と無関係でなかったことだけは指摘してよかろう。いうまでもなく真言付法の七祖が、ただ六祖不空と八祖たる空海を結びつけた祖師であるにすぎないという見解はむろん当らない。かといって恵果七祖の位置づけが六祖の場合ほど簡単なものであったと考えることもできない。そこで空海としても容易ならぬ難関が立ち塞がっていたのではないかと推測するまでである。

ついで「金剛薩埵、稽首して寂を扣いてより」の語がきわめて示唆に富むものといわねばならない。なぜなら恵果の「多生の中に相共に誓願して密蔵を弘演す」と説きえた端緒は、まさしくこの金剛薩埵によって開かれたものであった。ということは、問題の宿契がただに恵果のものでも、空海のものでもなく、根源的にはこの金剛薩埵、ひいては大日如来そのものに由来するというばかりではなく、かかる自覚こそ、すなわち「彼此《かしこここ》に代《かわるがわる》師資たるや、只一両度のみにも非ず」といわしめた当のものであると、われわれは考えているのである。しかして、かく解釈することによってのみ、恵果において「汝が遠渉を勧めて我が深法を授く」ることも可能であったわけだし、空海としても「我が力」「我が志」をこえ、時間・空間を絶したいわば永遠なる仏の本願に乗托することによって、真に「吾と汝」との師資関係を取り結ぶことができた。いいかえれば師弟関係をこえた仏の妙用のみが両者をして真に出逢わしめたと考えざるをえないのであった。

このように解しうるならば、奇しくもここにとりわけ密教的な師弟関係が如実に顕われていた、といって誤りないであろう。それはもと唯仏与仏の関係として直に根源的な自己同一性の開顕を意味するものでありながら、しかも師をさしおいて別にいかなる仏の誓願妙用もない。それゆえ、恵果のうちに「三身の一身、千仏の一仏」を認得した空海は、そこでのみ真に「其の人を見る」ことをえたのであるが、かかる「其の人」はもとより自己を離れて他の人たることもありえなかった。しかもそれでいて「其の人」は仏の誓願妙用に乗托せる人として単に師でも弟子でもなく、ただ「代《かわるがわる》師資たるや、只一両度のみにも非ざる宿契の人」でなくてはならない。そして、かかる宿契の人がいまここに師となり、弟子となって「相共に密蔵を弘演」すということからいえば師のはからいは直ちに仏の神通であり、専一なる師命の随順がそのまま仏の妙用に出逢うことにほかならない。すなわち仏の神通妙用は、かくして師弟の出逢いのうちに余すところなく包みこまれていたのである。とするならば、恵果に接して「其の人を見」、直に大日如来に出逢って「其の人」となりえたといっても、もはや空海においては別の事柄ではありえなかった。かれが「来ること我が力に非ず、帰らんこと我が志に非ず」と表現したのも、まさしくかかる出逢い方を指すものではなかったであろうか。

〈補遺〉

弘法大師における恵果阿闍梨との出逢いの宗教的な意味、あるいは体験の性格とか構造についての考察が本稿の主たる目的であったが、紙数の都合もあって意を尽くしえなかったので若干の補足を加えておきたい。

一、入唐以前の空海について、まずかかる宗教的天才を誕生せしめた当時の宗教事情がもっと検討される必要があるように思う。たとえば、奈良時代末から平安初頭にかけての仏教界は、中央と地方を問わず、かなり大きく揺れ動いており過渡的な様相を呈していたともいえる。一方では論義などの盛行をみて論師がはなばなしく登場するとともに、学問僧とか学問的研究の成果がようやく時代の関心事となり、仏教への期待も前代とは異なった性格を帯びてくる。こうした傾向は法相・三論の宗派的対立のみならず、ある意味では『三教指帰』撰述の問題とも深く結びついていたと解しうる。他方、玄賓のごとく純粋に自己の信仰をまもって山野に韜晦するような仏教者のあり方が目立ってくるが、いずれにせよ、仏教そのものが相当に幅広く、徐々にではあっても深く浸透しつつあった当時の状況を物語るものではなかったろうか。

二、かかる背景を考慮にいれて、空海の青年期の問題もいまいちど検討しなおす時機がきているのではないか。ただ『三教指帰』の中に優婆塞的な契機を認めるというのみでなく、さらに進んで当時の仏教の受けとり方が、もし前代とは大きく変化してきたといえるならば、『三教指帰』とか『日本霊異記』を成立せしめた時代的な雰囲気を、もっと別の角度から考えることも可能であろう。たとえば右のように主体的、積極的なしかたで仏教に接してゆくといった態度が、空海を取りまく仏教者たちのうちに萌していたと推定することも困難ではなかろう。さすれば『三教指帰』と『日本霊異記』の共通性とともに、両者の成立基盤の違いもおのずと明確にされうるはずである。

三、こうした入唐以前の空海のあり方や、その置かれていた状況は、当面の恵果との出逢いという問題とも本質的に深く結びついた問題であることは無論いうまでもない。そこでいちおう空海における再誕生ともいうべき契機をめぐって、それら諸問題をも併せて考えようとしたのであるが、同時にこれはのちに展開された空海独自の宗教のあり方との関連において考察されねばならなかった。したがって、ここで取りあげた問題はもともと空海の宗教とか宗教性についての本質的解明という問題の一部にほかならず、他は後日を期したいと思っている。

三　空海の魅力

一　真実のことば

良寛と空海

良寛《りょうかん》の墨跡《ぼくせき》に、つぎの一句がある。

　たとい恒沙《ごうさ》の書を読むとも
　一句を持するにしかず
　人あって　もし問わば
　実《じつ》のごとく　自心を知れ

如実知自心《にょじつちじしん》（あるがまま自心を知る）の一句は『大日経《だいにちきょう》』の「いかんが菩提《ぼだい》とならば、いはく実のごとく自心を知る」（大正一八―一下）が典拠である。

良寛は、大事なことは、ガンジス河の砂の数ほどの書物を読むよりも、この一句に参じ、この一句をほんとうに自分のものとすることだという。

経典のことばは、もともと「如来《にょらい》の功徳《くどく》の宝所」（『大日経疏《だいにちきょうしょ》』〈大正三九―五八七中〉）をあらわすとある、心みずから心をさとる自心の実相、すなわち浄菩提心《じょうぼだいしん》を指すのであろう。ところが、空海は、「この一句に無量の義を含めり」（定本二―三〇七）といって、浄菩提心ばかりでなく、『秘密曼荼羅十住心論《ひみつまんだらじゅうじゅうしんろん》』の全展開がそのままこの一句のうちに収まると捉えている。東洋の思想と宗教のすべて、つまり万巻の書は、ただこの一句に収まるとするのが、空海の十住心の世界であった。これを受けて、この一句に参究することが、万巻の書を読むにまさると、良寛は喝破《かっぱ》したのである。

ここでは、実のごとく自心を知るという一句が、そのまま自心の真実のあり方をさとることに変わりはない。空海は、万巻の書の智慧《ちえ》と功徳がすべてこの一句に収まるといい、良寛は、ただこの一句に参ぜよという。両者の呼応する関係はあきらかである。ともに真実のことばをつかんで、これだと差しだされている。そこでことばは、真実そのものをあらわすシンボルとなっている。この一句をおいてほかに真実はない。そういう究極の一句である。ふたりは、まことの文字を解し、ことばの真実をきわめる名人だったということであろう。

そのようなふたりは、ともに書をよくし、詩・文章や和歌が著名である一方、不思議な人気があって、お大師さん、良寛さん、と庶民に親しまれている。どこか日本人のこころを呼びさまし、大きく包みこんで安らぎを与える、そういう広くて深い精神的な境地へのあこがれが共鳴しあうのだろうか。

同行二人の道

熊野《くまの》の古道や高野山《こうやさん》の参詣道が、世界遺産に登録されようとしている（二〇〇三年現在）。近代国家への歩み、急激な社会の変動、そして生活環境の大きな変化のなかで、この国の人たちが見失い忘れていたものに、まさにいま、この国だけでなく世界の目が注がれる。そんな時期を、われわれは迎えているのであろう。そういえば、さいきん四国遍路《へんろ》も、巡拝する人がずいぶん増えたということである。

先日、たまたま高速バスで乗りあわせた男性のことばが、筆者には忘れられない。「お四国を三十五日で歩いてまわり、今日、成満《じょうまん》したので、これから高野山にお礼まいりにいくところです。はじめは、ただ何となく出かけたのですが、やはり巡拝してよかった」と語る満足感にみちた顔が、たいへん印象的であった。最後に「おかげで新しく人生を踏みだすことができます」といって、その男性は立ち去った。

驚いたことに、まず三十五日という歩き遍路のスピードがある。そして確たる動機や目的なしに出かけた巡拝が至福の成満を迎えたという話、またその満足感を、車中でともに分かちあえたという不思議な出会いがある。考えてみると、四国路は、そういう思いがけない出会いが、ごく自然に起こる世界だったのである。

だれもが気軽に入っていける巡拝の道、単調のようで一日一日、変化に富み、多くの出会いに彩られて充実した歩みを重ねる。すると、いつしか自分のうちに核のようなものが固まって、明日に向かって新しく出発する力が全身に漲《みなぎ》ってくる。そして、なぜなしに歩く自分と出会い、いつでも同行二人《どうぎょうににん》（大師とともにある）を全身で実感できるようになる。このいつでも「ともにある」、どこにあっても自分ひとりではない、という身体感覚の目覚めが、現代人の不安と悩み、満たされない想いを癒してくれるのではないだろうか。

もともと、四国遍路は多様性と多重構造によって成りたっている。寺の開基、宗派もまちまち、本尊も多種多様で一定せず、山あり、野あり、海辺あり、変化に富んだ自然に恵まれた道である。一神教のような一極中心の往還構造の霊場でなく、円環的で、順逆も自由、どこからでも自分のペースで参加できる。特別の規則もなく、きわめて融通のきく巡拝コースである。

大師信仰と称されるが、じつは超宗派的で、宗教、非宗教を問わず、国籍、信仰を超えている。ただ、そこには、古い民族のこころの故郷《ふるさと》のような安らぎがあり、包むものがある。それがいつしか大師空海の、虚空《こくう》のように、すべてを包容し、各人がおのずと本来の落ちつき場所を見出さずにはおかない、永遠なる願いと通じあうものを感じてきたのであろう。

二　空海思想の鍵

まことのことば

空海は、第一級の世界的な詩人・宗教思想家である。その詩や文章はすばらしく、その著作はすこぶる難解とされる。解説、研究書のたぐいは多いが、簡単には近づきがたいところがある。なぜ近づきがたいのであろうか。調べてみると、空海は入唐《にっとう》前に、秘門《ひもん》（密教）に出会って挫折した体験があるという。それは、従来の経典や思想の文字という通念を覆《くつが》えすものだった。恵果《けいか》は、そこで文字でなく、マンダラによる密教の解明をはかった。これに対し、空海は、その問題の文字に正面から挑み、文字によって密教を読み解くという道を切り開こうとする。マンダラとともに請来《しょうらい》した梵字《ぼんじ》、とりわけ『梵字悉曇章《しったんしょう》』の研究をとおして、空海は密教の文字、ことばを解明する鍵を発見する。文字は重層的であり、構造的である。密教の文字は、自然《じねん》の道理のあらわれ、つまり「法然《ほうねん》の文字」だという。実在のことばというか、絶対の真理がみずからを開示する、作るものなしに、おのずからなれる自然の文字である。この『大日経』に基づく根源の文字即真言観が、空海思想の骨格を形成したと考えられる。総合の天才と称される空海は、根源的なものの洞察においても、無類の構想力が発揮できたのであろう。

しかし、その構想は『即身成仏義《そくしんじょうぶつぎ》』をまってほぼ完成される。なにしろ顕教《けんぎょう》のことばや思想によって解明できない密教のことばを、文字によって解読するのは容易なことではない。その作業は、一般の社会通念を覆す、つまりパラダイムの転換である。日本の精神的土壌のなかで、最初に仏教を根底から捉え直すという試練に直面した、空海の底知れない不屈の探究の跡をたどることは容易でない。しかし、この謎ときは、現代人の閉塞《へいそく》的な状況を突破するための重要な示唆《しさ》を与えるであろう。

このような文字観の抜本的な転換が、空海の著作活動の根底にあったとすると、華厳《けごん》や天台と密教とを弁別する基本軸は、仏身観よりも根源の文字・ことば観に求められるかもしれない。簡単にいうと、漢訳経典の文字と、如来のことばとしての根源語（真言）とが対置されるわけである。

『即身成仏義』は、こうした問題の解決を示す金字塔であったと考えられる。よく密教は即身成仏のおしえといわれるが、空海の即身成仏が具体的に何を指すかは、必ずしもはっきりしていない。また『即身成仏義』が空海の主著とされる根拠も明確でなかった。いまや、古い革袋に新しいワインを盛る試みが要請されているのである。

密教とは空海にとって、かくれた真実をあらわすおしえである。真実を覆いかくすものや、文字・ことばの多層構造に気づかず、繊細な精神に欠ける近代合理主義の立場とは無縁である。むしろ文字・ことばの根源的な生命を蘇《よみがえ》らせる、まことのことば（真実語）を直視する、鋭く研ぎすまされたこころを、空海は大切にしたのである。

あらたな展望

空海研究は、いま大きな曲がり角にきている。着実に進められた資料の考証・整備という段階から、あらたな総合への道を踏みだそうとしている。各方面の研究が、たがいに連携し、すばらしい展望が開かれ、空海の広汎・多岐にわたる活動とその意義が、全体として解明される段階を迎えようとしているのである。

厳密な考証に裏づけられた歴史的研究や、精緻な調査・分析と、広域にわたるマンダラや密教芸術の研究は、すでに格段の成果があがっている。中国思想を基盤とする空海の文字・思想についても、有益な示唆と研究があらわれてきた。さらに、空海の生涯と思想を複眼的に捉え、その根本問題に迫る研究が、擡頭しはじめた。のみならず、空海という研究の主題が、かつての閉ざされた研究集団から、開かれた自由な研究者たちの輪へと広がったことは、さいきんの驚くべき成果といえる。本書『密教の聖者　空海』（高木訷元・岡村圭真編、吉川弘文館、二〇〇三年）の執筆者は、こうした各分野の最先端のスタッフとして、いずれもあらたな展望をひらく画期的な成果を収めた人たちであって、各文章の随処には示唆に富む構想がちりばめられている。

とかくして空海研究は、活性化し大きな変貌をとげつつある。折から後近代という世紀の激動により、かえって日本人がアイデンティティを求め、文化遺産や伝統芸能の意義にめざめ、日本の文化や思想の源流に注目する気運が醸成《じょうせい》されようとしている。世界的に国際化がすすむにつれて、自国の文化的、精神的、芸術的な伝統に対する関心が高まるのは自然の勢いである。世界に貢献する、民族のうちに培われた多方面にわたる潜在的・創造的な遺産が、あらたな脚光を浴びつつある。古い枠組みにとらわれず、現代人による、世界的な視野のもとでの、文化・思想・宗教の分野における新しい掘り起こし作業は、目下の急務である。

ここで思いあわされるのは、梅原猛、井筒俊彦、司馬遼太郎らが、大師信仰や真言教団のカラを破って、世界的視野のもと日本文化の深層を探り、まばゆいばかりの空海像を発掘した功績である。本書で示される、パターン化した思考を転換させる総合や集成、ゆたかな芸術的センスと直覚的な洞察、そしてパラダイムの転換、空海の創造性に富むかずかずの偉業は、そのまま日本人の潜在能力の測り知れない深さと広さの象徴ではないだろうか。

おそらく空海は、形而上《けいじじょう》的な懐疑を体験した最初の日本人であろう。その独自な、スケールの大きな探究と思索、さらにその成果は、当時の人たちには十分理解されなかったかもしれない。空海の卒伝《そつでん》記事を書いた春澄善縄《はるずみのよしただ》（七九七〜八七〇）は、この比類まれなる、世界的な文化人・宗教家の範例を国内に求めることができなかった。そこで唐の三朝の国師と仰がれた大広智三蔵不空《ふくう》の前例にならい、勅使派遣と淳和《じゅんな》帝の弔書を添えて、卒伝を書きあげた。「六国史《りっこくし》」としては、まったく異例の措置であるが、同時代の学者が、いかに空海の評価にあたって腐心《ふしん》したかがよくわかるように思う。

空海は、教科書風の単なる真言宗の開祖ではない。あくまで宗派や学派といった特定の捉え方（顕教）を超えたところに、空海の生きた根源の世界（密教）があった。空海研究やマンダラ、そして四国遍路に対する関心の高まりが、開かれた、宗派性を超えた輪として広がるのも、まさしくそのためであるにちがいない。

四　即身成仏への道――文字とマンダラ――

一　即身成仏ということば

不思議なことば

即身成仏《そくしんじょうぶつ》とは、何と不思議で魅力的なことばであろう。

『今昔物語集《こんじゃくものがたりしゅう》』は、空海が清涼殿《せいりょうでん》において、宗論《しゅうろん》の席で金色《こんじき》まばゆい仏身《ぶっしん》をあらわした話を伝えている。はやくから、空海の説く即身成仏というおしえがもてはやされ、説話や唱導《しょうどう》の世界では一種、スーパーマンの出現のように驚異の的となっていたのであろう。

空海といえば即身成仏、即身成仏といえば空海を思う、そういう人は、今も昔もずいぶん多いのではないだろうか。その場合、むしろ即身成仏とは何か、どんなおしえなのかは、一切お構いなしである。空海がどうして即身成仏なのか、両者の関係はどうか、といったせんさくも無縁である。

こういう庶民の想いとは違って、宗門の学僧たちは、各自がよって立つ伝統の立場から、かんかんがくがく諸説を述べて、収まるところを知らないようである。古来の研究書はその数を知らず、『即身成仏義《そくしんじょうぶつぎ》』一巻にかぎってみても、問題続出のありさまだという。たとえば、著作成立の年代が定かでない。おなじ題名の異本が六本もあって、その真偽《しんぎ》が問題だといわれる、など。

それにしても、どうして真言密教は即身成仏のおしえである、といった命題が声高に論ぜられるのか。考えてみると不思議な気がする。密教の経典にこのことばは出ていない。むしろ天台系の論書に、その出典があるといい、いや、不空《ふくう》や恵果《けいか》の説かれたおしえだという。にもかかわらず、空海が即身成仏のおしえを説いて、一世を風靡《ふうび》したことにまちがいはない。しかし、空海の説く即身成仏が、なぜ、何によって、どのように説かれたかという点は判然としないようにみえる。

たしかに、即身成仏、この魅力的な一句が残されたというだけでも、空海はじつにすばらしい宗教的な天才思想家であり、詩人だったと思う。奈良の仏教は、目にみえる大仏を造立したが、空海は、仏が各自の心のなかにあると説いたといわれる。まさしく日本人の心のうちに、仏との通路が開かれ、伽藍《がらん》や経典《きょうてん》のなかではなく、ひとりひとりの心のなかで仏と出会うという、未曾有の転換の道を示したのが空海だったのである。

この転換は、今のことばであらわすと、当時の仏教界や社会の通念であった共通の思考や観念の枠組みを変換すること、つまりパラダイムの転換ということではなかったのだろうか。学僧も俗人も、この意表をつく思いがけない発想の転換にびっくりし、畏《おそ》れを抱いたとしても不思議ではない。ただ、それが何を、どう変換したのかを、検討する作業が、まだ十分になされていなかったように思う。そのためには、まず空海その人における、通常の思考や観念の枠組みが、まったく崩壊してしまうような体験の検証から始める必要があるにちがいない。それが、やがて思考方法の転換に結びついて、思想として結実するのであろう。はたして、空海の場合、そういう体験や転換を跡づけることができるかどうか、試してみることにしよう。

二　密教と出会う

空海の体験

空海が密教と出会ったことを示す文章は、まず『三教指帰《さんごうしいき》』序のなかにあらわれる。この著作は、二十四歳のときに書かれた初稿『聾瞽指帰《ろうごしいき》』の改訂版である。そのなかで、はやくから詩・文章を学び、叔父の阿刀大足《あとのおおたり》のもとで儒学をおさめた空海が、十八歳で大学に遊学したとある。当時もっとも恵まれた理想的な教育環境のもとで空海がそだち、学問にうちこんだということであろう。ところが突如、大学を中退した空海は私度僧《しどそう》の群れに身を投じて、山林修行にはげんだとある。阿波《あわ》の大滝嶽《たいりょうがたけ》や土佐《とさ》の室戸崎《むろとのさき》にこもって、ひとりの僧から授かった密教の瞑想《めいそう》に専念したというのである（定本七―四一）。

この学問から山林修行への転換は、あまりにも急激であるため、われわれに強烈な印象を与えずにはおかない。それはちょうど、近世の哲学者デカルトの決断に似ている。デカルトも、当時、世界でもっとも恵まれた教育機関で熱心に学んだのち、「文字による学問（人文学）を捨てて、自己および世界という書物による学問（真理の探究）を決心した」（『方法序説』）というのである。たしかに、空海もまた、文字による学問（儒学）を捨てて、自己および大自然という書物による学問（真実なるものの探求）を決心したということができそうである。ただ空海の場合は、デカルトと違い、文字・学問をはなれて山野を跋渉《ばっしょう》し、実践修道というかたちで真実の探究に立ち向かったということになるであろう。

しかし、他の文章によると、空海の別の体験が伝えられる。『遍照発揮性霊集《へんじょうはっきしょうりょうしゅう》』（以下『性霊集』とする）に収める弘仁十二年（八二一）の両部マンダラ新修の願文《がんもん》によると、青年時代のきびしい試練のすえ、空海は、幸いにして秘門と出会うことができたという。

精誠感あつてこの秘門をえたり。文に臨《のぞ》むで心昏《くら》し。（定本八―一〇八）

すなわち、真剣な修道と遍歴のすえ、根源のおしえ（法）を求める願いが天に通じて、秘門、つまりは密教の経典を手にすることができた。ところが、通常の仏教経典と違って、文字だけではその真意を知ることができない。その衝撃は大きく、はげしい挫折感におそわれたというのである。

この秘門との出会いを、伝承は『大日経《だいにちきょう》』の感得として捉え、大仏殿の夢告によって大和の久米寺《くめでら》東塔のもとで、これを発見したという説話に仕立てる。しかし、空海の文章は、むしろ経典と出会って衝撃を受け、挫折した体験の方に重点を置いている。ここでいう秘門とは、たやすく手に入らず、たとえ入手できても、文字だけではそのおしえの真意が把握できない、その意味で秘密のおしえということであろうか。ちょうど、門前に立つことはできたが、どうしても門内には入れないという参禅の状況に似ている。そのときのはげしい焦燥《しょうそう》と絶望感が、やがて空海の入唐《にっとう》をうながす原因となったと書かれている。

空海の苦悶

ところで、入唐前の空海の苦悶《くもん》という点では、もうひとつの証言があった。『性霊集』を編集した弟子真済《しんぜい》は序文のなかに、つぎの文章を記録している。

わが生の愚なる、誰《たれ》に憑《より》てか源に帰せむ。ただ法の在ることあり。（定本八―三）

つまり、〈過去〈釈尊《しゃくそん》〉と未来〈弥勒《みろく》〉の二仏の中間に生まれた〉わたし（空海）の生来の不肖のために、求むべき師、根源にかえる道を指示してくれる指導者がいない。げんにその（根源の）おしえは、ここにあるというのに。

この腸をさく痛恨のさけび声は、さきの「文に臨むで心昏し」の心境とあい通ずるものといえるであろう。求める根源のおしえは、げんに今ここにある。がしかし、その秘門に入るための手段、方法がまるでわからない。その門を開く秘密の鍵を求めて、空海はついに海を渡る決心をするにいたったのである。

このように入唐以前の状況を伝える文章は、いずれも回想のかたちで示され、瞑想よりも秘門、そして秘門の解きがたい秘密の鍵へと収斂《しゅうれん》していくようにさえみえる。難しい考証はさておき、文字の学問を捨てた空海は避けがたい「文字」という名の障壁にぶつかって、再度あらたな体究の道へと踏みださずにはいられなくなったのであろう。

それにしても、秘門の文字が、どうして空海を挫折させ、絶望の淵《ふち》に立たせたのだろうか。たしかなことはむろんよくはわからない。しかし、通常の経典・論書に関する空海の広汎多岐にわたる豊富な知識を示す資料が、日本古典文学大系『三教指帰・性霊集』（岩波書店、一九六五年）に出ているから、これを参考にすることはできる。ここでは、空海の文章に基づいて密蔵《みつぞう》・秘門の特色をうかがうこととしてみよう。

密教のおしえ

それによると、まず中国密教にあっては、密教のおしえは文字・ことばでは表現できないとする立場がとられていたようである。たとえば『御請来目録《ごしょうらいもくろく》』は、

密蔵、深玄にして翰墨《かんぼく》に載せがたし、さらに図画をかりて悟らざるに開示す。（定本一―三一）

〈密教のおしえは深遠であるから、文字によって表現するのは難しい。そこで、図像などを使って修行者にこ

れを示すのである。〉

と記す。同様に、また恵果は、

真言秘蔵は経疏隠密《きょうしょおんみつ》にして、図画をからざれば、相伝することあたはず。（定本一—三六）

と、つまり、真言のおしえは経典や解説書にはあらわに説かず、マンダラ図像によって、秘法を相伝するほかに方法はないという。恵果の場合は、『金剛頂経《こんごうちょうぎょう》』と『大日経』によって、金剛界《こんごうかい》と大悲《だいひ》胎蔵《たいぞう》の両部マンダラを整備・完成させたことが推定されるという。さらに、青龍寺の諸堂は、恵果の指導のもとに、いたるところにぎっしりと仏・菩薩の図像が極彩色で描かれ、さながら生ける仏・菩薩たちと対面するかのようであったという。そこにはマンダラの仏たちという世界空間が、リアルに現前していたとみてよいであろう。おそらく、密教のおしえの根本は経典や文字でなく、マンダラ図像にあるとするのが、恵果の密教だったのであろう。

さきの弘仁十二年（八二一）の願文は、じつはこうした恵果の密教をしのびつつ、両部マンダラをあらたに製作し、供養《くよう》したときの文章であった。このとき空海は、恵果のもとで密教の眼を開かれたこと、その恵果の密教が、今こうしてこの国に根づいたこと、そして恵果の後継者としての大任をひとまず果たすことができたことを、実感したのではないだろうか。それと同時に、あらためて宿命的ともいうべき秘門との出会いに想いをはせたのかもしれない。

三　文字の義用、大いなるかな

経典の書写

入唐した空海は、さいわい恵果のもとで、真言密教の奥義《おうぎ》をあますところなく伝授された。そして師の恵果の指導によって、両部マンダラをはじめ、不空の新訳経典、密教の修法《しゅほう》のための法具などを整えて請来することができた。このことは、中国の密教を細大もらさず、ほぼ総括するかたちでもち帰ったということを意味している。

こうして請来された仏像（図像）や経典などは、大同四年（八〇九）ようやく入京を許された空海のもとへ、朝廷から返却されたといわれる。それを受けて、最澄《さいちょう》が経典や論書など十二部の借覧を申し入れる。この経典書写の申し入れが、最澄と空海との交わりの発端となった。やがて弘仁三年（八一二）の冬、有名な高雄《たかお》灌頂《かんじょう》という儀式をへて、両者の関係が破局に向かって急変したことは、よく知られているとおりである。

ところが、よくわからないのは、経典書写をめぐる双方の考え方である。さきにみたとおり、密教の経典は、文字だけではその真意をつかむことができないとすると、たしかに経典の書写に際していちいち指導を受ける必要が生ずる。しかし、最澄はすべてを写し終わったのち、一括して伝授を受けたいという。そこで両者の意見が対立し、借覧は拒絶されたのである。そのさい、表面上の理由とは別に、何かもっと深刻な問題が、空海の側にあったのではないか。その辺のところが、じつはよくわからないのである。

というのも、弘仁六年（八一五）四月、空海は使者を送って、東国の徳一《とくいつ》や広智《こうち》などに、主要な密教経典の書写を勧進《かんじん》している。その書面は『勧縁疏《かんえんのしょ》』と略称されるが、空海が密教の立場を公表した最初の、いわば声明文として、きわめて重要である。この文章によれば、さきの最澄の場合とは逆に、むしろ積極的なしかたで、空海の方から経典の書写を求めているのである。つまり、わずか二、三年のあいだに経典書写に対する空海の態度が豹変《ひょうへん》したことになる。この急旋回《きゅうせんかい》は、どう考えても尋常ではない。この短期間のうちにいったい何が起こったのだろうか。

顕と密

難しい問題はしばらくおき、ただはっきりしている点がひとつだけある。『勧縁疏』には、顕と密、すなわち顕《けん》教《ぎょう》と密教との経典の決定的な違いが初めて明示されたことである。釈尊が、衆生《しゅじょう》のため、また衆生の機根《きこん》に応じて説かれた経典は顕教、あらわなおしえである。これに対して、法身《ほっしん》、つまり真実なる法そのものがみずからのさとりの境地をあらわす経典、これを密教という。密とは、「つぶさに自証の理をとく如義《にょぎ》語、真実の説」（あるがまま如来のさとりを示す、真理そのもののおしえ）を指すとある（定本八―一七四）。このような顕教と密教の経典の成立基盤の違いを対置させたうえで、空海は経典書写の勧進をすすめたわけである。

これをみると、最澄に接したとき、空海の方はまだ明確に、顕教と密教とを弁別《べんべつ》する基準（教相判釈《きょうそうはんじゃく》）が確立しておらず、中国以来の経典の捉え方を踏襲したままであったといえる。これに対して、最澄もまた、当時の学僧たちと同様に、密教経典の独自・固有な性質を認めず、経典と註釈書（『大日経疏《だいにちきょうしょ》』）によって密教のおしえが十分理解できるという立場にとどまっていた。有名な「新来の真言家は筆授の相承《そうじょう》を泯《ほろ》ぼす」（『依憑天台集《えひょうてんだいしゅう》』序〈伝教三―三四四〉）という空海批判は、もともと両者のこうした経典の捉え方の違いを表明したものだったのである。

このように考えてくると、最澄との交わりは、結果的に空海にあらたな課題を提起する機縁を与えたことになった、ということができるかもしれない。弘仁四年（八一三）十二月の文章（『金勝王経秘密伽陀《こんしょうおうきょうひみつかだ》』）の一節には、つぎのような指摘が現われるにいたった。
如来の説法には二種あって、顕は「常途《じょうず》の所説」（通常のおしえ）であり、密は「密蔵の所論」（あらわに説かない密教のおしえ）であるとして、

顕家の趣は歴代の口実なり。密蔵の旨は、この土《くに》いまだ解せず。（定本四―二四一）

つまり、顕教のおしえは、これまで解説されてきたとおりであるが、密教のおしえは、日本ではまだだれも理解するものがいない、というのである。

空海の文字観

そして翌五年（八一四）閏七月二十八日の上表文《じょうひょうぶん》には、「悉曇《しったん》の妙章、梵書《ぼんしょ》の字母」（インドの『梵字《ぼんじ》悉曇章』とそのアルファベット）を絶賛する文章を掲げて、「文字の義用、大いなるかな、遠いかな」（文字の真実の意味とその妙《はた》用《らき》はなんと広大で深遠なことであるか）と記したのである（定本八―六二～六三）。この一節は、日本の学僧たちは、漢訳の経典・論書のみを研究して、文字（梵字）の真実の意味をさとらないから、経典のことばのかくれた真意を読みとけないでいると、暗に批判したものと読むことができるようにもみえる。

しかし、このあまりにも自信にみちあふれた文章は、はるかに重大な、空海のある確信をあらわしたものではなかったのか。これまでの消極的な文字観に対して、この文章は、威風堂々と積極的な文字観を謳いあげているではないか。この大きな転換の基礎となるものは、はたして何だったのだろうか。

じつは、この上表文の冒頭で、空海はすばらしいインドの文字・梵字悉曇章がはるばる到来したのは、盛大な文運によると、嵯峨《さが》帝の治世をほめたたえる一方、『梵字《ぼんじ》悉曇《しったん》字母《じも》并釈義《しゃくぎ》』（以下『字母釈義』とする）一巻を添えて、

献上したのである。すると、この『字母釈義』が、空海の文字観に決定的な変化を与えたということになるのであろうか。もしそうでなければ、『梵字悉曇章』の請来を、あれほどまでに賛美することはなかったであろう。

この悉曇解説書は、けっして初心者向きの梵字入門書ではない。むしろ、漢字の世界では、まったく予想もできなかった、絶妙なる文字の根源の洞察を断章風につづった、日本で最初の梵字研究書なのである。その内容は専門家に教わるほかはないが、少なくとも、文字の捉え方としては、つぎの二点が注目されるであろう。そのひとつは、文字の重層性ということ、二つには、文字が構造をもつということである。

文字の重層性

まず、文字の重層性とは、通常の文字と、経験を超えた文字の二重構造ということである。世間一般の日常的なことばも、学問的なことばも、基本的には、それぞれのことばの意味が、たがいに了解できるとき、ことばによる伝達が可能となるものである。ところが、秘門の文字のように意味がわからないことばがある。しかも、その通常の理解を超えたことばが、かくれた真実をあらわす文字だといった矛盾は、どうして起こるのか。この問題の鍵を、空海は『梵字悉曇章』の解明をとおして発見したのである。

空海が伝えた智広《ちこう》の『悉曇字記《しったんじき》』は、インド学芸の基本テキストとされる『梵字悉曇章』の解説書である。そこには玄奘《げんじょう》の『大唐西域記《だいとうさいいきき》』を引いて、インドの文字である梵字は、「梵天《ぼんてん》所製」つまり梵天がつくったという伝承をのせている。ところが、空海はこの梵字起源の伝承は、真実の由来を知らない通俗の説であるという。『大日経』によると、この文字は「自然《じねん》道理の所作」つまり作者なしに天然の道理がおのずからあらわれた文字である。如来《にょらい》や梵天がつくったものではない、と説かれてある。この作者なしに真理そのものが自然に、おのずからなれる文字を「法然《ほうねん》の文字」というが、世間の伝承は、このかくれた真実の文字の由来を知らず、梵天所製という説を信じているにすぎない（定本五—一〇一）。

この伝承の説と経典のおしえとを対比すると、世間で真実と思われている梵天説は、真実を示さず、むしろ真実を覆《おお》いかくしていることになる。これに対して、経典は、そのかくれた真実を明らかにするという意味において、真実をあらわすものである。しかも、真理そのものがおのずとあらわれた文字（法然の文字）を用いて、如来が真実をあるがままに示されたものが、つまりは密教経典のことばなのである。

通常は、密教は秘密のおしえであるから、文字ではあらわに説かず、また文字によって表現できないとされてきた。ところが、この著作では、むしろ、かくれた真実を明らかにするのが、密教のおしえだということになる。空海は、このような消極的な文字から積極的な文字への転換が、梵字のもつ二重構造のうちにはっきりと示されているとした。

文字の構造

それでは、文字が構造をもつとはどういうことなのか。簡単にいうと、一が多であり、多が一であるということ。空海は、法然の文字は出世間《しゅっせけん》の文字、ダラニ（総持《そうじ》）の文字であるという。総持とは総摂《そうしょう》・任持《にんじ》、つまりすべての文字や意味を包摂しているということであろう。たとえば阿字《あじ》のように、一字からすべての文字を出生し、一字のうちにすべてが収まる、いわば一即一切《いちそくいっさい》のシンボル的表象が阿字なのである。そこで、阿字は、「衆声の母」「衆字の根本」となり、「内外《ないげ》の諸教みなこの字より出づるなり」、そのかぎり「阿字とは一切の法教の本である」と解説されてくる（定本五—一〇六）。つまりは、ア（阿）はすべての発声のはじめ、すべての文字を出生させる母胎《ぼたい》であるとし、仏教その他のおしえ（真理）すべてを総合するシンボルであり、阿字をみれば、一切のおしえの根本を知ることになるというのである。阿字がすべて、すべてが阿字という瞑想が背後にあって、これを支えているのであろう。

そのうえ、梵字の『悉曇章』は、子音の文字（体文《たいもん》）と母音・半母音の文字（十二摩多《また》）からなり、子音と母音の組み合わせによって、一つの字母から十二字が生ずる。このような悉曇特有の文字合成の規則によって、つぎつぎと文字が造成される、きわめてダイナミックな構造が注目される。これは漢字の場合の文字合成とはまったく違う、表音文字の特性によるものである。字母という構成単位が、かぎりなく広大な文字の世界を生みだしてゆく、一種の有機体的な世界構造は、あたかも自然道理のおのずからなる自己展開のシンボルイメージを彷彿《ほうふつ》させるに十分である。このように悉曇字母は、一が多、多が一であるという動的な関係の縮図である。その字母表は、本来あるがまま法然の文字、ダラニの文字として、真理そのもののシンボルの体系にほかならない。

もとより梵字に関しては、空海は在唐時に般若三蔵《はんにゃさんぞう》や恵果の指導のもとで熱心に研究したことが明らかである。般若三蔵からは、梵夾《ぼんきょう》を授かり、恵果には、種子《しゅじ》真言《しんごん》（梵字）の法マンダラを受けている。さらに、梵字真言讃《しんごんさん》など四十二部四十四巻をまとめて請来し、梵字研究の資料をまとめて導入していた。これだけ、まとまった梵字関連の文献を伝来したのは、むろん空海が最初である。これを受けて、梵字研究が、空海の手もとで進展したことは想像にかたくない。密教の伝授にあたって、梵字はとくに重要な役割を果たしたものと推定される。

しかし、弘仁五年（八一四）に、『字母釈義』が嵯峨帝に献ぜられたことは、密教伝授のためだけではなかったと思う。それ以上に、密教の根本のおしえを、書と文字によるイメージでもって感得することを念頭に置いた、まったく新しい言語観の提起ではなかったかと考えられる。空海は、未曾有の快挙として、如来がそれを用いて説《せっ》法《ぽう》されたその梵字（真理の根源）を、この国に請来して、これを献上した。この根源の文字は全仏教のおしえの根本であり、如来のさとりの境地をあらわすシンボルそのものである。この広大無辺なる功徳《くどく》をそなえた梵字とそのおしえを、空海は国中に広めて、すべての人に法縁《ほうえん》を分かちたいと願ったことであろう。

四　『勧縁疏』と即身成仏

文字を超えた文字

じつにたいへんな回り道であった。空海が、文字の学問を捨てて、真実なるもの、根源的なものをただ一筋に求めてやまない求道《ぐどう》の遍歴を重ねた、その足跡をたどろうとすると、おのずとこういうかたちになってしまった。発端は、やはり文字だけではわからない秘門との出会いにある。「文に臨むで心昏し」という挫折。マンダラをかりて密教の根本を示す恵果との出会い。このような体験を解せず、密教経典を顕教のそれと同様に受けとめる最澄や日本の学僧たち。これと対決するためにシンボル文字ともいうべき梵字（真言）の発掘と、かくれた真実をあかす密教経典の文字の解明。このような、「文字から出て、（文字を超えた）文字へ出る」（上田閑照のことば）、という空海の足どりは、まことに意表をつくものというほかはない。

その転換の鍵は、まず恵果との出会いであり、密教経典との出会いということにある。この二つの機縁をまとめて文章として公開したものが『勧縁疏』の内容だったのである。ここで初めて、空海はみずからの密教のよってたつ立脚点を明らかにして、有縁《うえん》の人たちに経典の書写を求めるにいたった。これが、空海思想のあらたな出発点となったということができるであろう。

『勧縁疏』

『勧縁疏』は、のちに成立する『辯顕密二教論《べんけんみつにきょうろん》』（以下『二教論』とする）ほどには注目されないが、空海研究のうえでは、きわめて重要な文章である。これについては、勝又俊教《しゅんきょう》『密教の日本的展開』（春秋社、一九七〇年）に詳細な解説が収めてあり、その趣旨は、おおむね『二教論』の内容と対応すると説かれている。しかし、すこし注意してみると『勧縁疏』には、『二教論』では触れていない主題が展開されているようにも読めるのである。

この文章は、大きく分けると二つの部分からなっている。その前半部は、勝又説のとおり、密教の特色、とくに経典の文字・ことばを中心に、顕教と密教の違いを比較して論じたものである。そのため、内容的には『二教論』とほぼ重なることになる。ところが後半部は、恵果のことばを援用して、簡潔に密教の基本的な立場を明らかにしたものである。とくに、恵果の密教の骨子をまとまったかたちで空海が示した文章は、『恵果和尚の碑』（『性霊集』巻二）と、この『勧縁疏』の二ヵ所だけである。むろん『二教論』では、密教の要旨をこのようなしかたで論ずることはない。そのうえ、『金剛頂経』と『大日経』の両部経典、そして龍猛《りゅうみょう》（龍樹《りゅうじゅ》の密教名）の論書とされる『発菩《ほつぼ》提心論《だいしんろん》』によって、密教のおしえを集約して示すという手法は、『二教論』よりもむしろ『即身成仏義』の立場に近いというべきであろう。

このように、『勧縁疏』の内容は、いってみれば『二教論』と『即身成仏義』によって、さらに綿密・周到なかたちで論ぜられるところの二つの主題をあわせ含んだものである。つまり、密教の特色をあげて顕教との違いを示す前半と、密教のおしえを簡潔に要約してあらわす後半の二部によって構成された文章だったわけである。

むしろ『勧縁疏』の問題点は、形式としてはたしかに恵果のことばが援用されるが、はたしてその内容は、恵果その人の意見そのままを伝えるものか、それとも空海が受けとめた恵果のことばであったのか、その点がじつは定かでないというところにある。そのひとつは、『大日経』の「菩提（さとり）とは如実《にょじつ》に（あるがまま）自心を知ることである」という根本命題を、華厳《けごん》の理論によって解説することにある（定本八―一七五）。もし『大日経疏』ならば、天台の理論によるところであるが、ここでは華厳によっている。のちに『十住心論《じゅうじゅうしんろん》』において、おなじ「自心を知る」という命題を、空海が鮮烈な密教のことばで解説することに留意したいと思う（定本二―三〇七）。

もうひとつは、恵果の密教は両部マンダラを根本とする立場である。ところが『勧縁疏』では『金剛頂十万偈《げ》および大毘盧遮那《だいびるしゃな》十万偈の経』という、いわば根源の文字でしるされた両部の経典が示される（定本八―一七五）。恵果のことばとしては、のちに触れる「金剛界・大悲胎蔵の両部（マンダラ）の大教」（『恵果阿闍梨行状』）という『付法伝《ふほうでん》』の表現の方が似つかわしい（定本一―一一一）。それをあえて、ここでは「十万偈の経」という神話伝承に従っている。空海としては、おそらく空中に影現せる十万偈の経文とは、さきにみたところの「自然道理の所作である法然の文字」という観点から、本有《ほんぬ》・自然（根源）そして真実の文字がそのまま永遠の文字、つまりは法然の文字でしるされた十万偈の経文だと、非神話化したうえでの用語だったのであろう。

ともあれ、中国密教では、文字では表現できないとされた密教のおしえが、経典のことばのあらたな意味変換によって、通常の文字の次元を超えた永遠の文字、根源の文字として蘇《よみがえ》るにいたった。それは、さながら不死鳥のごとき生命力であり、神秘主義のことばの絶妙なる変身をみる思いがする。こうして『勧縁疏』は、作者なしに自然にあらわれた真理のシンボルという、あらたな文字観の金字塔ともいうべき位置を占めるにいたった。

これより、空海の著作は、文字どおり密教書として成立し、『二教論』や『付法伝』以下の密教の理論的な基礎がための時代に移っていく。これらの著作は、基本的には密教のことばを駆使し、通常の文字やことばの次元を超えた地平から書かれている点で、慎重な注意が必要とされる。「不退転《ふたいてん》の菩薩は、すべからく文字を解すべし」

（『文鏡秘府論』序、定本六―三）と空海は誡《いまし》めているが、この「文字を解する」という一事が、じつはなかなか容易なことではないようである。

さきに、文字から出て、文字へ出るといったが、それは通常の理論書や仏教書の文字の理解のしかたを超えた、文字の読み方があるということである。文字は、ときに真実をかくすことがあり、ときにかくれた真実をあらわすことがある。このような文字の重層性、あるいは二重映しともいうべき構造をしっかり押さえて、空海の文章を読むことが要求されるであろう。

密教の根本

それでは、密教の根本とは何か。一言でいうとどうなるのか。『勧縁疏』によると「諸仏自証の教」だとある。諸仏がそれぞれ自心の源底をさとる（如実知自心《にょじつちじしん》）おしえであるというのである。そしてこの、あるがまま自心の源底をさとる瞑想（三摩地《さんまじ》）は、他の仏教では説かれていないと、龍猛がいっている。このように、『大日経』の「実のごとく自心を知る」という根本命題を掲げ、その自心の源底をさとる（自証の）方法を学ぶことが、つまりは密教だというのである。注目される点は、龍猛のことばとして自証の三摩地を引用して、即身成仏という一句を欠いていることにある。

念のために、『付法伝』にのせる呉慇《ごいん》の文章をつぎにあげる。

常に門人にいっていはく、金剛界・大悲胎蔵両部の大教は、諸仏の秘蔵、即身成仏の路なり。（定本一―一一一）

すなわち、金剛界と大悲胎蔵の両部マンダラのおしえは、諸仏が深く秘蔵せるところの即身成仏の道である。これは、ほぼ恵果のことばのままであろう。恵果にとっては、密教とは両部マンダラのおしえであり、即身成仏の瞑想がすべてであった、と考えられる。この恵果の密教観からすれば、『勧縁疏』の文章は、おなじ枠組みでありながら、あきらかに内容の方が変化している。その枠組みは、両部の経典（もしくは両部マンダラ）と龍猛の論書『発菩提心論』であり、これはまた『即身成仏義』の冒頭「二経一論の証文」に対応している。これに対して変化が認められるのは、『勧縁疏』がとくに密教の根本命題（如実知自心）をあげて、これを諸仏自証のおしえと定義した点と、即身成仏という用語を使わなかった点の二つである。

マンダラと文字

このわずかの違いは、恵果がマンダラによるのと、空海が文字によるという両者の立脚点の相違をあらわしていないだろうか。そして、この立脚点の違いが、ふたたび、文字・ことばによって総括・集約されるとき、初めて恵果の密教を、全面的にことば化し、文章のかたちで再構築することが成りたつのではなかろうか。

その再構築に関する重要な手掛りのひとつが「智泉《ちせん》のための達嚫文《たっしんもん》」（『性霊集』巻八）である。そこでは、即身成仏の一句が、まさしくそこにおいて、初めてほんとうに用いられるにふさわしい場所に、みごとに収まっている。空海が、即身成仏という用語を使うときの原点ともいうべきものが、たしかにそこにあると思える。智泉という最愛の弟子と、きびしい実践修道の極致について対話するなかで、その一句が密教のすべてを凝集することばとして提示されてある（定本八―一四〇）。空海の少ない使用例のなかで、この一句にもっともふさわしい場所は、この「智泉のための達嚫文」をおいてほかにはないであろう。

もしそのように考えて誤りなければ、『勧縁疏』ではまだ、密教のおしえを、密教のことばで的確にあらわす段階には達せず、ただちに密教の根本問題を論ずる準備が、なお不十分だったとみることができる。ともあれ、即身成仏とは、空海にとって単なるプロパガンダではなく、安直には使用できない、あくまでも重い意味と内容を含蓄したことばだったと思われてならないのである。

五　恵果の密教と『即身成仏義』

恵果のおしえ

空海の『即身成仏義』は、まことに難しい書物である。日本の仏教書のなかでも、無類の難解書ということができるかもしれない。そこで、すこしでもわかりやすく読む手掛りを求めて道をたどったのである。じつにたいへんな回り道であったが、ようやく『勧縁疏』（弘仁六年）の恵果のことばまでたどりついた。

さて恵果の関連資料としては、空海の『恵果和尚の碑』と『御請来目録』と『勧縁疏』および呉慇の『恵果《けいか》阿闍《あじゃ》梨行状《りぎょうじょう》』の四点があり、伝記と密教の要旨、それぞれ二点ずつとなる。そのうち、空海が最後に、恵果のことばを明記した文章は『勧縁疏』だったのである。

では、『勧縁疏』にみられる恵果関連の事項を整理するとどうなるのか。

(1)まず密教の奥義を授かった空海は、すみやかに日本に帰って密教を弘《ひろ》めよ、という遺命を受けた。

(2)その密教の東流とは、しかし中国の密教をそのまま受容すればよいというものではなかったのである。

(3)経典、マンダラなどの仏像、法具など、ほぼ完璧に請来できるかぎりのものは伝えられた。ところが、日本ではまだ一人も密教の経典を理解するものがいない状況のもとでは、その啓蒙と、従来の仏教との違い、その特色を明らかにすることが急務である。新しい密教は、たとえ実践と儀礼の優位が認められたとしても、それを論証するものがない。

(4)さいわい、恵果の両部マンダラというシンボルを継承した空海は、仏像や図像をとおして密教への道を示すことができた。文字では説きがたいおしえをシンボルであらわす、インド以来の仏像・仏画の歴史をふまえて、仏・菩薩・明王《みょうおう》などを集大成する図像は、いわばシンボルの体系化を意味するといえるであろう。恵果は、そのシンボル体系を整備、完成して、両部マンダラという画期的な成果をもたらした。

(5)この両部マンダラのおしえを、『勧縁疏』は両部経典の説く諸仏自証のおしえであるとし、龍猛はこの自証の瞑想法(三摩地法)を他の仏教には説かない、と記している。また、その密教経典のことばが、他の経典(因分可説)のように、菩薩・修行者にわかる文字で説かず、如来のさとりの世界(果分不可説)を、文字を超えた文字で説かれたものとする。そして、密教の経典と他の経典(顕教)とのことばの違いは、法身と応化身《おうけしん》という仏身の違いに基づくという。

このように、如来の説法、それぞれの経典のことばと説法する仏身の違いに着目した教相判釈は、むろん類例がない独創の説である。つまり、これは、恵果が説きえなかった密教の独自・固有性を、あらたに文字によって再構成したものであったといえる。

(6)こうして、一方では恵果のおしえを、基本の枠組みとして継承しつつ、他方、恵果が果たさなかった、文字による密教の理論構成の糸口をつかみ、これを文章化したものが『勧縁疏』だったわけである。

さらに、『勧縁疏』以降で注目されるのは、弘仁十二年(八二一)の両部マンダラの新修と、最晩年、両部マンダラを本尊《ほんぞん》として厳修《ごんしゅ》される密教最高の法要、宮中御修法《みしほ》の発願《ほつがん》ということであろう。このようにみると、空海は、まことに恵果のただ一人、密教を伝えることのできた最高・最愛の弟子だったことは明らかである。

空海の立場

ところが、恵果から空海へ、マンダラから文字へという立脚点のズレがはっきりするのは、おそらく密教のおしえの捉え方であろう。恵果は、「如実知自心」（あるがまま自心を知る）がほんとうのさとり（大覚）であるとして、仏教最高の哲学によってこれを解説する。しかし、空海は、その華厳学のことばでは、どうしても十分にあらわせないものが、密教の説くさとりである。また、恵果は「即身成仏の道」を密教のおしえとする。しかし空海は、これをまだほんとうの密教を示したものではないという。道とは、そこに導くための手段、方法であり、いわばさとりにいたる修行の過程ということになろう。これは、たとえ通常の仏教の極致を示したものではあっても、空海はまだ密教そのものの立場ではないとする。

修行者が、特定の方法に従って、さとりにいたる段階をのぼると考える立場は漸悟《ぜんご》（段階的にさとる）といって、頓悟《とんご》（即座にさとる）とはいわない。即身成仏の道というのは、頓悟に近いが、まだ段階をすみやかに飛びこえて頓悟にいたる、という考え方が残っている。

『即身成仏義』は、こうした修行してさとりにいたる道という考え方を、むしろ覆《くつがえ》す立場にある。通常の立場で、さとりへの道とされるものは、本来の意味では、仏の智慧をひとしくそなえた根源的な自己（本有・自然のわれ）にめざめることである。その手段・方法は仏みずから示されるのであって、他によって示されるのではない。この本来の根源的な自己にめざめ、自己にかえる道は、もはや段階的な経過を示す道とはいえないものである。

こみ入った議論になったが、空海は、あくまで文字・ことばによって真実をあらわすという立場を貫いて、恵果の立場を一歩踏み超えることとなった。『勧縁疏』を最後として、恵果のことばがその後の著作にあらわれないのはそのためであったかもしれない。

五　即身成仏の世界観——根源性と調和——

一　二経一論の証文

『即身成仏義』の構想

周知のとおり『即身成仏義《そくしんじょうぶつぎ》』は、つぎの三部より構成されている。

第一部　問答と経典・論書の証文
第二部　即身成仏のうた（偈《げ》）
第三部　うた（偈）の解説

論の中心はあくまで第二部、即身成仏のうたであり、その解説にあたる第三部である。しかし、即身成仏という主題が、第一部において設定される点を無視することはできないであろう。

第一部の問題は、およそ三つある。(1)三劫《さんごう》成仏と即身成仏の問答、(2)経典のことば、(3)経典と論書による証文、である。

三劫成仏と即身成仏の問答

冒頭の一節は、つぎの問答で始まる。

問ふていはく、諸経論の中にみな三劫成仏を説く。いま即身成仏の義を建立《こんりゅう》する、何の憑拠《ひょうこ》かある。

答ふ、秘密蔵《ひみつぞう》の中に如来《にょらい》かくのごとく説きたまふ。（定本三―一七）

〔問い〕もろもろの経典・論書はすべて、三劫という無限に長い時間（劫）をへてさとりにいたると説いている。ところが、いま現にある肉身のまま成仏する、という説をたてるのには、どんな根拠があるのか。

〔答え〕法身大日如来《ほっしんだいにちにょらい》の説かれた密教の経典には、如来みずからそのように説かれてある、と。〕

この問答は、きわめて重要である。すでに『勧縁疏《かんえんのしょ》』でも、

三僧祇《そうぎ》（三劫）をへずして、父母所生の身もて十地の位を超越して、速やかに心仏に証入《しょうにゅう》せむ。（定本八―一七六）

つまり、無限に長い時間をへないで、父母より生まれたこの身体のまま、菩薩《ぼさつ》の十地という段階を超えて、すみやかに自心仏をさとるであろう、といわれる。あきらかに、この「父母所生の身もて（中略）心仏に証入せむ」という密教の成仏説が、『即身成仏義』の冒頭で、従来の三劫成仏説と対置されたわけであろう。

その場合、即身成仏という用語は、無限の時間を要する三劫成仏に対して、さとりにいたる所要時間を尺度として比較されている。つまり、すみやかに心仏に証入する、あるいは成仏の径路《けいろ》（『御請来目録《ごしょうらいもくろく》』）といった意味で、即身成仏の用語が用いられる。

そのために、この『即身成仏義』は、密教の瞑想《めいそう》法によりすみやかに自心仏を証し、さとりを開く独自の修行を説いた成仏論であるとか、あるいは、即身成仏の可能性を説いた理論書であるといわれる。

ところが、このテキストの難解さは、むしろこのような実践的な関心から読むことを拒むものがある、という点にある。たとえば、釈尊《しゃくそん》は、三劫成仏でなく、生身のままさとりを開かれたから、即身成仏であるという説がある。まさにそのとおりに相違ないが、空海の『即身成仏義』における即身成仏の用語法とは、やはり違うというほかはあるまい。即身成仏という用語は、もともと多義的であるために、空海の用語法は、テキストに即して捉えることが必要となるであろう。

経典のことば

空海のテキストは、即身成仏の説（義）について「秘密蔵の中に如来かくのごとく説きたまふ」と記す。では、密教経典のなかに、即身成仏の語があるかというと、みつからない。むしろこの語は、このテキストにしたがえば龍猛《りゅうみょう》の論書『発菩提心論《ほつぼだいしんろん》』のなかにある。この不空《ふくう》訳の論書が唯一の典拠であれば、あるいは不空が造った新しい訳語だったかもしれない。少なくとも文字どおりには、如来の説かれたことばではない。とすると、如来が説かれたのは、即身成仏ということばではなく、即身成仏の説（義）ということになるのだろうか。にわかに決着がつく問題ではないようである。

空海が、このテキストで根拠とする二経一論のうち、二経すなわち『金剛頂経《こんごうちょうぎょう》』と『大日経《だいにちきょう》』の両部経典は、恵果《けいか》のおしえに基づく。『金剛頂経』系の経典、儀軌《ぎき》をまとめて『金剛頂経』と称し、「この教とは法仏自内証の三摩地《さんまじ》大教王をさす」（定本三―一七）のごとく、法仏大日如来がみずからのさとりの境地（自証の三摩地）をみずから説いた経典と規定する。この捉え方は、そのまま恵果直伝をあらわしたものであろう。ただ、経文《きょうもん》をひとつひとつあげて根拠を示したのは、やはり空海である。

この経文の的確な標示から、微妙な変化があらわれる。文字は、マンダラとは異なり、リアルに瞑想のとき、ところ、規則および到達する目標などを、ことばによって表現する。むろんそれらはすぐれた師僧の伝授という領分に属する。しかし、たとえば『大日経』の一節に「この身を捨てずして神境通《じんぎょうづう》を逮得《たいとく》し、大空位《だいくうい》に遊歩《ゆぶ》して、しかも身秘密《しんぴみつ》を成ず」（定本三―一八）とある。文字どおりに解すれば、（修行者が）神通力《じんづうりき》を獲得して、自在に空中を遊歩し、遁甲《とんこう》の術を得て姿をかくす、霊験《れいげん》をあらわすことを示したものであろう。ところが、空海はこれを「大空位」と「身秘密」の二句に焦点を合わせて、法身の根源的なあり方を示す文章と読むのである。

法身《ほっしん》は大虚に同じて無礙《むげ》なり、衆象《しゅうぞう》を含じて常恒なり。故に大空といふ。諸法の依住《えじゅう》する所なるが故に位と号す。身秘密とは、法仏の三密は等覚も見難く、十地も何ぞ窺《うかが》はむ、故に身秘密と名づく。（定本三―一八）

〈法身、すなわちさとりの当体は、虚空と同じく、さまたげ、さえぎるものがない。すべての存在を包みこんで永遠である。だから「大いなる空」という。あらゆる存在の拠りどころとなるから「位」（あり場所）という。「身秘密」とは、真理そのものの根源作用（三密）は、仏と同格とされる菩薩にも見えず、それ以下のものは、窺い知ることもできない。だから、さとりの当体は（かくれた）身体というのである。〉

これは、実践の具体的な内容を示したものではない。そうではなくて、法身のあり方を、隠喩・暗号文字で示す文章のごとく読みかえる操作なのである。

この操作、つまり解釈法はまったく、正式な密教の継承者である阿闍梨空海（遍照金剛《へんじょう》）の独壇場であって、余人の及ぶところではない。空海は、絶妙なる能力と手法を駆使して、経典のことばを、初めてこのように解読したわけである。

経典と論書による証文

さて、経典のことばが、このように通常の理解を超えたものだとすると、二経の六つの証文が示す内容はいったい何か。空海は、それを法仏みずからのさとりの境地をあらわすと要約し、加えて、その法身観《ほっしんかん》を示したものと読んでいる。しかし、これらを総括することばは、ここには示されていない。

その総括することばを示すのは、龍猛の論書『発菩提心論』である。付法の三祖、法身大日如来のおしえを初めてこの世に伝えたとされる密教の祖師である。

龍猛は、この両部の経典のおしえを即身成仏の一句で総括して示された。これらの経典のことばを、いわば思想のことばに翻訳し、解読可能な文字として提示したのである。これまで暗号のように読むことができなかった文字を読むキーワードが示されたというわけである。空海は、論書のことばを二つ、証文に掲げる。そのうちひとつは、速疾にさとりを開くおしえという密教の実践面をあらわし、もうひとつは、経典のことばの説く法仏みずからのさとりの境地を、思想としての即身成仏の一句に翻訳することを示す。

つづめてみよう。即身成仏の一句は経典にみえず、論書にあらわれる。この論書のことばは経典のことばを総括するキーワードである。つまり、経典のことばが示そうとした内容を、龍猛が如来の意向を受けるかたちで、この一句でもって総括した。この経緯を要約して、論書のなかに如来がそのように示されたということ。

このように考えてみると、即身成仏の一句が、実践的には速疾成仏の意味をもちながら、しかも同時に、密教のすべてを総括する根本命題として捉えられる、という両義性が明らかになるかと思う。

その場合、即身成仏は、両部不二《りょうぶふに》思想の基底をあらわすものといえるかもしれない。両部不二の立場は、恵果の両部マンダラによって基礎が固められた。しかし、最初にこれを経典と論書に基づき思想体系として構築するのは、このテキストである。空海は、それぞれのしかたで説かれた二つの経典のことばをまとめて、法仏みずからのさとりの境地という命題でくくり、これを論書のことばで総括させる。このように、両部経典のうちに潜む不二の契機を、ある一つの命題にまとめて集約し、これを不二の思想として練りあげるのは、空海の一貫した手法だったのではなかろうか。

こうして即身成仏が両部不二の思想と緊密に結びついてくると、もはや速疾成仏という主体的契機は、法仏みずからの境地をあらわす即身成仏という絶対主体の契機のうちに、包みこまれてしまう。空海にとって、即身成仏の一句は、単なる成仏論の命題ではありえず、これを包んで、密教そのものの主体である法身みずからが、自己を展開する世界構造を総括するところの根本命題となったのである。

二　六大の思想

即身成仏のうた

即身成仏とは、密教の根本命題である。両部経典の根本のおしえを一句につづめると、即身成仏にすべては収まる。そこで空海は、密教のすべてを即身成仏の世界として再構築する。「即身」の二字は、世界を構成する根源的で真実なるもののあり方と、様相と、作用とのダイナミックな三元構造（体・相・用の三大）をあらわす。これに対して、「成仏」はすべてに遍満する、法仏の智慧《ちえ》のあるがままなる遍在と現前を示す。いずれも、即身・成仏という文字をそれぞれ密教のことばで解読する、一種の解釈学の手法とみることができるであろう。

このようにして、即身成仏の意味（義）を読みとく即身成仏のうた（偈）が生まれる。これが第二部である。

六大無礙にして常に瑜伽《ゆが》なり　　（体）
四種曼荼《ししゅまんだ》おのおの離れず　　（相）
三密加持《さんみつかじ》すれば速疾に顕はる　　（用）
重重帝網《じゅうじゅうたいもう》なるを即身と名づく　　（無礙）
法然《ほうねん》に薩般若《さはんにゃ》を具足して
心数《しんじゅ》・心王、刹塵《せつじん》に過ぎたり
おのおの五智・無際智を具す
円鏡力のゆへに実覚智なり　　（成仏）　　（定本三―一八～一九）

じつに深い洞察と、限りない英知の結晶のような詩句である。この即身成仏のうたは、形而上的な思想詩として無類の傑作であろう。

主要な命題を、簡潔に詩や偈頌《げじゅ》のかたちで要約することは、空海の好んだ方法である。問題の核心をつかみ、ことがらの真実にせまる詩人の鋭い直感と構想力がいかんなく発揮されたその表現は、文字というシンボル（象徴）を駆使することにより、無限に深く広大な意味の世界を、凝縮された一字一句のうちに畳みこんでしまう。空海のことばは、無限な深さと測り知れない拡がりを一字一句に凝集する。

ここでは、口語訳を省略して、ただ読み下し文をあげる。一種のシンボリズムの詩として、声に出して読んでほしいからである。空海も、即身成仏の四字一句を讃嘆する詩であって、この一句のうちに「仏法はすべて収まる」と書いている。仏教や密教のすべてを凝集する即身成仏の四字一句が、シンボルとしての密教のことばで解読されているというわけである。

その即身成仏のうた、二頌八句の字義を解説するのが、第三部である。そのうち、第一句の解説にもっとも力点が置かれる。即身成仏と六大は、このテキストのキーワードであって、空海思想の核心をあらわすとされることが多い。

六大とは

第一句「六大無礙にして常に瑜伽なり」（定本三―一九～二四）

〈すべては六大（六つのエレメント）よりなる。その六大の義は、真実なるものの構成要素であって、たがいにさまたげず、不断に調和しあっている。〉

はじめの六大は地・水・火・風・空の五大と識大を指す。古くから仏教では、すべて存在するものを構成する要素が六大、また六界とされてきた。仏教は、すべてはそれ自体としてあり、他によらない自我とか実体という考え方をとらず、ものはすべて、相関的で単一ではないと考える。根源的なもののあり方を絶対者や唯一なる神とせず、むしろ、一にして多、多にして一というダイナミックなかたちで捉えるわけである。ところが、空海は、これまでの六大説は、真実の意味を十分に捉えたものではないとする。

では、六大が現象するもののすべてを構成し、すべてのものは六大だ、という通常の命題にかくされた真実とは何か。空海は、真実なるもの、根源的なものは、他によって窺い知ることができない。根源的なものは、みずからをあらわす文字・ことばによって、おのずから自己をあらわす。その根源的なものの開示することばにより、そのことばがあらわす根源的なあり方を読みとくときにのみ、真実があきらかになるとする。

根源的なものがみずからあらわす根源のことば、それは真言《しんごん》である。まこと（真実）はまことのことば（真言）

によってのみあらわれる。『大日経』および『金剛頂経』には、その根源のことばである真言と、その真言のあらわすところの根源的なあり方（実義《じつぎ》）が説かれている。経典には、大日如来の真言があり、大日如来のさとりの境界をあるがままに説いた偈頌がある。その真言は、「ア・ビ・ラ・ウン・ケン・ウン」の六字であり、そのさとりの境界をあらわす偈頌とは、つぎのとおりである。

われ本不生《ほんぷしょう》を覚り、語言《ごごん》の道を出過《しゅっか》し、もろもろの過は解脱《げだつ》をう、因縁《いんねん》を遠離《おんり》せり。空は虚空《こくう》に等しと知る。（定本三―一九）

〈われは、（すべてのものが）本来、生起することなく、ことばの世界を超え、もろもろの迷いを断って解脱し、相関・相対というあり方を超出して、空のおしえがはてしない大空と等しいと知っている。〉

この偈頌の内容は、よくみると、そのまま、さきの六字真言を一字ずつ解読した意味内容（字義）とぴったり一致する。この不思議な符合は、まさしく法身である大日如来がみずからのさとりの世界をあるがまま、まことのことば（真実語）によって説かれたことに基づくと考えられる。

この真言および偈頌という経典のことばが、根源的なものの真実のあり方をあるがままにあらわす。この霊妙なる事態を読みとく鍵は『大日経』と『大日経疏』のうちに、六大（五大）という象徴語によって与えられている。こうして、六大は、現象するものの構成要素という意味から転じて、真実在のあり方という、かくれた真実の意味をあらわすシンボルとなったのである。

六字の真言

では六大とは何か。

⑴阿（ア）字は、すべてのものは根源的なあり方としては、本来生起することがない（本不生）という意味（字義）を象徴的にあらわし、堅固な大地がすべてのものをあらしめていることと照応する。そのために阿字は地《ぢ》大《だい》と呼ばれる。

⑵嚩（バ）字は、すべてのものの根源的なあり方が、ことばによる表現の世界を超えていること（離《り》言説《ごんぜつ》）の象徴であり、水がうるおいを与え浄化する力をもつことに照応する。そのために嚩字は水大と呼ばれる。

⑶囉（ラ）字は、すべてのものの根源的なあり方が、迷いというけがれのないこと（離《り》塵垢《じんく》）の象徴であり、あたかも火に、すべてのものを焼いて浄化する力があるのと照応している。そのために囉字を火大と名づける。

⑷訶（カ）字は、すべてのものの根源的なあり方が、原因と条件という関連性を超えていること（因業不《いんごうふ》可《か》得《とく》）の象徴であって、風の力がすべてのものを吹きはらうのと照応している。そのために訶字は風大と名づける。

⑸佉（キャ）字は、すべてのものの根源的なあり方が、すべてのものの執われを空《くう》じさった虚空にひとしいこと（等虚《とうこ》空《くう》）の象徴であり、虚空がすべてのものを包みつつそれぞれのものに場所を与えていることと照応する。そのために佉字を空大と名づける。

⑹最後の吽（ウン）字は、すべてのものの根源的なあり方が、以上の五字と五大によって象徴され、表現されるものであると、根源的なもの自身がみずから知っている（我覚）ということを示すから、識大と呼ばれるのである。

このようにして、六字の真言は、それぞれ根源的なもののシンボルであり、これが、偈頌に示された六大の意味内容（実義）と符合しているのである。

〈六大〉　〈六字〉　〈六つの字義〉

地大　阿（ア）　本不生
水大　嚩（バ）　離言説
火大　囉（ラ）　離塵垢
風大　訶（カ）　因業不可得
空大　佉（キャ）　等虚空
識大　吽（ウン）　我覚

空海は、大日如来の真言（ア・ビ・ラ・ウン・ケン〈・ウン〉）があらわす真理内容が、『大日経』および『金剛頂経』のなかでそれぞれ偈頌のかたちで示された、大日如来のさとりの境界（自内証《じないしょう》）とぴったり符節をあわせるところに、両部不二のおしえの原点を見出したのであろう。真言とは、空海にとっては、もともと根源的なものが、みずからのさとり、もしくは法爾自然《ほうにじねん》の道理を、あるがまま開示せることば（如義語《にょぎご》・真実語）である。つまり法身仏の自内証のおしえ（法身説法《ほっしんせっぽう》）を、あるがままにあらわすものが、ほかならぬ大日如来の真言だったのである。

真言も偈頌も、それ自体は経典のことばであって、文字だけでは十分に理解できない。象徴と比喩、融即《ゆうそく》と比例の論理を駆使して、これを思想のことばに変換する。一見、非論理的な構成を示す空海の思惟《しゆい》は、この経典のことばと、思想のことばのギャップを埋める、ほとんど唯一の方法だったのである。

これは、むろん通常の文字解釈の制約を一挙にとびこえる操作である。経典・註釈書と論書によって、仏教のおしえを省察するという研究方法とは違う。いわば空海独自の経典の読み方とみるべきものであろう。ここでは、あえて六大（六界）の顕教《けんぎょう》的な理解と、空海の問題提起とを対置させてみた。顕教のことばは、空海からすればあくまで真実をあるがままに示すものではない。そのことばの真実の意味は、久しく覆いかくされたままであった。この事態を一新して、抜本的にあるがままの真実をあらわすことが、新仏教を奉ずる空海の使命である。

そのさい、空海は梵字《ぼんじ》の真言と、悉曇字母《しったんじも》の字義（釈義）という、『大日経』や『金剛頂経』字母品《じもぼん》の説を、拠りどころにして、経典のことばを解読するという方法をあみだした。これが、文字・ことばによって密教のおしえを解読するという空海の解釈学の基礎であった。

六大に能生《のうしょう》と所生《しょしょう》、つまりすべてを構成する原理としての六大と、これによって構成される存在のすべてとがある。六字（真言）が根源的であるのと同様に、能生の六大はすべてをあらしめる根源の要素である。根源とは、おのずとあらわれる法爾・自然ということ、またすべてを包み、その拠りどころとなる包越者ということである。空海の法身とは、このような根源のあり方をあらわすものであろう。このような六大は、『金剛頂経』の法界体性《ほうかいたいしょう》という、すべてを超えて、すべてをあらしめる清浄なるものと等置される。ここでも、両部不二の思想が貫かれるわけである。

そこから、能生の六大、所生の六大という考え方を超えて「都《すべ》て能所を絶す」（定本三―二三）（能生・所生をすべて絶する）のが、真実のあり方だということもでてくる。つまり、すべては、根源的には六大より生じたもの（所生）である。がしかし、究極的には、根源的な六大（能生）も、これより生起した現象的な六大（所生）も、すべては渾然一体、融合・調和せる状態であるという。如来の大禅定《ぜんじょう》のうちでは、すべての差異・対立はとけあって一体となる。われ（衆生《しゅじょう》）と仏との感応《かんのう》（神秘的合一）といった極致にあっては、すべては瑜伽《ゆが》（相応）・調和するというのであろう。

かくして六大よりなるわれ、およびすべての存在が、その根源的なあり方としては、どこまでも真実在の根源的な調和のもとにある。あらしめるものと、あらしめられるもの、包むものと包まれるものが本来一であるところを、密教は存在の究極的なあり方とみるのである。そういう真実在の捉え方を、ここでは六大というシンボルであらわす。

上《かみ》は法身から下は六道《ろくどう》（地獄《じごく》・餓鬼《がき》・畜生《ちくしょう》・阿修羅《あしゅら》・人《にん》・天《てん》）にいたる存在は、生けるものも生命なきものも、すべて六大よりなる。六大はこのように存在の世界すべてをあらしめ、それらの存在（六大所生）をすべて如来のシンボルとする立場に立つ。つまり、すべての存在は法仏との不可分なる関係のもとにみられるということであろう。それぞれの存在のすがた、かたち、能力や性質の違いを超えて、ひとしく無礙・自由・平等であり、おのずと創造的で活力にあふれた存在であるというのが、六大よりなる身体（六大所生の身）ということであろう。

三　即の身、身の即

四種マンダラ

第二句「四種曼荼おのおの離れず」（定本三―二四～二五）

〈四種のマンダラは真実なるものの様相をしめして、たがいに離れることがない。〉

六大無礙である根源的なものは、虚空のようにかたちなく、すべてのものを包み、あらしめる。その本体は、おのずから無数・無尽《むじん》のかたちを顕わして、一切のうちに遍在する。自然に根源的なものがみずからをあらわしたかたちが、つまりマンダラなのである。たとえば、法身のさとりの境地は、かたちなきかたちとして自然《じねん》の文字にあらわれ、あらゆる経典の文字・ことば・意味のうちに開示される。これを具象的なかたちとして標示するシンボルが、種字《しゅじ》（梵字）マンダラだったのである。

マンダラは、恵果のもとで整備、完成されたものを、空海が請来《しょうらい》した。両部マンダラ・法マンダラ・三昧耶《さんまや》マンダラの三種の名が『御請来目録』にみえている。空海は、このマンダラについて、『大日経』と『金剛頂経』系の経典に基づいて、理論的に整備したわけである。まず、実践の場で、本尊を観想する場合の種子（真言）・持ちもの（シンボル）・尊形《そんぎょう》（すがた）を説いた『大日経』に基づいて、三種のマンダラの体系を読みとく。さらに『金剛頂経』によって四種マンダラの構成をあらわすわけである。

四種の区分はつぎのとおりである。

大曼荼羅（尊形）

三昧耶曼荼羅（持ちもの・特性・シンボル）

法曼荼羅（梵字の種子真言）

羯磨《かつま》曼荼羅（彫像・身ぶり・働き）

すべての仏《ぶつ》・菩薩・明王《みょうおう》・天部《てんぶ》などの諸尊はこうして、法身の分身のごとくマンダラ世界のうちに座をしめ、それぞれの仏が、法身およびマンダラ世界を構成するシンボルとなるわけである。

現図マンダラを、われわれは通常、マンダラと捉えているが、目にみえない根源（本有《ほんぬ》のマンダラ）から、観想の世界、そして経典のいちいちの文字・ことば・意味、さらには修行者のさとりの体験まで、すべてがマンダラ世界を構成するものとして捉えられる。

一方では、両部マンダラのように整然と区分して表示されるとともに、それぞれが、無礙自在に関係づけられて、本尊や、聖なるもののシンボルとして縦横無尽に融合しあっていくという、ダイナミックな捉え方が、空海のマンダラ観である。このとらわれのない融合、調和、シンボルの無尽蔵な体系を指して、四種のマンダラは不離、つまりすべてがたがいに融即しあって離れることがないというのである。

三密とは

第三句「三密加持すれば速疾に顕はる」（定本三―二五～二八）

〈すべてのものに、三つの根源的な作用《はたらき》が具わっているが、この三つの作用がたがいに渉入しあうから、真実のさとりがすみやかにあらわれる。〉

三密は、四曼《しまん》と並んで空海密教を代表する標幟である。三つの根源的な作用と訳してみたが、どうも落ちつきがわるい。空海の説明を聞いてみよう。

三密とは、一に身密《しんみつ》、二に語密《ごみつ》、三に心密《しんみつ》なり。法仏の三密は、甚深微細《じんじんみさい》にして、等覚《とうがく》・十地《じゅうぢ》も見聞《けんもん》すること能はず、故に密といふ。（定本三―二五）

〈三つの根源的な作用とは、身体（身）、言語（語）、精神（意）という根本的なはたらきである。法仏の三つの作用は、たいへん奥深く、繊細であるから、仏と同格とされる菩薩をはじめ、その他の菩薩には、見ることも聞くこともできない。そのために根源とか深遠（密）というのである。〉

衆生の場合、身・語・意の三業《さんごう》といえば、全人的なはたらきを指す。これと対比すると、法仏の三密は、真理そのものである法身のすべてのはたらきを、かりに三つの作用に配したものであろう。その三つの作用が、すべての仏たちにも衆生にも、ひとしく具わっている。仏たちのあいだでは純粋な作用が、たがいに渉入（加）し、保持（持）しあって、相互にポテンツを高め、融即する。衆生の場合は、この仏の三つの根源的作用の渉入、保持、融即という磁場《じば》のうちに引き入れられるとき、根底からそのあり方が変換されるということであろう。

密教では三密瑜伽行《ゆがぎょう》といって、仏たちの三密に擬《ぎ》して、手に印契《いんげい》をむすび、口に真言をとなえ、心を集中して瞑想の境地に入る修行を行う。おそらく、挙体《こたい》全身、この仏たちの三つの根源的な作用という磁場に入って、行者のうちに具わるポテンツが高められるということが生ずるのであろう。空海は、この渉入、保持、融即しあう関係の場（加持《かじ》）を、つぎのような比喩で示す。

加持とは、如来の大悲と衆生の信心とを表はす。仏日《ぶつにち》の影、衆生の心水に現ずるを加といひ、行者の心水、よく仏日を感ずるを持と名づく。（定本三―二八）

〈加持というのは、如来の大いなる慈悲と、衆生のあつい信仰心の関係をいう。仏日の光が衆生の清澄、静寂なる水面のごとき心に映るのが「加」であり、行者の信心が、仏日の光に深く感応するのを「持」と名づける。〉

「加」と「持」、仏日の光と行者の心水という対比で示された神秘的な融即・呼応の関係は、宗教心の極致をみごとに描写している。融即・呼応といったのは、仏の三つの作用と衆生の三つの作用とが入我我入、たがいに渉入しあって、深遠なるはたらきの場を開くということである。

もとより、空海は、こうした神秘的関係が可能になるための不可欠な諸条件、とりわけ瞬時にして測り知れない修行の功徳《くどく》を獲得して、三つの作用の瞑想が成就《じょうじゅ》されることを、『金剛頂経』系統の経典を援用して、綿密・周到に記述している。

ただ、関連して注目すべき点は、『勧縁疏』にいう本有の三密という捉え方であろう。衆生には、もともと本性的に仏とひとしい智慧と能力（根源的な同一性）が具わっている。そのために、根源的な三つの作用は、加持という呼応の原理によって、仏と衆生との超えがたい隔絶を一挙に超えるかたちで、渉入・融即が可能になると考えられたのである。

融即する関係

第四句「重重帝網なるを即身と名づく」（定本三―二八～二九）

〈帝釈天《たいしゃくてん》（インドラ）の網にちりばめられた珠玉がたがいに映しあう。そのようにすべては重なりあい、映しあって尽きることがない。これを、まどかでさわりなき「即」の身体と名づけるのである。〉

これが、即身という二字の解読をまとめる第四句である。帝釈天の珠網《しゅもう》は、有名な比喩であって広く使われる。空海は、この帝釈天の珠玉のような円融《えんゆう》無礙（まどかでさわりがない）、渾然一体（すべてがとけあってひとつになる）、そして重層的な調和するすがたが、そのまま密教の世界構造のあり方だというのである。まるでライプニッツのモナド（単子）を連想させる調和の世界である。もっともここでは、六大や四曼、三密によって構成されるものは、すべて身体構造をもっている。たとえば、われの身体、仏の身体、衆生の身体のごとく、また法身があまねく遍在して、いろんなかたちを現ずる四種法身《ししゅほっしん》（自性身《じしょうしん》・受用身《じゅゆうじん》・変化身《へんげしん》・等流身《とうるじん》）、さらにマンダラの仏たちを構成する、文字（梵字）象徴（幖幟《ひょうじ》）と形像（尊形）といったものも、すべて身体構造をもっている。ということは、それらが縦横無尽にかかわって、たがいに融即し、渉入しあって渾然一体だということである。あたかも、向い合った二つの鏡に映る像が、かぎりなく映しあって無数に重なりあうようである。また千灯・万灯のあかりがきらめき、たがいに輝きあって光の輪となるようなものである。このようにとけあって調和する関係が、つまりは「即」ということである。

ここでは孤立したもの、単独とか絶対的な一者がない。この身体は、そのままかの身体とひとつであり、われと仏とは、不同にして同である。仏の身体と衆生の身体も、不異にして異である。すべてが「即」という融即する関係のうちにあり、すべては「即」という関係の場を構成する身体構造をもつ。それを「即の身」ということができるかもしれない。

このような関係の場を、根源的なしかたであらわすものが三等《さんとう》無礙の真言であったのである。「アサンメイ・チリサンメイ・サンマエイ・ソワカ」（無礙・三等・三平等と空海は配釈する）。空海は、あくまで密教のことばで、密教的なしかたをもって真実を読みとこうとする。いま三等無礙、つまり三つのものが等しく、さわりなく融即関係にある、という原理を、如来のことばである真言があらわしている。即身の「即」という、根源的な関係の場を、この真言が端的に指し示す。その真言をとおして、密教者は瞑想中に真実なる関係の場を身体のうちでリアルに感得する。ここにあげた円融も無礙も、また融即も、総じて「即」という関係も、すべては通常の理念や観念ではない。

この三つのものの平等（三等）とは、たとえば仏と法と僧、また身体と言語と精神、あるいは心と仏および衆生といった、仏教のことばの真実をあらわすところのキーワードである。これら三つのものは、平等であって一体であり、一体であって無量（量り知れないもの）、無量であって一体である。すべては融即しあう無礙の関係にあって、しかも整序と調和を失うことがないのである。

ところで、空海は、弟子智泉《ちせん》の弔辞のなかで「我は本不生を覚る（云々）」という偈頌、および三等無礙の真言をあげて、これらが「法体（法身）をこの身に示し、真理（法身のさとり）をこの心に表す」（定本八―一四〇）と記している。たしかに、この偈頌と真言は、空海の密教のアルファでありオメガである。さきの偈頌は、法身とわが身との根源的な同一性の構造をあらわし、あとの真言は、法仏みずからのさとりの境地と、わが心を知る境地との呼応・融即の関係を示している。この一節は、『即身成仏義』における六大および即身（無礙）という、二つの主題ならびにその真言（または偈頌）と、あきらかに一致する。このことは、空海にとっては、この二つの真言が、まず即身の世界構造を解明する鍵であることを、明確にあらわしている。さらに、そこでは基本的に、こちらからではなく、むこうから、仏とひとしい視座に立って密教が捉えられることを示す。そのむこうからの開示のシンボルが真言なのである。その意味では、このような真言、如来のことばに基づいて理論を構築するという手法が、密教とは何か、という問題の設定にもっともふさわしい方法ということができるであろう。

四　曼荼羅世界の建立――両刃の剣――

空海の二重性

『即身成仏義』の特色は、即身成仏が密教の根本命題であるとし、『大乗起信論』にならって、独自のことばにより、体系的な総括を意味する「総持」の説をたてて、一切智智（薩般若）の宗教を示したことにある。これを要約して、空海は「一切の仏法はこの一句を出でず」（定本三―一九）、つまり即身成仏の一句は仏教の極致、究極の仏教であると讃嘆している。

たしかに、空海の関心がさきに示されたように諸仏のさとりの源底、文字を超えて文字に出るところにあったとするならば、即身成仏の一句は、けだし真言の教理といった特定宗派の立場を超えて、一切仏法を包むものとなるであろう。

さらに、空海の鋭敏な文字・ことばの感覚によれば、森羅万象、宇宙の万物が発する響き、音、こえ《声》や、ことばと文字、ものの姿とかたち《字》、そのすべてはあるがまま宇宙の文字として真実在を告知するという（『声字実相義』）。また、勝義的には一字一句の文字には無限の意味世界が凝集され、宇宙論的な存在と意味を包含するから、文字はありとあらゆる思想やおしえの宝庫を開く鍵でもある（『吽字義』）。

晩年の三部作（『般若心経秘鍵』『秘密曼荼羅十住心論』『秘蔵宝鑰《ひぞうほうやく》』）は、こうした空海の透徹せる文字探求の帰結をあらわす。そこでは、すべての思想や宗教は、勝義の文字のうちに集約・総持されて、一字一句が真実在を読みとくキーワードの役割を果たすことになる。

最小の経典に、仏教のすべてのおしえを収納する『般若心経』を、類型に整理して、理論と実践、さとりと功徳の組み合わされたマンダラ集成であるとするのが『般若心経秘鍵』である。

インド・中国の思想と宗教を網羅して、これを十類型にまとめ、迷いからさとりにいたる宗教意識の深まり、向上の階梯と連繫させて壮大きわまるマンダラ世界の体系化をはかったのが『秘密曼荼羅十住心論』である。

さらにこの十住心思想によって、真言教理を独自の瞑想・実践の立場から基礎づけたものが『秘蔵宝鑰』となる。

密教それ自体は、仏教のすべての立場を超えて包摂し、すべてをあらしめる一切智智の宗教である。ところが、歴史的形態としては真言宗の立場しか存立の道はない。最晩年に、真言宗年分度者三人を申請する一方、空海は虚空にひとしく、わが願は尽きずと、悠久の誓願に生きる道を指示するのであった。

六　『即身成仏義』を読んで

はじめに

このたび、高野山大学大学院通信教育課程の一環として、『即身成仏義《そくしんじょうぶつぎ》』を読むことになった。この課題は筆者にとって時期尚早、まるで雲をつかむような話である。

『即身成仏義』については、古来すぐれた先学の研究が多いうえに、近代の学者によって卓越した解説書が何種類か書かれている。あらためて一書を著わす必要があるのかどうか、筆者には疑問なのである。そのうえ、宗門大学での講義となると、宗学という難しい問題があって、門外漢である筆者には、まったく歯がたたぬというほかはない。したがって、宗門の見解はしかるべき先学に範を求めるにとどめ、すこし自由な立場から、あえて『即身成仏義』を読むことに挑戦してみたいと考えている。

ところで、この企画の発端は、二年ほど前に高木《たかぎ》訷元《しんげん》先生の口説《くぜつ》にのせられて吉川弘文館の『密教の聖者　空海』（二〇〇三年）の編集を手伝ったことにあるらしい。当時を振り返ると、椎間板ヘルニアのため、一時は廃人に近い状況にあって、必死に原稿用紙に向かうのだが、すこしも文章にならない。構想は湧いては消えて、まとまりがつかない日々を過ごすうち、ちょうど積木細工のように一つ一つ積み上げた木片が、わずかずつ形をなすときの子供じみた嬉びに引きずられて、怱々《そうそう》のうちに書き上げたのが拙稿「即身成仏への道」（本書第四章）である。そのため稚拙にして蕪雑《ぶざつ》、さんたんたる文章となってしまったことは、まことにお恥ずかしい次第である。ただその着想は、基本的には変わらないが、細部の検討、論の構成については問題がずいぶん多い。

この機会に、あらためて問題を整理し直して、若い方たちのご批判に供することができ、ご検討を頂けるならば、これにすぎるものなしと考えている。

その趣旨は、まず『即身成仏義』は、単にそのテキストを読むだけでは、ほんとうは理解することが難しいということである。空海の「思索と体験」のすべてが結晶した主著であり、かつ世界的な思想書の一冊であるこのテキストには、空海その人の主体的関心の軌迹《きせき》がみごとに張りついている。また空海の生きた世界が一字一句のうちに凝集されて、スケールの大きい独創的な地平を切り開いている。詩人思想家の本領を発揮し、卓越した密教のことばの世界が、日本の宗教思想史にあらたな一頁を開くことになった。

すぐれた思想家には、何か他の追随をゆるさない独自のことばがある。『即身成仏義』は、そういう肺腑《はいふ》をえぐられ、生涯忘れることのできない空海独特のことばの宝庫なのである。また、そのことが『即身成仏義』をもっとも完成度の高い密教書たらしめているともいえるであろう。たしかに、ことばの魔術師（マジシャン）とさえ称される空海の生涯にふさわしい傑作の背景には、いったい何があったのか、その点がじつは問題なのである。

一　第一の転機――密教との出会い――

空海の密教との出会いについては、第一次資料が二つ、同時代の資料が一つある。

㈠まず『三教指帰《さんごうしいき》』序の自伝的文章である。そこには、つぎのように記される。

ここに一《ひとり》の沙門《しゃもん》あり、余《よ》に虚空蔵聞持《こくうぞうもんじ》の法《ほう》を呈《しめ》す。その経《きょう》に説《と》かく、「もし人《ひと》、法に依《よ》つてこの真言一百万遍《いっぴゃくまんべん》を誦《じゅ》すれば、すなはち一切の教法《きょうぼう》の文義《もんぎ》、暗記することを得《う》」。ここに大聖《だいしょう》の誠言《じょうごん》を信じて、飛燄《ひえん》を鑽燧《さんずい》に望《のぞ》む。阿国大滝嶽《あこくたいりょうのたけ》に躋《のぼ》り攀《よ》ぢ、土州室戸崎《どしゅうむろとのさき》に勤念《ごんねん》す。谷《たに》、響《ひびき》を惜《お》しまず、明星来影《みょうじょうらいえい》す。つひにすなはち朝市《ちょうし》の栄華《えいが》、念念《ねんねん》にこれを厭《いと》ひ、巌藪《がんそう》の煙霞《えんか》、日夕《じっせき》にこれを飢《ねが》ふ。軽肥流水《けいひりゅうすい》を看《み》ては、電幻《でんげん》の歎き忽ちに起り、支離懸鶉《しりけんじゅん》を見ては、因果の哀《あわ》れみ、休《きゅう》せず。目に触《ふ》れて我《われ》を勧《すす》む、誰《たれ》かよく風《かぜ》を係《つな》がむ。（定本七―四一～四二）

空海は、十八歳で晴れて入学した大学を中退して、山林修行者の群れに身を投じたということである。この「序」の文脈では、親族の空海に対する期待が大きく、大学を無事に終えて、一族のために仕官・栄達《えいたつ》の道を進んでほしいと願っていた。ところが、空海は、その世俗の栄達という進路に満足できず、おのが心の赴くままに、大学をとび出してしまったようである。たまたまそのとき、ひとりの沙門と出会い、虚空蔵求聞持《こくうぞうぐもんじ》法《ほう》を授かった。そのおしえにつよい衝撃をうけた空海は、「大聖の誠言」つまり仏の説かれた経典のことばを信じて、求聞持《ぐもんじ》の真言《しんごん》念誦《ねんじゅ》の瞑想《めいそう》に打ちこみ、身命《しんめい》を賭《と》して苦修練行《くじゅうれんぎょう》に励んだ。阿波《あわ》の大滝嶽《たいりょうのたけ》や、土佐《とさ》の室戸崎《むろとのさき》で勤念《ごんねん》を続けるうち、あるいは谷の響きが呼応し、あるいは明星が飛来する感応《かんのう》があったという。これが、有名な求聞持体験に関する空海じしんの記述である。

この体験の結果、空海は世俗の名声や栄華に対する関心が消え失せて、日一日と出家を願う志がつよくなり、もはやそのかたい決心を何人も引き止めることはできない、というのである。まるで出家宣言の動かぬ動機のために、求聞持体験が設定されたかのような文章構成になっているということができる。

㈡『性霊集《しょうりょうしゅう》』巻七の「四恩《しおん》の奉為《おんため》に二部の大曼荼羅《だいまんだら》を造る願文《がんもん》」（弘仁十二年九月七日）によると、

弟子空海、性熏《しょうくん》我を勧めて、還源《げんげん》を思ひとす、径路《けいろ》いまだ知らず、岐《ちまた》に臨むで幾《いく》たびか泣《な》く、精誠《せいせい》感あつてこの秘門をえたり。文に臨むで心昏《くら》し、赤県《せきけん》に尋《たず》むことを願ふ。人の願ひに天順《てんしたが》ひて、大唐に入《い》ることをう。たまたま導師に遇《あ》ひて、この両部の大曼荼羅を図《ず》しえたり、かねて諸尊の真言印契《いんげい》等を学《がく》す。（定本八―一〇八～一〇九）

という。恵果《けいか》の指導のもと唐の宮廷画家李真《りしん》ら十数名が画いた両部の大曼荼羅が、十六年の歳月をへて「絹破《きぬやぶ》れて彩《いろ》が落ち、尊容《そんよう》が（変）化せむとす」（定本八―一〇九）。そのために嵯峨《さが》帝をはじめ朝野《ちょうや》の高官、衆庶《しゅうしょ》の勧進《かんじん》を仰いで、ここに新修の功《こう》がなった。その両部大曼荼羅を開眼供養《かいげんくよう》する願文の中の一節である。

空海は、かねて真実の仏教を探し求めて諸国を行脚《あんぎゃ》し、「岐に臨むで幾たびか泣く」、つまり道を尋ねて師をえず、法を求めて法に会わず、悲嘆の涙にくれること一再ならず。幸い念願がかなって「秘門」を手にする機会があった。ところが、「文に臨むで心昏し」、その経典を開いて空海は思わず息を呑んだ。文意がまるで理解できないのである。叔父の阿《あ》刀大足《とのおおたり》に学び、『聾瞽指帰《ろうごしいき》』をすでに著わしている文字の人、空海が暗澹たる想いに駆り立てられる。これはまさしく晴天の霹靂《へきれき》、とうていありうべからざることである。この「文に臨むで心昏し」の蹉跌《さてつ》、挫折感は、はるかに想像を絶するものがある。文字の人が文字ならぬ文字に出会って、絶望する。いや、文字の人であるがゆえに、この文字をこえ、通常の意味をこえ、文字の理解を拒むところのこの「秘門」の文字が尋常一様でないことを即座に直感できたのであろう。ほんとうの明師に会わねば、この文字は解読、会得することができないと察知して、さらに一段と心が重くなった。悲しいことに日本にはその明師がいないのである。

「秘門」との出会いは、一度は歓喜の念におののき、つぎはその歓喜が一転、絶望の淵につき落すものとなったのである。この重苦しい回想が、晴れやかな両部大曼荼羅の開眼供養に対置される。空海の胸中を去来したのは、はたして「人の願ひに天順う」という、奇跡にもひとしい、人事をこえた入唐求法《にっとうぐほう》、そして恵果密教のシンボルである両部大曼荼羅の請来《しょうらい》という世界史的な大偉業だったのであろうか。

㈢『性霊集』の真済《しんぜい》序には、あまり注目されることのない、つぎの一文がある。

毎《つね》に歎じていひたまはく、提葉《だいよう》（釈尊《しゃくそん》）凋落《ちょうらく》して久し、龍葩《りょうは》（慈尊《じそん》）いずれの春を待たむ。吾《わ》が生《しょう》の愚《ぐ》なる、誰《たれ》に憑《よ》つてか源《みなもと》に帰らむ、ただ法のあることあり、予《われ》を起《おこ》すはこれ天なり、天その願に随つて果して求法に擢《ぬきん》でらる。（定本八―三）

二仏中間に生を受けた宿命（八難の一）に加えて、生来の愚人である私は、いったい誰を師と頼んで本源のさとりをえればよいのだろうか、真実の法はまさしくあるというのに。「毎に歎じていひたまはく」が、何によるのかは不明であるが、真実の法というものはある。にもかかわらず自分を導いてくれる明師には出会えない。この不条理に対する慨嘆は、たしかに空海その人のものである。あるいは、『性霊集』の前引の文章が、真済の念頭にあったのかもしれない。

この文章は、空海の弟子のものであり、あるいは空海からの聞き書きということがあったのかもしれない。空海が入唐を熱望した証言とみて差しつかえないかと思う。

ところで、㈠は、出家の決意をうながす要因として求聞持体験が示され、その結果、出家の覚悟が堅まったということであった。しかし、求聞持の問題は、『続日本後紀《しょくにほんこうき》』の「卒伝」では、別の霊験をもたらした呪術的な修行になる。

これより慧解《えげ》日に新たにして、筆を下せば文を成す、世に伝ふ、三教論は、これ信宿《しんしゅく》（再宿、二日の泊り）の間に撰するところなり。（国史三―三八）

つまり、求聞持の霊験によって、経文の「一切教法の文義暗記することをう」によって、聞慧、義解の才能が授かり、知恵の泉からこんこんと湧きだすごとく「慧解日に新た」になり、そのため筆をとればたちまち文章をなす有様だし、世間ではあの長篇の『三教論』さえもごく短時日のうちに成ったと、専らの噂である。「卒伝」の作者は、空海の天才的な文筆活動を少年以来の勉強や天賦の才では説明のできない、霊験、霊能による超人的な能力（異常な能力）と解釈していたのかもしれない。そしてその能力の原因を求聞持体験に求めたものであろう。

というのも、当時の山林修行者たちのダラニ信仰が、記憶術、暗記術のたぐいに関心がつよく、求聞持もそういう呪術、もしくは雑密《ぞうみつ》的な性格のものと軌を一にするといった解釈もある（たとえば薗田《そのだ》香融《こうゆう》「古代仏教における山林修行とその意義　特に自然智宗をめぐって」『平安仏教の研究』法藏館、一九八一年、二七～五二頁、初出一九五七年）。

これに対して、金山穆韶《かなやまぼくしょう》老師のように、空海が最初に求聞持法を修行されたのは、南方宝生如来の「宝部の徳」を体現されたことを意味し、その結果、ついに中尊大日如来の仏果を現証されるにいたったのである。仏教入門のはじめに、求聞持を修されたことの意義は、きわめて大きいとする解釈もあるのである。

たしかに、求聞持体験は空海の宗教思想の形成にほとんど決定的な影響を与えるものとする説はひろく受け容れられている。たとえば、石田尚豊《ひさとよ》著『空海の起結　現象学的史学』（中央公論美術出版、二〇〇四年）もそういう立場から、明快に空海の「起」つまり「はじめに三摩地あり」として空海仏教の原点を論じている。

しかし、『三教指帰』序の自伝的文章は、じつにみごとに整っており、『続日本後紀』の「空海卒伝」の資料に供されたものであるが、草稿本『聾瞽指帰』の改訂版であり、記述の内容が、本文における仮名乞児《かめいこつじ》の描写と相応せず、おそらく帰朝後に成立したものであろうと推定される。とりわけ求聞持の伝授や経文の引証が、出家の決意なり、宣言なりという文脈とは必ずしも整合的《せいごう》でない印象を与えるところがある。そのうえ経文《きょうもん》の引用などは、真言念誦や三摩地の法に関しても、その真言を十分把握したのちに書かれた文章と推察される。その点、『三教指帰』序の文献をすべて史実とみなすことに躊躇《ちゅうちょ》をおぼえるのも事実である。ただ、まったく萌芽《ほうが》のないところに樹木の生じないごとく、山林修行、山林抖擻《とそう》という土壌なしに、空海の青年時代を考えることができないであろう。

この体験的な密教との出会いに対して、㈡の「秘門」との出会いは、密教のもう一つの本質的な契機を示唆するものとしてきわめて重要である。青年時代の空海は、当時の仏教について鋭意、周到な調査、研究を進めていただけに、この「秘門」は、まったく未知なる世界との衝撃的な出会い以外の何ものでもなかった。これまで親しんだ学問、思想、儒学や仏教学とはまったく異質の文字ことばが、空海を圧倒するにいたったのである。いうならば、測り知れない智恵の深淵《しんえん》に、まったく無防備の状態であい対峙《たいじ》したようなものである。真言や印契、儀軌、あるいは梵字《ぼんじ》悉曇《しったん》といった未知の文字ことばに驚いたことは無論のことであろうが、それ以上に、目のくらむような比喩、隠喩、象徴の世界が、不可思議な智恵をあらわす異次元の表現だという、深玄《しんげん》なる境位に度肝を抜かれてしまう。これはおよそ尋常の文字ことばの世界ではない。「秘門」は、たしかに秘密の経典、秘密蔵のことであり、それが真言そのもののあらわれ（開顕）だという。つまり、文字では表現できない真実のことばによる表現（密号）である。

このような「秘門」の衝撃に対して、恵果の提撕《ていぜい》は、「密蔵、深玄にして翰墨《かんぼく》に載せがたし、さらに図画をかりて悟らざるに開示す。（中略）密蔵の要、実にこれに繋《つなが》れり」（定本一—三二）というものであった。空海は、かくして文字に蹉跌したがゆえに、「密蔵の要」そのものと逢着《ほうちゃく》することをえたというわけである。

以上のようにみてくると、空海における密教との出会いは、一つには山林修行、とりわけ求聞持の体験、いま一つは、「秘門」との衝撃的な出会い、いいかえると真言三摩地の体得、もしくは密教的修行の原点、つまりは密教経典、最極最妙《さいごくさいみょう》の法との稀有なる出会いということになるであろう。いずれも、密教の基本的な契機に属しており、これが根基《こんき》となってのちの空海の受法《じゅほう》、さらに教学体系の樹立に向かって、はなばなしい展開を示すにいたるものと考えられる。

二　第二の転機——恵果との出会い——

さて空海の第二の転機は、もとより恵果との出会いにある。

九死に一生を得て入唐を果たした空海は、延暦二十四年（八〇五）二月十一日、遣唐大使ら一行を見送ったのち、勅命によって西明寺《さいみょうじ》に移り、留学僧《るがくそう》の生活に入ったという。『御請来目録《ごしょうらいもくろく》』（以下『請来録《しょうらいろく》』とする）は、

ここにおいて城中を歴《へ》て名徳を訪ふに、偶然にして青龍寺東塔院《しょうりゅうじとういん》の和尚《かしょう》、法の諱《いみな》は恵果阿闍梨に遇《あ》ひ奉る（中略）空海西明寺の志明《しみょう》・談勝《だんしょう》法師等五六人と同じく往《ゆ》ひて和尚に見《まみ》ゆ。和尚たちまちに見て、笑を含み、喜歓して告げていはく、『我れ先より汝が来ることを知りて相待つこと久し、今日相見ること大《おおい》に好《よ》し、大に好し。報命《ほうみょう》竭きなむと欲《ほっ》すれども、付法に人なし。必ず須《すべか》らく速かに香花《こうげ》を弁《べん》じて灌頂壇《かんじょうだん》に入るべし』と。（定本一—二五）

有名な恵果との出会いの資料である。ときは五月であろう。二月から五月のあいだ、詳細は不明であるが、情報収集の能力抜群の空海は、この青龍寺訪問に備えて周到に準備されたこと、また持ちまえの行動力を駆使して短期間のうちにインド・中国の宗教事情、密教入門に不可欠な梵字悉曇の習得その他に励まれたことは、高木訷元『空海　生涯とその周辺』（吉川弘文館、一九九七年、六四〜七三頁）に詳しい。われわれはただ、青龍寺の受法経緯とその成果から、目ざましい集中的な学習効果に驚かされるばかりである。まこと魚が水をえたような超人的ともいうべき、広汎な知識の吸収力が発揮されたのであろう。

問題の一つは、そのような万全を期して十分すぎるほどの周到な準備をしながら、「偶然にして、恵果阿闍梨に見ゆ」と書かれた点であろう。空海にすれば、時《とき》熟し、まさにその時をえて、ということであろう。その時は、もはや暦や四季の運行をこえて、むしろ「永遠の今」と称すべき時であり、時そのものの充実、比類を絶した「今この時」を指して「偶然」たまたま、つまり計量しうる相関的な時間の系列をこえた瞬間ということではないであろうか。通常の計られる瞬間の枠組みをこえる人生の岐路に、空海はこのとき出会うにいたったわけである。

問題の二つ目は、和尚のことば「我れ先より汝が来ることを知りて相待つこと久し」であろう。恵果ほどの達人であれば神通力をもって、空海の入唐とその目的についてあらかじめ見通されていたと考えても、何も不思議ではない。また恵果に近しい関係者から、事前に情報がもたらされていたとも推察できる。空海が恵果との出会いを心待ちにしていたように、恵果もまた空海の出現を待望していたとすることも可能であろう。しかし、空海はその鍵を『恵果《けいか》和尚《かしょう》の碑《ひ》』のなかで、「来《きた》ること我が力に非ず。帰らむこと我が志に非ず。我を招くに鉤《こう》を以てし、我を引くに索《さく》を以てす」（定本八—三六）。また「和尚掩色《えんしょく》の夜、境界の中において弟子に告げて曰はく、汝未だ知らずや、吾と汝との宿契《しゅくけい》の深きことを。多生《たしょう》の中に相共《あいとも》に誓願して密蔵を弘演《ぐえん》す。彼此《かしここ》に代《かわるがわる》師《し》資《し》たるや、只一両度《ただいちりょうど》のみにも非ず」（定本八―三六）と記している。

問題の三つ目は、「今日相見ること大いに好し、大いに好し」である。この日の東塔院の相見を、待ちかねていた恵果によって、大いに好しといわれたことは理解できる。余命いくばくもないと自覚していた恵果にすれば、まだ余力のあるうちに付法の弟子と出会うことができた嬉びは測り知れないものがある。というのも、恵果は、空海を一目見るなり、聞きしにまさる法器《ほうき》であり、これこそ最後の念願であった、もう一人の付法を果たすことのできる人物であると確信したからである。師は資を見ること掌を見るがごとし、恵果はいかばかり歓喜、法悦《ほうえつ》を感じたことであろうか。密教では、この弟子の能力を識別することがなにより肝要とされるが、恵果は多くの弟子を育てた経験から、この日本の沙門、空海の異能を見抜いたものと思われる。三朝《さんちょう》の国師《こくし》と崇《あが》められた恵果は、あるいは般若三蔵《はんにゃさんぞう》とひとしく、空海を通じて日本への流伝を心中に期していたのかもしれない。いずれにせよ、この出会いは、恵果にとっても、また空海にとっても千載一遇のチャンスだったことに間違いはない。「今日相見ること大いに好し、大いに好し」の語は、きわめて意味の深いものであったにちがいない。このゆえに、のちに境界の中では「汝が遠渉を勧めて我が深法を授く」（定本八―三六）と明かしていた。つまり「吾と汝との宿契の深きこと」という一句が、空海を初めて一目見たときに、恵果の胸中ですでに声なき声として囁かれていたわけである。

叩けば鐘の応ずるごとく、恵果との出会いは、空海の密教体現者との出会いであり、ひいては両者の出会いを必然的ならしめるものとの出会いであった。その証しを、われわれは、六月上旬の灌頂壇場に見届けるであろう。「この日大悲胎蔵大曼荼羅に臨むで、法によって花を抛《なげう》つに、偶然にして中台毘盧遮那如来の身上に着く。阿闍梨、讃じていはく、不可思議、不可思議なりと。再三讃歎したまふ」（定本一―三五〜三六）、「七月上旬、更に金剛界の大曼荼羅に臨むで重ねて五部の灌頂を受く、また抛つに毘盧遮那を得たり、和尚驚歎したまふこと前のごとし」

（定本一—三六）という。この未曾有の投華得仏《とうけとくぶつ》の法縁が、灌頂名「遍照金剛《へんじょうこんごう》」の由来であるが、この奇跡にひとしい慶事をほんとうに祝うことができたのは、おそらく恵果ただひとりではなかったであろうか。

「八月上旬、また伝法阿闍梨位の灌頂を受く。この日五百の僧斎《そうさい》を設《もう》けて普《あま》ねく四衆《ししゅう》を供《きょう》す」。このとき「青龍・大興善寺《だいこうぜんじ》等の供奉大徳《だいとく》等並びに斎筵《さいえん》に臨《のぞ》むで悉《ことごと》くみな随喜《ずいき》」（定本一—三六）したとある。

受法、学法とどこおりなく終わって、恵果は「真言秘蔵は経疏隠密《きょうしょおんみつ》にして、図画を仮らざれば相伝《そうでん》する能《あた》はず」（定本一—三六）と、李真ら十数名を喚《よ》んで大悲胎蔵、金剛界の両部大曼荼羅等を図絵させ、二十余名の経生《きょうせい》を集めて『金剛頂』等の密教経典を書写させた。また鋳博士《いものはかせ》の楊忠信《ようちゅうしん》を喚んで密教法具を新鋳《しんちゅう》させた。

その作業が進んだころ、恵果は、不空《ふくう》から両部の大法、秘密の印契等を密かに授かったこと、いまや此土《しど》の縁《えん》が尽《つ》きようとしていることを述べ、「宜《よろ》しくこの両部大曼荼羅、一百余部の金剛乗の法（経典）および三蔵（不空）転《てん》付《ぷ》の物、ならびに供養の具等、請《こ》う郷国に帰つて海内《かいだい》に流伝すべし、わずかに汝が来《きた》れるを見て、命《いのち》の足《た》らざることを恐《おそ》れぬ、今すなはち授法の在《あ》るあり。経《きょう》・像功畢《ぞうこうおわ》んぬ。早く郷国に帰つて、もつて国家に奉《たてまつ》り、天下に流布《るふ》して蒼生《そうせい》の福を増《ま》せ」（定本一—三七）と。付法慇懃《いんぎん》、遺誡《ゆいかい》また畢んぬ、十二月十五日遷化されたのである。『請来録』『恵果和尚の碑』ともに、「我と汝と久しく契約ありて、誓つて密蔵を弘む。我、東国《とうごく》に生まれて必ず弟子とならむ」（定本一—三八）と、同趣旨のことばを誌《しる》して、師資、護法《ごほう》の絆をつよく訴えている点がとくに注目される。

以上は、簡潔ではあるが、委曲《いきょく》を尽くした『請来録』の文章をたどったものであり、ひろく周知せるところである。そしてこの受法をうけて、空海は、冒頭でつぎの有名な一節を書いている。

幸《さいわ》いに国家の大造（天皇）、大師（恵果）の慈悲によつて、両部の大法を学び、諸尊の瑜伽を習ふ。この法は、

すなはち諸仏の肝心、成仏の径路なり、国においては城墎《じょうかく》たり、人においては膏腴《こうゆ》たり。（定本一―三）

あきらかに恵果から伝えられた密教は、「両部の大法」であり、金剛界、大悲胎蔵両部曼荼羅のおしえである。そしてこの両部の大法は、不空より授かったとされる。ところで密蔵にも、すでに日本に伝来せるもの（経典、仏像、ダラニ信仰など）もあるが、これは枝葉であるのに対し、今の所伝は、「根幹」、つまり正統密教である。その根拠は、じつに「金剛薩埵《こんごうさった》が親《まのあた》り遍照如来《へんじょうにょらい》に（法を）受け」（定本一―一八）という、この初祖より六祖におよぶ正統の法脈にあるとする。

さて両部曼荼羅については、綿密な研究が進められているが、現図の両部曼荼羅の完成者およびその時期については、いまだ定かではないようである。ただ、あきらかなことは、呉慇《ごいん》によれば恵果が、この両部曼荼羅を営々建立し、灌頂堂のうち、仏塔のもと、内外の壁のうえに「金剛界および大悲胎蔵両部の大曼荼羅および一一の尊曼荼羅を図絵す。衆聖儼然《げんぜん》として華蔵《けぞう》の新たに開けたるに似たり、万徳耀《まんどくき》曜《よう》して密厳の旧容に還《かえ》る」（定本一―一一一）という。つまり描かれた曼荼羅の仏たちの華麗なすがたがさん然と輝き、あたかも華蔵世界があらたな装いのもとに現じたかのようであり、密厳浄土《みつごんじょうど》の本源である大日如来のさとりの世界が、さながら現前したかのようであったというわけである。華蔵世界が百億の仏をちりばめるのに対して、密厳浄土は華麗な曼荼羅の仏たちによって充満し、荘麗きわまる光景は、この世のものとはおもえない荘厳《そうごん》な雰囲気に包まれる。そこでは、「一たび観《み》、一たび礼《らい》するものは罪を消し、福を積む」（定本一―一一一）。参ずるものはすべて、法悦に浴《よく》し、滅罪生善《めつざいしょうぜん》の想いに涙したのである。

たしかに密教は、華厳や天台のような深遠な哲理を説かず、大日如来の仏身遍満を、具象的または象徴的に、仏や菩薩、天部などのすがたで生き生きと描きだして、まのあたり聖なる世界との融合を体験させる、儀礼的宗教という一面を備えている。いわば難解で深遠な哲理探究にかえて、これをファンタジーの世界で活性化させ、感受性の極致《きょくち》において、リアルに体現させるわけであろう。これを、『請来録』は、「密蔵、深玄にして翰墨に載せがたし、さらに図画をかりて悟らざるに開示す」（定本一―三一）とする。つまり密教は、高度な思弁、厳密な考証・論究を専らとする哲学的仏教の道をとるものではなく、直截《ちょくせつ》に仏のさとりの世界を図像と象徴でもって描写してこれを修行者や衆生に示すというのである。恵果は、いってみればこの深玄なる仏教哲学の道によらず、図像と象徴による瑜伽観想、実践修道と儀礼宗教との総合形態である曼荼羅のおしえを、「密蔵の要」と捉えたわけであろう。その意味で、恵果の密教は、両部曼荼羅のおしえ、すなわち「両部の大法」と称してよいであろう。

『請来録』は、「法海一味《ほうかいいちみ》なれども機に随つて浅深《せんじん》あり、五乗 鑣《くつばみ》を分つて、器《うつわ》に逐《したが》つて頓漸《とんぜん》あり、頓教《とんぎょう》の中に顕《けん》あり、密《みつ》あり、密蔵においてあるいは源《みなもと》、あるいは派《みなまた》あり、古《いにしへ》の法匠《ほうしょう》は派を泳ぎ葉を攀《よ》づ、今の所伝は柢《ね》を抜き源を竭《つく》す」（定本一―一八）とする。

注目すべきことに、仏法には修行者の機根に応じて浅深あり、法を修《しゅ》する器（性能）によってさとりに速いと遅いが分かれる。そして頓教のなかに顕と密あり、つまり一乗頓教のうちに、顕教（華厳・天台）あり密教ありとする。密教は、一乗頓教である顕教とひとしく頓教であるということになる。その一方、「顕教はすなはち三大の遠《えん》劫《ごう》を談《だん》じ、密蔵はすなはち十六の大生《だいしょう》を期《き》す。遅速勝劣《ちそくしょうれつ》は、なほし神通《じんずう》と跛驢《はろ》とのごとし」（定本一―一八～一九）。また「定《じょう》を修《しゅ》するに多途《たと》にして遅あり速あり、一心の利刀《りとう》を翫《もてあそ》ぶは顕教なり、三密の金剛を揮《ふる》ふは密蔵なり。心を顕教に遊ばしむれば、三僧祇眇《はるか》なり、身を密蔵に持すれば、十六生甚だ促《すみ》やかなり。頓《とん》が中の頓は密蔵これ当《あた》れり」（定本一―三八～三九）という。これらの文章にいう「十六の大生」「十六生甚だ促やかなり」とは、金剛界三十七尊曼荼羅のうち、四仏（阿閦・宝生・阿弥陀・不空成就）の四《し》親近《しんごん》、すべて十六大菩薩のさとりを体現して十六大菩薩生を実証するのが、即身成仏の観行《かんぎょう》であるの意。すなわち両部の大法を象徴したものであろう。その経証《きょうしょう》を空海は『金剛薩埵五秘密儀軌《こんごうさったごひみつぎき》』に求めたわけである。

ところで、さきに「頓教の中に顕あり密あり」とし、いま「顕教は遠劫を談じ、密蔵は十六の大生を期す」という。顕密の差異の基準を成仏の遅速、勝劣に置く立場としては、一見、首尾一貫しないところが残るわけである。しかし、空海としては、「十六大生」を示して、両部大法の根本的な修道の構造を説く以上、「頓中《ちゅう》の頓」は、あくまで他の頓教を説く諸大乗と一線を画するはずのものだったにちがいない。これを即身成仏ではなく、速疾《そくしつ》成仏とする説があるが、それは、文字ことばの問題と当の事柄そのものの問題を混同するものではないだろうか。空海の根本主張は、「この法はすなはち諸仏の肝心、成仏の径路」に集約されていたと考えてよいであろう。

こうした解釈が出る理由は、『二教論』の法身説法説による顕密二教の対弁が、つまり空海密教の出発点なのであり、それ以前の文章はまだほんとうの意味では、空海密教としての基準に到達していないという観点に基づいている。つまり法身説法が真言密教の教理学の原点であるから、その基準に照らすかぎり『請来録』や初期の文章は、教理的にはまだ真言密教の成立以前という立場にすぎないと考えるわけである。その結果、たとえ『請来録』が密教儀軌に基づいて、「十六大菩薩生」を例証にあげたとしても、密教教理としては、まだ法身説法説が成立する以前の段階での即身成仏、つまりは（時間的な）速疾成仏という解釈をこえないとするのであろう。

『十巻章《じっかんじょう》』を中心とする密教教理の研究方法は、ながい伝統に培われ、先徳の研鑽《けんさん》の結晶に支えられていることは疑いえない。しかし、すでに空海の思想の流れに注目された勝又俊教《かつまたしゅんきょう》師のいわれるように、唐代の密教、不空・恵果の密教、それを継承する空海密教が、一貫して即身成仏の思想を顕密の差異の基準に据えていることは事実であろう（勝又『密教の日本的展開』春秋社、一九七〇年、一三一〜一七八頁）。しかも三密瑜伽の実践修道を基本とする（と考えられる）恵果の両部の大法は、現図の両部大曼荼羅や「五祖影像」（のちに「真言七祖像の影讃」）を通じて、現在まで連綿と受け継がれているわけである。つまり、空海密教の源流にあたる恵果の両部の大法を指して、即身成仏でなく、速疾成仏にすぎないとする解釈は、いかがなものであろうか。問題はおそらく、恵果の密教――両部曼荼羅の大法（両部の大法）――「法仏の説法」としての密教経典観の関連が、はたして連続なのか、非連続なのかという論点に帰着するのではあるまいか。

三　第三の転機――とくに『勧縁疏』をめぐって――

第三の転機は、弘仁六年（八一五）の前後に訪れる。関連の著作は、『諸の有縁《うえん》の衆《しゅう》を勧《すす》めて秘密蔵の法を写《うつ》し奉《たてまつ》るべき文《ぶん》』（以下『勧縁疏《かんえんのしょ》』とする）と『辯顕密二教論《べんけんみつにきょうろん》』二巻（以下『二教論』とする）、および『秘密曼荼羅教《ひみつまんだらきょう》付法伝《ふほうでん》』二巻（以下『広付法伝《こうふほうでん》』とする）の三部である。伝統的な大師教学では、このうち『二教論』が、顕密教判《けんみつきょうはん》の書として重要視され、大師教学の原点を示す著作として珍重される。これに対して、『勧縁疏』はその内容が『二教論』と類似する点から注目されるが、その著作独自の存在理由はあまり問われなかったようにみえる。『広付法伝』は宗乗《しゅうじょう》の基本にかかわる書として別格視されて、その成立年代についても弘仁六年から十二年のあいだとする説が行われてきたにすぎない。ところが、この三部の著作は、引用経典がきわめて近似し、部分的には共通の主題を取り扱っている点からも、ほぼ相前後して成立したと考えてよさそうである。

ではその共通の主題とは何かとなると、『二教論』冒頭の有名な一節、

　それ仏《ほとけ》に三身《さんじん》あり、教《きょう》はすなはち二種なり。応化《おうけ》の開説《かいせつ》を名づけて顕教といふ。言《ことば》、顕略《けんりゃく》にして機《き》に逗《かな》へり。

法仏《ほうぶつ》の談話《だんかい》、これを密蔵といふ。言、秘奥《ひおう》にして実説《じっせつ》なり。（定本三―七五）

に集約される。いうまでもなく、顕密二教の弁別と、密教が顕教の諸経典と異なり、法身大日如来の説法にほかならない、という真言密教の立教開宗《りっきょうかいしゅう》の宣言が、この転機のシンボルである。

そのために、『十巻章』を中心とする大師教学の研究は、この『二教論』を出発点とする。たしかに『二教論』は、日本最初の密教書であり、真言密教の権威の源泉とされるにふさわしい傑出した論究である。しかしこの論究は、一挙にして成ったものではなく、同時代の著作と深く関連しながら、根本の主題が、さきの引用文のかたちで結実したものと考えるべきであろう。

というのも、ここに示された「法仏の談話」というかたちの密教経典観および教主《きょうしゅ》観は、『請来録』はおろか、不空・恵果の密教にはかつて現われたことのない、前代未聞の新説なのである。それでいて、空海は、この新説を密教の付法相承《そうじょう》に基づく由緒正しい密教の根本教説として堂々と提示するわけである。そのかぎり、『請来録』の「両部の大法」という根本命題が、どのようにして「法仏の談話」に結びつくのか、その関連についての洞察が、まず空海の関心事だったことは間違いない。

その関連は、おそらく、『広付法伝』における綿密な検討、諸資料の探索によって、跡づけられたことであろう。不空・恵果の密教（両部の大法）のよって来たる淵源《えんげん》は、初祖《しょそ》大日如来から金剛薩埵が授かった秘密の法門にある。この法身大日如来の説かれた秘密の法門が、じつは「秘密曼荼羅教」であり、これを「両部の大法」として空海は付法相承したわけである。ところが、『広付法伝』は、その序章（叙意《じょい》）において、「かの曼荼羅教とは『金剛頂瑜《こんごうちょうゆ》伽十万頌《がじゅうまんじゅ》の経《きょう》』等これなり」（定本一―六七）、つまり法身大日如来が、みずから一切法界にあまねく遍満して常恒《じょうごう》に如義語《にょぎご》、真実語《しんじつご》をもって演説したもうた曼荼羅教、それがつまり「金剛頂瑜伽十万頌の経」等にほかならないというのである。ここには、「両部の大法」そのものが根源的には「法仏の談話」にほかならないという暗黙の了解が示されていたといっても過言ではなかろう。あるいは『広付法伝』をパイプとして、密教の根本命題は、不空・恵果の密教（両部の大法）から法身大日如来がみずからのさとりの境界をお説きになられたおしえ（法身説法）へと還元される道がついたといってよいかもしれないのである。

むろん『広付法伝』の成立は、高木訷元氏の研究によって、「左大将相公宛《さだいしょうそうこうあて》」の空海書簡に『秘密曼荼羅付法伝』二巻を、「五祖の影」とともに奉《たてまつ》ったという記載があり、藤原冬嗣《ふじわらのふゆつぐ》が左大将（左近衛《さこんえ》大将）の任にあった時期は弘仁三年（八一二）十二月から同七年（八一六）十月までという（高木『空海　生涯とその周辺』吉川弘文館、一九九七年、一八六〜一八八頁）。この説に従うならば、『広付法伝』の成立はおそくとも、弘仁七年十月以前でなければならないであろう。ただ、第三章（問答決疑章《もんどうけつぎしょう》）の溺派師《できはし》、了本師《りょうほんし》の問答が徳一《とくいつ》の『真言宗未決文《しんごんしゅうみけつもん》』を予想して書かれたものとされ、また『法身説法章』つまり『二教論』の成立を前提とするとの理由から、問題が残るが、弘仁七年を下限とする説は注目してよいであろう。ここでは、むしろ『広付法伝』の基本構想が、『勧縁疏』の発せられた弘仁六年（八一五）四月より先に熟していたのではないかと考えている。

それにしても、『広付法伝』（叙意）、『勧縁疏』、そして『二教論』は、顕密教判の主題をめぐって緊密に連繋しており、その相互関係をたどることは十分意味のある作業である。しかし、ここでは、まず『勧縁疏』の構成、その特色を検討して、弘仁初期の空海密教の雛型ともいうべき構想を探ってみたいと思う。幸い、勝又俊教師の明快な要約があるので（勝又前掲書三七〜三九頁）、これに順じてみてゆくこととする。

(1)顕教は報・応化身の経典であり、密教（密蔵という）は法身如来の所説である。

(2)顕教は六度を中心として菩薩行を説き、密教は法仏平等の三密門とその瑜伽行を説く。

(3)顕教は随他意語《ずいたいご》の方便門であり、密教はつぶさに自証の理を説く如義語、真実の説である。(理証)

(4)『楞伽経《りょうがきょう》』は四身の仏の説法の相を説いている。

(イ)迷いのもとである虚妄の体相《たいそう》を分別《ふんべつ》する、これを報仏説法の相という。

(ロ)応化仏とは衆生教化《きょうけ》のために、(法仏の)真実説法とは異なり、(法仏のように)内所証の法、聖智の境界を説くことはない。

(ハ)法仏は、内証、聖行の境界を説く。(経証)

(5)華厳《けごん》宗は、因分可説、果分不可説と説き、天台《てんだい》宗は、秘教は能《よ》く伝えることができないという。三論《さんろん》宗は、第一義の中に言説《ごんぜつ》なしとするし、法相《ほっそう》宗は、真諦《しんたい》、つまり仏のさとりの境界は廃詮談旨《はいせんだんじ》、説法なしと説くのである。

以上の四家大乗《しけだいじょう》は、いずれも自証を包みかくして顕《あら》わに説かず、真実を悟りながら対機説法の立場に止まる、そのために顕教、権《ごん》方便のおしえであって、密教のように真実の法門ということはできない。(論証)

(6)これに対して、師の恵果はつぎのように申された。

(イ)密教のさとり(自証)とは「菩提というは如実知自心《にょじつちじしん》」(『大日経《だいにちきょう》』)にあるが、「自心を知るは仏心《ぶっしん》を知るなり、仏心を知るは衆生心《しゅじょうしん》を知るなり、三心平等《さんじんびょうどう》なりと知るを大覚《だいかく》と名づく」と。

(ロ)このさとりを得るには、「諸仏自証の教」を学びなさい。自証の教とはつまり『金剛頂十万偈《こんごうちょうじゅうまんげ》および大毘盧《だいびる》遮那《しゃな》十万偈の経』のことである。(師証)

(ハ)この経は「浄明法身《じょうみょうほっしん》大毘盧遮那仏が自眷属《じけんぞく》とともに、法仏《ほうぶつ》、法界秘密心殿《ほっかいひみつしんでん》の中に住《じゅう》して、常恒《じょうごう》に演説するところの自受法楽《じじゅほうらく》の教なり」。(経証)

(二)それゆえに『金剛頂経《こんごうちょうぎょう》』は「自受法楽の故にこの理趣《りしゅ》を説きたまふ」、つまり応化の所説に同じからずとする。また龍猛《りゅうみょう》菩薩は、「自証の三摩地の法は諸教の中に闕して書《しる》さず」という。その意味は、ただこの秘密の経論《きょうろん》にのみ説くのであって、顕教の経論には説かない、ということである。（喩釈《ゆしゃく》）

(7)この密教は、「法身如来より不空三蔵にいたるまで師資伝受して今に六葉なり。仏法の深妙ただこの教にあり。菩提を証せんと願はばこの法最妙なり。汝まさに受学して自ら覚り、他を覚らしめよ」と。（付法・師証）

(8)「もし神通乗《じんずうじょう》の機《き》の善男《ぜんなん》・善女《ぜんにょ》、もしは緇《し》（僧侶）、もしは素《そ》（俗人）、我と志を同じくするものあって、この法門に結縁《けちえん》して書写し、読誦《どくじゅ》し、説のごとく修行し、理のごとく思惟《しゆい》せば、三僧祇《さんそうぎ》を経《へ》ずして、父母《ぶも》所生《しょしょう》の身もて十地《じゅうぢ》の位を超越し、速やかに心仏《しんぶつ》に証入《しょうにゅう》せむ」。（即身成仏）

(9)一切衆生（六道四生《ししょう》）は皆これ父母なり。とびはねる虫や地をはう虫（蠉飛蠕動《けんぴぜんどう》）も仏性のないものはない。すべての生けるものの平等を念願してやまない（悉皆成仏《しっかいじょうぶつ》）。今、弘法利人《こうぼうりにん》の所願のため、有縁の方々の力をお煩わせする次第である。（不宣謹疏《ふせんきんしょ》）

このように文脈をたどってみると、(1)から(5)までは、『二教論』で本格的に論究される顕密二教の対弁《たいべん》を簡略に示したもの、(6)(7)は恵果の説いた密教の要旨というかたちで、空海密教のエッセンスを簡潔に表現したもの、(8)は『菩提心論』によって即身成仏を鮮明に説くもの、(9)は一切衆生の悉皆成仏の願を示して、恵果の遺命をしのぶものとなっている。つまり、先に入唐して先師より授かった密教の素描を提示して、その流布の意志をひろく天下に宣言する大文章である。

折から、弘仁六年三月、桓武《かんむ》帝の国忌を期して最澄は天台山《てんだいさん》より請来せる『法華経《ほけきょう》』に、嵯峨帝の題簽《だいせん》を仰いで、南都《なんと》七大寺《しちだいじ》に奉納する。ちょうど同じ時期に、空海は、新しい宣教の場を諸国に求めて第一歩を踏みだしたことになる。しかも密教経典の書写を勧進して、密教経典の勝義《しょうぎ》と功徳・法益《ほうやく》についての明快きわまる解説を示す。その水際《みずぎわ》だった手法は、まことに目を見張るものがある。少なくとも、この文章では、新仏教天台の一乗主義も、華厳や三論・法相とひとしく顕教、応化仏《おうけぶつ》説法の列に連なることとなったのである。

ここで注目されるのは、帰朝十年、先師恵果からの受法を明記して、新しい密教の要旨を公開したことであろう。さきの「両部の大法」は、『金剛頂十万偈および大毘盧遮那十万偈の経』に変換され、成仏の遅速、勝劣の判教《はんぎょう》は、法身説法、応化身説法という仏身観とその所説の差異へと転換されてくる。この曼荼羅中心の密教から、法身所説の密教経典を中心とする密教への転換点が、つまりこの『勧縁疏』にほかならないわけである。

しかも、『勧縁疏』は(6)に「経証」と(7)「師証」を配して、これまでにない経典の引用を試みているのである。この経文は、法身大日如来が自眷属とともに常恒に演説するという、説法の様相を述べたものであって、『二教論』における『瑜祇経《ゆぎきょう》』や『大日経』の経証とほぼ同じ取り扱い方になっている。この独特な手法によって、両部十万偈の経が、まさしく法身大日如来の自受法楽の教であると同定され、さらに自受法楽のゆえに、顕教の所説（随他意の教）とは同じでないという。

たしかに、形式的にはみごとな整合性を示し、間然《かんぜん》するところはない。ただ、この経文《きょうもん》解読の鍵は、「法仏は、内証《ないしょう》聖行《しょうぎょう》の境界《きょうがい》を説く」（定本八―一七四）という『楞伽経』の一節にある、という点が肝要であろう。この語は、（法仏説法のゆえに）ほかならぬ法仏の自内証、つまり法身大日如来みずからのさとりの知恵と三摩地（瞑想）の境界を説きたもう、という大前提のもとに解読されねばならないのである。

これは密蔵深玄、経疏隠密と規定された密教経典に対する、いわば空海独自の象徴的な解読法というべきかもしれない。経文を、通常のごとく文意を理解する顕略《けんりゃく》の方法ではなく、文面からはかくされた深い意味を読みとくという深秘《じんぴ》の解読法によって会得《えとく》するわけである。こうした解読法は、すでに弘仁四年（八一三）『金勝王経秘密伽陀《こんしょうおうきょうひみつかだ》』のなかで、「如来の説法は必ず顕密の二意を具《ぐ》す」（定本四―二四一）として、顕教は通常の経典解読法を指し、密教は、この国ではまだ知るものがいないと、述べられている。この密意《みつい》とか、深秘といった独自固有の経典解読法が、『勧縁疏』や『二教論』に用いられていることは疑う余地がないであろう。

さきに『楞伽経』の「法仏は、内証聖行の境界を説く」を解読の鍵といったのも、じつは、この独自解読法による経文の会得が『勧縁疏』で実際に活用されており、またそれを前提して初めて、経文が提示されていると考えて誤りないであろう。

もし憶測を逞《たくま》しくすれば、「両部の大法」から『両部十万偈の経』への転換と表現したことも、じつはこの象徴的な独自の経典解読法によって、両部の曼荼羅と両部の十万頌の経とのあいだに、のちの大曼荼羅と法曼荼羅との不離、互換性をみるという観点が、空海のうちに熟していたのではないかと考えてみたわけである。

『勧縁疏』は、これまで必ずしも注目された文章ではない。それは、弘仁四～五年の空海の文章が十分な評価を受けていないことと軌《き》を一《いつ》にしている。すでに開題《かいだい》類のなかでは、顕密の経典解読法の違いが指摘され、のちの浅《せん》略《りゃく》・深秘の二釈に通ずるような手法が採用されている。このような、文字ことばに対する磨ぎすまされた鋭い考察とその蓄積が、『勧縁疏』や『二教論』を支えていたのではあるまいか。

むろん『勧縁疏』には、『二教論』における周到な考察と論証、そして意表をつく展開といった奇抜さはないが、簡にして要を尽くした類まれな密教の概説が、初めて脚光を浴びたという点では、貴重な思想史上の資料といわねばならないであろう。空海の明快で大胆な思考が、熟慮をへない、率直なかたちであらわれている。またそれが当時の仏教者を対象とする配慮からであろう、かなり説得力に富んだ文章に仕上げられている。たとえば、四家大乗の説を列挙して、いずれも華厳の「因分可説、果分不可説」、あるいは三論の「第一義中に言説なし」と同様に、法身説法の可能根拠を認めることのない方便門《ほうべんもん》だという。この論法は、きわめて衝撃的であり、やがて『二教論』の主要な主題として、綿密な論証を加える機縁となる一方、『大乗起信論《だいじょうきしんろん》』の「離言説相」「離心量相」に対する論駁と、『釈摩訶衍論《しゃくまかえんろん》』の「五種言説《ごしゅごんぜつ》」「十種心量《じっしゅしんりょう》」、そして如義語、密号名字といった、密教固有の文字ことば論へと導くことになる。その最初の一石が、むしろ率直なかたちで、さらりと論ぜられている。つまり、きわめて難解な深い内容が淡々と平明に述べられていて滞りを感じさせないのは、空海の文章力によるものであろうか。

しかし『勧縁疏』には、じつはたいへん厄介な問題が付随していたのである。(6)(7)の密教の要旨にあたる部分で、一つのジレンマが生じたのである。たとえば、呉慇の『恵果阿闍梨行状』によると、

常に門人にいっていはく、金剛界・大悲胎蔵両部の大教は、諸仏の秘蔵、即身成仏の路なり。(定本一―一一二)

とあった。ところが、両部の大教が『両部十万偈の経』に転換された結果として、『両部十万偈の経』は、法身大日如来の「内証聖行の境界」を説くものとされて、即身成仏の路という命題がこの『両部十万偈の経』から脱落してしまったのである。そして同様にして、『発菩提心論』に説く三摩地法が、法身および自眷属、つまり「諸仏自証の三摩地の法」となって、即身成仏の命題が削除されてしまう結果となった。

だいたい、即身成仏の引用例のうち、主要なものは、広《こう》・略《りゃく》両『付法伝』に載せる呉慇の『行状』と、『菩提心論』の三摩地法に限られている。ところが、『勧縁疏』では、密教所説の経論は、顕教と決定的に異なり、自受法楽の教を説き、自証の三摩地を説くというのである。

逆にいうと、即身成仏の径路とされた両部の大法が、法身大日如来の所説としての『両部十万偈の経』に吸収さ

れ、『菩提心論』の法が、諸仏自証の三摩地法として規定されると、密教すなわち即身成仏という表裏一体の関係が維持されないという結果を招くわけである。そこで『勧縁疏』は(8)の一項目を設けて「神通乗の機の善男・善女（中略）」のために、「父母所生の身もて十地の位を超越し、速やかに心仏に証入せむ」と説いたのである。

ところが、このことは、密教と即身成仏の表裏一体、不可分の関係が、たとえ形式的ではあっても、断ち切られたことになりはしないか。『勧縁疏』は、むろん文脈を連ねて、その瑕瑾《かきん》をみごとに覆いかくしている。しかし『金剛頂十万偈および大毘盧遮那十万偈の経』と『菩提心論』は、あくまで即身成仏を説く経典、論書として継承されてきたものであるとすれば、この措置はやはり問題である。

というのも、この問題は、のちに『即身成仏義』における「二経一論八箇の証文」として、『金剛頂経』『大日経』そして『菩提心論』が提示される場合の問題に連結しているからである。そこで、あらためて法身大日如来が説かれた経典ということが問い直されるであろう。

ところで『勧縁疏』成立の意義は、通常『十巻章』中心の研究では、必ずしも問題にならないようである。しかし、いったん空海の思想の流れを問うことになると、きわめて大きな役割を果たすものといわざるをえない。「密蔵、深玄にして翰墨に載せがたし」という恵果の命題に対して、文字やことばでは表現しがたい密教の根本真理を、文章をとおして問題にするという作業の第一歩を踏みだしたことは、さきに述べたとおりである。問題はむしろ、文字やことばで表現できない、つまり秘密のおしえを、文字ことばで表現することが可能となる文字やことばが、はたしてありうるのかという点にある。そのために『二教論』は、離言説の相をこえる言説（超越のことば）を『釈摩訶衍論』その他をかりて究明することになる。しかし『勧縁疏』はむしろ、はじめに法身説法ありき、という前提から出発している。つまり、法身大日如来の説きたまうことば（経典）が、密教の経典、『金剛頂十万偈および大毘盧遮那十万偈の経』だというのである。そのとき、すでに法身大日如来のことば（説法）が、応化身の説法（ことば）とは決定的に異質な超越のことばともいうべき、不可言説のことばであることの認識が前提されていなければならない。それは論証可能な問題ではなく、法身大日如来のことば、つまり根源的真理の自己開顕《かいけん》のことばの感得という超経験的な観想といった地平での体得ということであろう。『勧縁疏』が『両部大経の十万偈の経』を、あえて列挙するのは、この超経験的な観想の地平で唱誦《しょうじゅ》された広本がつまり、法身大日如来のことばに相応する経典であるという認識によったものと解される。

しかし、法身観とその所説の経典という発想は、『勧縁疏』が『楞伽経』の三身説法の説から学んだにちがいないが、法身、すなわち真理（法）そのものにことば（説法）ありとする洞察は、いったいどこから来たのであろうか。われわれは、弘仁五年（八一四）の『梵字《ぼんじ》悉曇字《しったんじ》母《も》并釈義《しゃくぎ》』（以下『字母釈義』とする）に説かれる「法然の文字」に、その発端があったと推察している。梵字は、漢字とは別の文字の由来を説いて通例、梵天所造説をたてるが、『大日経』には、如来や梵天の所作でなく、自然《じねん》の道理の所作と説いてあるというのである。これが「法然の文字」であり世間流布の文字と対置され、世間の文字は字相のみを知って字義を知らぬとコメントしてある。自然道理の所作、つまり作者なくして成れる文字が法然の文字であり、その字義を知るとき、いうところの超越のことばは、解読可能となるというわけである。

空海は、すでに弘仁五年には、『大日経』によって、法然の文字という根源のことば、真理のことばが、通常の世間流布の文字と根本的に異なること、そして文字に字相と字義の区別があり、真実の文字は字義を解するものにのみ解読可能であり、密教はこの真実の文字のおしえであることを、この『字母釈義』で解説していたのである。とすると、『勧縁疏』は、この『大日経』の説く法然の文字、真実の文字のおしえを前提にして、法身説法、法身大日如来の説きたもうたことば（経典）を、堂々と正面から取り上げていたことになるであろう。『勧縁疏』は的確に『大日経』の非所造（本有《ほんぬ》）、それ自体として自然、真実なる文字観を習得し、自家薬籠中のものとしていたわけである。つまり『勧縁疏』は、すでに『二教論』の論究以前の段階で密教固有の文字ことば観に基づいた、法身のことば（所説の経典）観を確立した記念碑的文章だったというわけである。

七　『即身成仏義』

一　即身成仏とは

『即身成仏義』は、読めば読むほど難しい、問題の書である。

この『即身成仏義』の成立は、おそらく日本の思想史、精神史のみならず、仏教思想の流れのうちにあっても、すこぶる注目すべき出来事であったということができるであろう。それはまずもって、九世紀のはじめ、弘仁（八一〇〜八二四）と天長（八二四〜八三四）の交わるころ、空海というひとりの超人的な天才思想家によって、主体的かつ体系的、ほとんど独創的な自己洞察の書が、日本思想のうちに初めて出現したということである。とりわけ、思想詩ともいうべき凝集された言葉の中にみごとな体系を捉え、宇宙論的規模でもって自己存在の真のあり方を活写する、その手法たるや、まことに驚くべきものがある。たしかに思想はまだ文字や言葉のうちに封入されて、論理的な展開まで達することなく、また実践を優位とする関心のゆえに、暗号に似た構築にとどまって透徹した理論の光のもとに照明されることはない。そのために、あるいは論理以前の論理、理論以前の理論をそこに読みとるものがあるかもしれない。しかし、そこで展開される主題は、前論理的とか神話的な思考にとどまらず、すぐれて叡知的な直覚のみが捉えうる真実なるものの一つの形相である。

その真実なるものを、あるいは日本人の思考の深層深く根ざした神（仏）と人、人と神（仏）の不可思議な融合と解するひとがあるかもしれない。その場合、古代アジアの世界的な精神文化のうちで醸成された高度の、おそらくは第一級の知的営みと、原始的なアニミズムの世界との関係がはたしてどうなるか、それが問題である。

むしろ『即身成仏義』の世界は、のちにみるとおり、一方で徹底せる瑜伽禅定の体験そのものを根底とし、他方では、古代インド・中国の宗教・思想のもろもろの体系をすべて総合するような地平を開かしめるものである。そこには、ある根源的なものの開顕とも称すべき、空海にとって固有の精神的な位相が読みとれるはずである。総合性と体系性という、かれの思考の特性は、さらにもう一つ、根源性という契機を含んでいると解してよいのではあるまいか。そして『即身成仏義』の解明にあたり、しばしば「躓《つまず》きの石」となる一種の暗号や象徴の問題は、まさしくその根源性にかかわり、そのことが空海の思惟にことさら不透明性、もしくは秘密性を帯びさせる原因となっているのではないかと思われる。

しかし、こうした形而上的なレベルの問題が『即身成仏義』の読み方を難しくさせているばかりではない。むしろ、それとはまったく別次元の問題が、かえってこの空海の著作の取り扱いを厄介なものにしているようにみえる。それは即身成仏という、あまりにも魅惑的すぎる言葉の問題である。

たしかに『辯顕密二教論』（定本三―九三）や『即身成仏義』（定本三―一八）の中で、空海が示したとおり、即身成仏という言葉は、龍猛菩薩造・不空訳とされる『菩提心論』を典拠としている。

真言法の中にのみ即身成仏するが故に、これ三摩地の法を説く、諸教の中において闕して書せず。（大正三二―五七二下）(1)

そしてまた、空海の入唐求法の師である恵果の与えた密教の規定の中に、それが示されている。

常に門人にいつていはく、金剛界・大悲胎蔵両部の大教は、諸仏の秘蔵、即身成仏の路なり。(定本一―一一二)

さらに、かかる恵果の密教理解そのものが、その師である六祖不空のそれに基づいていたことも歴然としている。

真言字義の憲度、灌頂升壇の軌迹、則時成仏の速やかなるは、応声儲祉の妙、天のごとく麗しくして且つ弥り、地のごとく普くしてしかも深し、まことに末学のよく詳らかにするところにあらず。(定本一―一〇二)

これらを受けて、空海は帰朝の上表文において、このような不空・恵果の密教を請来できた至上の幸運を報告するとともに、

この法はすなはち諸仏の肝心、成仏の径路なり、国においては城槨たり、人においては膏腴たり。(定本一―三)

という文章によって、新しい密教を規定したのである。

したがって、空海の密教は、あきらかに即身成仏の教えであり、一般にその理論的および実践的な根拠を示すとされる『即身成仏義』は、とうぜん空海の即身成仏思想を表明したものでなければならない。

以上は、ほぼ勝又俊教の解説(2)によりながら、ごく一般的な解釈の輪郭をなぞったものである。

ところが、しかしまったく意外なことに、このような一般的な解釈には、ほとんど致命的ともいうべき重大な問題が潜んでいたのである。試みにもう一度、さきの推理をたどってみよう。まず経論の証文はたしかに存在する。ただ龍猛菩薩造に疑義があること、および不空の訳業について慎重な検討を要することは、さいきんの研究によって解明されたところである(3)。つぎに、不空と恵果、つまり中国密教の主流を占める祖師たちの密教理解が、「即身

成仏の径路」という点を強調するものであったことに間違いはない。その点は『御請来目録』が示すとおりである。それゆえ、瀉瓶のごとく、すっぽりと中国密教の精華をすべて相承して請来せる空海が、密教と称するものは、とりも直さず不空・恵果の密教以外の何ものでもないということができる。これまでの推理に、まったく問題はない。では、こうして請来した密教を、空海はどのように規定し、どのような密教理解のもとに真言宗を立教開宗したのか。そしてまた空海自身が提示した密教というものの中では、即身成仏という言葉はどんな位置を占めているのであろうか。そういった問題が全体として見通されたとき、初めて空海の即身成仏思想について論ずることが可能になるはずである。

　ところが、そういう問題を立ち入って論ずる以前に、ごく基礎的な吟味を必要とするものとして、まず用語の問題がある。空海は、どういうわけか、きわめて限定された条件のもとで、即身成仏という言葉を使用する、という態度を一貫して崩さなかったようである。しかもその使用例は『定本弘法大師全集』にかぎってみると、わずかに四種、(1)論書の引用（二例）、(2)祖師の説、(3)『即身成仏義』の主題、(4)「弟子智泉の達嚫文」と『大日経開題』（三密法輪）、弘仁四年（八一三）の『遺誡』、の都合七例にとどまっている。そのうち(1)は『辯顕密二教論』（定本三—九三）および『即身成仏義』（定本三—一八）の二例、(2)は『広付法伝』（定本一—一一一）の一例、(4)は『続性霊集』（定本八—一四〇）の一例と『開題』（定本四—五三）の一例、そして弘仁の『遺誡』（定本七—三九三）の一例である。なかで『遺誡』には真偽問題があるから[4]、いまこれを除くと、残る使用例としては(1)(2)の対外的な用法、および(3)(4)の、いわば真言宗の内部に向けた用法ということになるかもしれない。それはともかく、空海が少なくとも自分の言葉として即身成仏を使ったといえるのは、(3)『即身成仏義』の主題と(4)の「智泉の達嚫文」および『大日経開題』の三例だけである。これに対して『辯顕密二教論』や『広付法伝』の場合、即身成仏という言葉はただ引用として使用されているにすぎない。

このように、すこぶる慎重な態度を生涯守り続けた空海が、むろん即身成仏という言葉をどれほど重視したかは明らかである。しかし、この一句のうちにいったい何を見、何を感じとっていたかという点になると、それほど明白ではない。というよりも、あまりに手垢にまみれた後世の言葉に馴染んでしまったわれわれにとって、空海のこころを読みとることはきわめて困難であるかもしれない。少なくとも、一般の理解とされているものと、空海の用語とのあいだには、どうもギャップがあるように思われてならない。おそらく、即身成仏というのは、そういう深刻な疑問をたえずわれわれに投げかける、謎のような言葉ではなかったのだろうか。

二　『即身成仏義』をどう読むか

ところで、空海における人間観という主題は、この『即身成仏義』の読み方と不可分の関係にあるように思う。それはなにも、この著作が空海の主著であるからではない。さきにみたとおり不空・恵果の密教を継承するかぎり、即身成仏とは何かという問いが、あくまで空海自身にとって不可避的な課題であったからである。その問いは、基本的には真言（陀羅尼）とは何か、密教の観法とは何か、といった問題とともに、空海の宗教・思想の核心にかかわる問題であり、不空や恵果の密教を構成するものとされながら、いまだ十分なる解明が与えられていなかった問題に属する。こうした未解決の問題についての理論的な解明が、つまりは空海に課せられた密教の理論的構築、すなわち真言教学の形成という大事業であった。

ということは、『即身成仏義』の成立以前に、あらかじめ空海自身に即身成仏についての体験的な先行理解があったこと、それも、恵果のもとでの根本体験（入壇灌頂と受法）、さらに遡って青年時代の山林修行による大自然との融合の体験という、おそらくは互いに異質な、これら二重の体験があったことを予想させる。とくに密教の場合、師との出会いは決定的な意味をもっており、師によって有縁の仏と出会い、また密教の奥義を伝授される、このおのずと出会うべくして出会い、あくまで出会わしめられるというしかたで出会う、という宗教的な出会いの構造が、空海における密教の体験的理解のうちによくあらわれていることについては、別に論じた。(5) ここではただ『三教指帰』が、自伝的序文の中で「ここにひとりの沙門あり」(6) として、虚空蔵求聞持法を授けた僧との出会い、その経典および修行方法との出会いを、ことさら明記したこと、また『御請来目録』が、長安の青龍寺、灌頂道場における投華得仏の場面を彷彿させる文章（定本一―三五～三六）によって、遍照金剛という灌頂名をえた、ほとんど稀有ともいうべき未曾有の体験を伝えていたことを指摘するにとどめる。

なおまた、空海が密教を理論化するにあたって直面した問題は、とうぜんいくつか考えられる。なかで、もっとも現実的なものは最澄の天台宗遮那業、年分度者の勅許という問題であった。『大日経』を中心とする密教が、もしこの遮那業の傘下に帰すべきであるとするならば、最澄が空海あての書簡に述べたとおり「遮那宗と天台と融通し、疏（疎）宗また同じ」（伝教五―四四七）という主張もたしかに可能であろう。徳一もまた『真言宗未決文』の中では、即身成仏という主題が「天台・真言二宗」（大正七七―八六七下）の説であると述べて、天台宗と真言宗を区別することがない。これに抗して、空海はあくまで両部の大法、すなわち『金剛頂経』と『大日経』を中心とする密教の立場を、恵果から相承した正統密教であると主張する。そして、この両部の大経を会通し総合する立場を求め、破天荒ともいうべき法身説法の説をたてて、顕密二教の教相判釈の礎石を据えるにいたった。この『辯顕密二教論』における法身大日如来の捉え方は、一つにはさきにあげた根本体験に基づき、いま一つは自性身と受用身とを包括する法身仏、ひいては大悲胎蔵と金剛界という、両部曼荼羅の中尊である大日如来を統合する法身観によったものと考えることができる。

空海が、こうした独自の密教理解を表明して、『大日経』中心の遮那宗と一線を画するにいたったとき、最澄は「新来の真言家は筆授の相承を泯ぼす」(弘仁七年。伝教三—三四四)と書く[7]一方、あらためて「法華一乗と真言一乗と、なんぞ優劣あらむ」(伝教五—四六九)と泰範に叡山復帰をすすめて、空海批判の立場を一段と明確にしたこと[8]は周知のとおりである。ただ空海の方では、高野山の造営、東大寺の灌頂道場や東寺の真言僧専住が認められ、さらに両部曼荼羅の修復、『三学録』や『真言付法伝』の整備といった、一連の教団の基礎固めが進んだのち、おそらくは弘仁の末か天長のはじめごろ、ようやく『即身成仏義』の成立をみたものであろう。

もしこのように考えて誤りないとするならば、『即身成仏義』の成立する背景には、少なくともつぎの三つの問題が指摘できるように思う。

(1)山林修行——求聞持法との出会い
(2)入唐求法——恵果との出会い
(3)法身説法——両部大日如来との出会い

これら三つの問題は、そのいずれが欠けても、この著作は成立不可能であるという意味で『即身成仏義』の前提となる必要条件であるとともに、この著作のうちに畳みこまれた、三つの契機というべきかもしれない。空海自身の体験と、その密教的な定位、そして両部大日如来としての法身観、これらの三契機が、即身成仏とは何かという問いと、切り離しがたく結合されていることを、じつは『即身成仏義』の世界が示している。

それでは『即身成仏義』をどう読むのか。たとえば、加藤精一が、この著作は「自己と法身大日如来との関係」

を中心に説明しているという見解を示し[9]、また宮坂宥勝が、空海のいう即身成仏は、「即身に仏と成ること」「即身すなわち仏であること」「即身の仏」という表現がやや原義に近いとして、「衆生ひっきょう仏であるのが即身成仏の極致」といわれる[10]。いずれも、従来の即身成仏の理解が、『即身成仏義』に即したものでないから変革をする必要がある、という点で共通している。しかし、空海の著作に即して読むというところに、じつはたいへん難しい問題がある。とりわけ密教が体験の宗教とか神秘主義という性格がつよいとなると、とうぜん体験に基づく文章を、それにふさわしいしかたで読むことが要求される。いわば著者の自内証ともいうべきものを、文章の行間から読みとることが必要とされる。さとりとさとりの主体、法と法を覚証せる仏との不可分の関係（人法不二）を徹底して追究した空海の文章は、もともとかれ自身の体験の深みから読みとかれねばならないものであろう。

またもし、『即身成仏義』に即して読むということになると、たとえば即身成仏の思想とか、即身成仏の可能性をといた理論書といった表現が、はたして適切かどうかも問題である。たしかに『即身成仏義』の中に「思想」の原型はある。また「原理的、実践的、心理的の諸方面から[11]」明確にしようとした点も認められる。しかし、『即身成仏義』はどう考えてみても『即身成仏論[12]』ではない。まして即身成仏が理論的に可能であるという弁証のために書かれた文章とはいえない。論とは、諸説を枚挙して、自分の意見を主張し述べる文章表現の様式であり[13]、義とは、ある主題を「その理に本づいて疏す」、つまり道理に従って意味を解きあかす文章のことであろう[14]。『即身成仏義』の場合は、経典・論書の証文をあげ、その「字義差別」（定本三―一八）を示すとある。それゆえ、即身成仏の意義なり意味なりを、経典・論書に基づいて解読することが中心テーマである。空海は『辯顕密二教論』や『声字実相義』の場合も、こうした論と義の二つの文章表現の様式を忠実に守っているところから、ここでも『即身成仏論』とみなすことには無理があるように思う。

三　即身成仏の実義

空海の人間観の捉えにくさは、さきにみたような『即身成仏義』を読むことの難しさと比例している。ということは、空海が提起したきわめてラディカルな問題が、通常の思考をこえた次元のものでありながら、じつはわれわれのあるがままの自己の捉え方と深く切り結んでいるということである。ここでは、この著作のうちから、大まかにつぎのような三つの指標をとり出して考えてみたいと思う。

(1)三劫成仏と即身成仏
(2)六大所成の身
(3)禅定と智恵

これらは、『即身成仏義』の三部構成とはすこしずれるが、それぞれの主題にほぼ対応したものといってよいかと思う。

三劫成仏と即身成仏

『即身成仏義』の冒頭はつぎの一節から始まる。

問ふていはく、諸経論の中にみな三劫成仏を説く。いま即身成仏の義を建立する、何の憑拠かある。
答ふ、秘密蔵の中に如来かくのごとく説きたまふ。(定本三―一七)

〈問い〉経典や論書はすべて三劫、つまり無限に長い時間・空間をへて成仏すると説いている。ところが、いま即身、つまり現にあるこの肉体のまま成仏するという説をたてるのには、どんな根拠があるのですか。

〔答え〕法身大日如来の説かれた密教の経典には、如来みずからそのようにお説きになっておられる。〕

この冒頭の一節は、無造作のようにみえて、じつに鉄壁のごとく堅固そのものである。ここにいう三劫成仏か即身成仏か、という命題に躓かないものは幸いであろう。おおくは、この問答によって宗論の場面を設定し、著作成立の事情を考えようとする。[15] また、この場面を捉えて、清涼殿で空海が金色の大日如来の姿を現わしたとか、[16] さらには「宗論の大日如来」という図像まで成立したという。[17] しかし、この問答そのものは、さきの『辯顕密二教論』に示された顕教と密教の教相判釈に基づいて、とうぜん検討すべき主題であったとすれば、とりたてて宗論などの場面や弁明、弁証のための文章ということを考えず、単に経典・論書の証文を提示するための設定と受けとることも十分可能であろう。

そういう詮議に立ち入らず、ここではむしろ、この問答は、事柄そのものの内容に照らして、不空・恵果の密教の中心テーマについて、法身説法という新しい密教理解の立場にたち、顕教と密教という区別に伴って、空海がみずから何を語ろうとしているのか、という観点から読むべきではないかと考える。

これよりさき弘仁六年（八一五）、恵果の言葉として、空海は、ひろく密教の立場を紹介する文章の中で、つぎのように伝えている。

もし自心を知るはすなはち仏心を知るなり。仏心を知るはすなはち衆生の心を知るなり。三心平等なりと知るをすなはち大覚と名づく。大覚を得むとおもはば、まさに諸仏の自証の教を学すべし。（定本八―一七五）

いわゆる心・仏・衆生の三心平等（無差別）を知るのがさとりであり、さとりを得ることを欲するならば、諸仏の自証の教えを学ぶべきである。このように、自心と仏心と衆生心、さとり（大覚）とさとれるもの（諸仏・大覚の主体）、諸仏（法身）とその自証の教（さとりの境地をみずから説いた教え・密教経典）とを一体視する立場が、ここでは恵果の密教である、と紹介されている。この法身と密教経典の捉え方が、いわゆる法身説法の骨子であることは容易に理解できる。いま引用した文章は、『辯顕密二教論』の要旨を伝える略論にあたるところから、法身説法説の考え方の成立を知る資料としてきわめて重要である。

しかしここで見逃しえないのは、『大日経』の説く「如実知自心」（大正一八—一下）の一句を、『華厳経』の「心仏及衆生是三無差別」（大正九—四六五上）によって捉え直し、これを『金剛頂経』に示すところの「諸仏の自証」と結びつけたという点であろう。この『華厳経』の引用が恵果のものか、空海のものかは、いまは問わない。ただ、そのことによって、あるがままの自心を知るさとり（菩提）と、自心・仏心・衆生心の三心平等を知ることと、密教経典に示される諸仏の自内証の境位を一つに結びつける道が開かれる。そこでは、三心平等はそのまま諸仏のさとりと一つであり、諸仏のさとりの体得は三密瑜伽によるということになる。つまり三心平等の原理が、密教の行法の中で、具体的には仏（本尊）とわれとの入我我入という神秘的合一として如実に体現されるものとなってくるのである。

そして、この同じ文章には、いま一つつぎのような注目すべき一節が含まれていた。

もし神通乗の機の善男・善女、もしは緇、もしは素、我と志を同じくするものあつて、この法門に結縁して書写し、読誦し、説のごとく修行し、理のごとく思惟せば、すなはち三僧祇を経ずして、父母所生の身もて十地の位を超越して、速やかに心仏に証入せむ。六道四生は皆これ父母なり、蠉飛《けんぴ》蠕動《ぜんどう》、仏性あらざることなし。庶はくは無垢の眼を豁《ほがら》かにして三密の源を照し、有執の縛を断じて五智の観に遊ばしめむ。（定本八—一七六）

ここでは「神通乗の機」という限定のもとで、善男善女、僧俗をとわず、われと志を同じくする衆生には、すべて即身成仏の道が開かれていることが説かれる。また、衆生はすべて父母とする捉え方は、のちの「一切衆生をみることなほし己身・四恩のごとし」（定本五―八）とひとしく、心・仏・衆生の三心平等から、我身・仏身・衆生身の三身平等へと転換する方向を指示している。

こうして仏（大覚）と衆生（覚すべきもの）の平等一体の原理を自証するものが覚者であり、これに迷って、われならぬものをわれとして執着するのが衆生である。そのため衆生は、本性の真覚を覆蔽してあるがままの自己を知らない。これを「衆生自秘」、もしくは「衆生秘密」（定本三―一〇九）と名づける。この秘密のベールは、衆生が自分自身で生みだしたものであるから、あるがままの自己の本覚そのものが内薫してこれを断つほかはない。しかし、この自己自身へ還る道を、如来が加持して示しておられるのに、仏教諸宗はまだこれを知らない。これを「如来秘密」（定本三―一〇九）と呼ぶ。この二重の秘密によって、仏と衆生との一体性を現証する道を阻んでいるのが顕教の立場であり、そこでは、けっきょく仏と衆生、理論と実践とのあいだに隔たりが残り、三劫という無限に長い時間の修行を必要とする。それは、衆生が自分の有限性に目をとめて、自己がそのうちに包まれてある真無限を知ろうとしない悪無限の立場に似ている。またそれは、空海自身にとっては若き日の『三教指帰』の立場を意味していた。

しかし、よく考えてみると、三劫成仏と即身成仏という命題は、奈良時代の仏教に対する新仏教の一つの旗印をあらわしている。法相宗を中心とする奈良の仏教は、直接に宗教的関心にこたえるよりも、むしろ伽藍仏教と称され、学解仏教の性格がつよい。そこでは、理論的に悉有仏性であっても、現実には、成仏できるもの、成仏できないものがありうると考えた。衆生の能力と資質に差があり、闡提のように成仏の許されないものがある。そのうえ、理想の実現に努力する勇猛な求道者（菩提を求めるもの）としての菩薩像を、衆生のあるべき姿と捉えている。現実世界の中でも、理想を追求するには能力や資質が問題となる。まして真理の達成を目指す菩薩、もしくは求道者を人間のあり方の基本に据える現実主義の立場では、即身成仏などは弱者のための一種の方便説にすぎない。これに対して、一切衆生悉有仏性を唱え、さらに悉皆成仏をとく平安仏教は、最初から、すべて衆生は成仏すべきものである、いや、むしろもともと仏性にめざめているのが、人間本来のあり方だと考える。天台や真言は、直道成仏や即身成仏を標榜して、この国に大乗仏教を根づかせることを第一の使命と認識している。そこで、衆生はすべて自己の本性（仏性）にめざめ、本来的には仏とひとしい存在である、と自覚することから出発する。能力主義によらず、平等な真俗不二、真俗不離の立場にたち、外に道を求めず、自分の心とか身体がじきに真理の顕わになる場所であるとして、あるがままの自己を知ることが、人間のあり方の根本だという。なかでも密教は、正統な受法と密教瑜伽という実践方法によって、自己本来の仏（とひとしいもの）にめざめ、仏と衆生が一であることを体現する道が開かれているとする。こうした三劫成仏から即身成仏への立場の転換が、けっきょく仏身観と衆生観、つまりは人間観の根本的な違いに基づくことは、むろんいうまでもない。

三劫成仏か即身成仏かという命題は、こうした時代背景や人間観の違いによるというばかりでなく、さらには経典・論書の文字にこだわる、学問仏教に対する批判という意味を含んでいたと考えられないこともない。

『即身成仏義』に引証される、いわゆる「二経一論八箇の証文」のうち、直接、即身成仏をあげるのは『菩提心論』のみである。そのうえ『大日経』や『金剛頂経』の引証にあたり、空海は、経文の通常の意味とは別に、深秘ともいうべき解釈を示す。たとえば「この教とは法仏の自内証の三摩地大教王をさす」（定本三―一七）といって、法身大日如来の至上のさとりの境地をじかに読みとることを求め、あるいは「この経に説くところの悉地とは、持明悉地および法仏悉地を明す」（定本三―一八）のごとく、衆生における神通力の獲得と法身のさとりの双方を、対応させるといった解釈が示される。こうした経典解釈の手法は、片々たる字句にとらわれて、真実の隠れた意味を理解しようとせぬ「文字の法師」の態度に対する真っ向からの対決を示したものであった。

かくて空海は、『即身成仏義』の冒頭から、意表をつくしかたで、通常の言葉の理解を超えた世界へとわれわれを導き、即身成仏という言葉のうちに隠されている深秘の意味をあるがまま開示せんとするかのごとくである。それは、まずもって衆生という立場からさとりや成仏の問題を考えるという先入見を捨て、文字や言葉にとらわれて、あるがままの自己を見失っている衆生秘密の立場を反転して、いわゆる「三心平等」なる「自己を知る」地平そのものの開けを求めるということであろう。

六大所成の身

この著作は、つぎのような即身成仏の偈を中心に、さきの経典・論書による典拠、そして空海の解説という三部から構成される。

六大無礙にして常に瑜伽なり　（体）
四種曼荼おのおの離れず　（相）
三密加持すれば速疾に顕はる　（用）
重重帝網なるを即身と名づく　（無礙）
法然に薩般若を具足して　（法仏の成仏）
心数・心王、刹塵に過ぎたり　（無数）
おのおの五智・無際智を具す　（輪円）

円鏡力のゆへに実覚智なり　（成仏）（定本三―一八～一九）

この即身成仏の偈の作者に、空海説と恵果相承説があることは、これが不空・恵果の密教の根本命題をあらわす聖句として伝承された形跡を示して興味深い。内容的には、密教の根源ともいうべき法身をたたえる讃歌にほかならず、じつに気宇壮大な思想詩と称してよいであろう。しかし、その場合の法身は、

法身いづくにかある、遠からずして即ち身なり。智体、いかんぞ、我が心にしてはなはだ近し。（定本八―一一七）

といわれる、即身としての法身であり、我心と一なる智体のことである。あるいは、「智とは心の用、身とは心の体なり」（定本三―一〇五）といった意味での身（体）、智（用）が、ここでの主題となっているともいえる。この偈は、即身成仏という四字一句のうちに隠された無尽・無辺の意味と徳を顕わし、即身と成仏の二つの偈、それぞれ四句ずつからなる。そのうち即身の偈は、現身、肉身、この身このままという身（体）のうちで、あるがままの自己のあり方を根底から照らしだして、体・相・用の三大と無礙円融なる三身平等（我身・仏身・衆生身）の実相を示したもの。また、成仏の偈は、いまあらたに成仏するというのではなく、すべては法身の一切智智を法爾自然に具足しており、あるがまま人、もしくは主体というあり方をとおして現証、覚智されることをあらわしている。その意味では、通常の即身成仏、つまりこの身このまま仏になるという理解は、この偈の意図に反することになり、さりとて即身すなわち仏であるといっても、まだ落ちつかないものが残る。要は、この四字一句の隠された意味（法然の道理）を、あるがまま読みとくことが、そのまま覚智であるという事態を、この偈そのものが開示しているということではないであろうか。

(1)六大無礙にして常に瑜伽なり

まず第一句、六大についての空海の解説は、つぎの三節から始まっている。

(イ)「六大とは五大とおよび識（大）なり」

(ロ)『大日経』にいうところの「我れ本不生を覚り、語言の道を出過し、諸過、解脱することを得、因縁を遠離せり、空は虚空と等しと知る」これその義なり。

(ハ)かの（大日如来の）種子真言にいはく「ア・ビ・ラ・ウン・ケン・ウン」（定本三―一九）

最初に六大の名称、つぎがその実義、そして種子真言という、この三節に始まる一段を「六大の秘義」[18]と名づけたのは栂尾祥雲であるが、空海の六大は、少なくともこの三つの文章から読みとる必要があるようである。

まず、(イ)によると、六大とは、地大・水大・火大・風大・空大の五つと識大である。うち地・水・火・風の四大は、古代インド以来の自然哲学的な考え方であり、すべて存在するものは四つの構成要素よりなる、という構成要素説にあたる（たとえば四大不調のごとし）。これに空大を加える仏教の考え方は『大日経』にも出ており[19]、また六大（六界）は『般若経』『瓔珞経』に説く（定本三―一一）ということである。さらに『声字実相義』によれば、五大に顕と密、二種の意味がある（定本三―三九）といわれ、他の用語例をみても、「五大所成の智」（定本三―一〇五）、「五大所成の三密」（定本三―一〇五）、「五大の遍ずる所、心識のある所」（定本八―一一〇）、「五大の所造、一心の所遍」（定本八―一三〇）、「六大の遍ずる所」（定本八―一五八）、あるいは須弥山世界の成立をとく五輪（五大）説など[20]、多岐にわたっている。

そこで、六大の意味内容を規定するものとして、(ロ)の偈文を掲げるわけであるが、この偈文は、もともと大日如来のさとりの内容、つまり菩提の実義を説いたものである[21]。ただ、ここに掲げる本不生以下の五つの定型句（五義）と五大の関係は、すでに『大日経』の中に指摘されてあるから、空海は「我覚」と識大を等置させ、これを合わせて六大の義としたのである。

では、法身のさとりの内容と六大とは、いったいどう結びつくのか。たとえば、真実在は本不生であり、生滅変化のごとき現象界の一切の限定をこえている。しかも同時にすべての存在の本質であり根拠であり、現象する存在と不一・不二である。つまり、現象するものをこえながら、現象するものと一である。こういう真実在のあり方は、すべての存在が安住する堅固な大地のごときものである。それゆえ本不生（なる真実在のあり方）は地大と（比喩的に）ひとしい。このようにして本不生は地大の義ということになる。

しかし、本不生は阿字と結びつくことにより、密教の特色が決定的なものとなる。つまり、いまの文脈でいえば、(ハ)の種子真言をまって、初めて地大の深い意味が完結すると考えてよいかと思う。とりわけ阿（ア）字は、密教を代表する象徴であって、理論的にも実践的にも重要な位置を占めている。

まず、阿字本不生、これは大日如来のさとりの内容を総括する一句である。真実在は、あたかも阿字が、（αと同様）すべての文字のはじめ（衆字の母）であり、また発声の発端（衆声の母）[22]であるように、すべての存在の原初にして、もしそれがなければすべての存在は成りたたない、という性格を示す。このような真実在の根源性、および超越的な内在性をあらわすものが、阿字であり、阿字本不生である。そこで阿字は、すべての存在を出生し、すべての存在に遍満する本体の象徴とされるところから、また地大と等置される。このような阿字と本不生と地大との関係を考えると、阿字の真言をまって地大は、真実在のあり方を標示する原理とされる事情が明らかとなる。以下、水大、風大などについても、ほぼ同じことが妥当するといえるならば、六大は単なる構成要素にとどまらず、むしろ構成原理と名づけた方が、適切なものとなるであろう。

なおまた、阿字は大日如来の種子真言であり、密教観法のうちでは、この種子を観じて、三摩耶形や尊形にいたる種三尊の観法が修される。ここにあげた六字の種子真言も、実践の場面では、真言はそのまま実在を生みだす種子として、それ自身、ある種の潜在的な力を秘めた聖なる言葉という性格を帯びるものとなる。真言はそこで、真実在を標幟する象徴的言語となって、理論の場面をこえた地平を開く蝶番の役割を果たすであろう。こうして六大は、真実在のあり方をあらわす原理と、真実在そのものの実在的なあらわれ（聖なるものの顕現）という、両面から捉えるべきものとなるのである。

しかし、六大は真実在のあり方（法界体性）をあらわすのみでなく、六大を能生と所生に分けて、仏および衆生の世界、環境世界のすべては能生の六大によって構成されるという。仏も六大所成の身、衆生もわれも六大所成の身である。また四大なども、密教では生命なき構成要素ではなく、大日如来を標幟する象徴となり、物心一如なる生命体の顕現とされる。こうして、すべて存在するものは円融無礙、たがいに渉入・相応して、はじめも終わりもなく瑜伽・禅定のうちに安住している。

(2)四種曼荼おのおの離れず

法身をはじめ諸仏は、輪円具足して曼荼羅の世界を形づくって遍在する。その無限に多様な表現形式は、三密のように身体的、言語的、精神的な働き、また三秘密身のように、種子（字）・象徴（印）・尊形（形）といったかたち（相）の区分に基づき、大曼荼羅（尊形）、三昧耶曼荼羅（象徴の標幟）、法曼荼羅（種子真言）、羯磨曼荼羅（威儀事業）の四種に分類される。これはもと、諸仏の形象（大印）と諸仏の持物・印相（三昧耶印）、さとりと教えをしるした文字（法印）、活動による標幟（羯磨印）といった、さとりの具体的なかたちを意味した四種智印に由来する。現図曼荼羅は、有機的な統一と調和をあらわすが、これら四種の曼荼羅、また四種の智慧のしるし（智印）は、もともとその数が無量で測りがたく、ひとつひとつが虚空の大きさと同じで、たがいに不離なることは空中の光が無礙自在であるのに似ている。

(3)三密加持すれば速疾に顕はる

第三句は、まず「三密とは一に身密、二に語密、三に心密なり。法仏の三密は、甚深微細にして等覚・十地も見聞すること能はず、故に密といふ」(定本三―二五)として、法仏の三密、諸仏の三密、そして衆生の三密をあげる。そのいずれにあっても、身体的、言語的、精神的な働きはすべて三密と呼ばれ、三業のような現象界の諸条件の制約をこえている。とくに諸仏の三密は、無量で測りがたく、たがいに加入(加)しあい、摂持(持)しあって自在に呼応する関係を示すが、ここに三密加持の原型がよくあらわれている。この実践構造の核心を示すものとして、前段証文の第四「証金剛身」の観法が注目される。(23) また、これを体現するために、密教独自の資格をうける受法、すなわち受戒と灌頂、そして三密修行が説かれ、さらに三密加持のゆえに現身に「本有の三身」を証得するというわけである。

加持とは、如来の大悲と衆生の信心とを表はす。仏日の影、衆生の心水に現ずるを加といひ、行者の心水、よく仏日を感ずるを持と名づく。(定本三―二八)

(4)重重帝網なるを即身と名づく

第四句は、以上の六大・四曼・三密をうけて即身の偈をまとめる。その内容は身というものの重層性と仏とわれ、衆生の三身平等、「不同にして同、不異にして異なる」(定本三―二八)無礙円融の関係、そして、三平等の真言による結釈である。

かくて、即身成仏の偈の前半分、即身の偈の解説は終わる。

およそ一切の存在は、真実在とともに六大所成の身という観点から捉えられることを、即身成仏の偈は教えている。仏も六大所成、われも衆生も六大所成、それゆえ仏と衆生はもともと根源的に一であって二ではない。とはいっても、本尊も六大所成、われも六大所成であるから、本尊とわれは入我我入し、感応道交することができる。こういう推論は密教のものではない。むしろ逆に、瑜伽合一のゆえに、仏身も、我身および衆生身も本来平等にして一体なのである。このはじめに禅定ありき、という考え方が基本にあって、初めて密教の方法論が成りたつ。その原型を示したものが、たとえば「智泉の達嚫文」である。

我則金剛、我則法界、三等の真言加持のゆゑに五相成身し、妙観智力をもつて即身成仏し、即心の曼荼なり。（定本八―一四〇）

このように禅定・瑜伽をベースとした六大所成の身という観点が、『即身成仏義』の基礎にあるとすれば、空海の人間観もまた、すこぶる実践的な性格がつよくなるのは当然であろう。仏とわれ、衆生の三身平等の原理は、単なる理念・観念でなくして、平等である（体）がゆえに、それを現成させる働き（用）と不可分な一種の力として発動する。体と用、仏とわれ、衆生の円融無礙、ダイナミックな関係を根本的に成立させるものを、さきの六大所成の身という観点は含んでいる。

仏はわれ・衆生と一体であるから、三密（加持）の働きはすべての存在に開かれている。われは仏・衆生と一体であるから、自執の縛を断って菩提の心をおこし（自利）、また一切衆生の苦を自身と一つに共感してこれを救わんと願う（利他）。この菩提心（因）と大悲万行（根）は、もと仏、われ、衆生の三身平等の原理のおのずからなる発動、つまり六大所成の身が自己を開示する働き（究竟）にほかならない。この点が明らかになってくると、

真言教のめでたさは、蓬窓・宮殿隔てなし、君をも民をも押し並べて、大日如来と説いたまふ。(24)
虚空尽き、衆生尽き、涅槃尽きなば、わが願ひも尽きむ。（定本八―一五八）

これら二節の示す、衆生はすべて大日如来と一つという即身成仏、万善具足の教えと、如来の大悲誓願と一つに悠久に生きて働く空海そのひとの願いが、たがいに符合することを見出すにちがいない。[25] その理由については稿を改めて、禅定と智恵、で考えたい。

すこし煩わしい議論にわたったので、これまでの整理をしておくことにする。

(一)即身成仏の用語例からみて、この言葉はむしろ不空・恵果の密教の主題と考えられる。

(二)また空海は、密教の受法とともに、即身成仏を体験したことが認められる。

(三)空海は、密教の特色として法身説法をとりあげて、従来の釈尊の教え（顕教）とは異なり、法身大日如来がみずからのさとりを説いた教えであると規定した。

(四)このことは、真如・法性として真実在を捉え、空の立場にたつ理説に対して、大日如来という人格のかたちで真実在を捉え、その自己開示というしかたで宇宙全体を組織化する形而上学的な構想を示したものといえる。そして、この構想に基づいて、即身成仏の深い隠れた意味を解きあかしたものが、『即身成仏義』である。

(五)『即身成仏義』は、それゆえ即身成仏の可能性を示す理論書でも弁明でもない。

(六)即身とは、この身このまま（あるがまま）真実在が自己を開示する全構造のあらわれる場（六大所成の身）ということであり、六大無礙はその実在の原理を、また三密加持はその実践（自己覚証）のための転換の原理をあらわしている。

(七)こうして人間および一切の存在を隠れた次元から捉えるとき、すべては法爾自然、あるがままの自己に出会うことができるとして、やがて空海は『十住心論』の曼荼羅世界を展開するのである。

註

（1）『金剛頂瑜伽中発阿耨多羅三藐三菩提心論』。
（2）勝又俊教編『弘法大師著作全集』第一巻解説、山喜房仏書林、一九六八年、五七六頁。
（3）頼富本宏訳『中国密教』（『大乗仏典』中国・日本篇8）解説、中央公論社、一九八八年、三六九〜三七四頁。
（4）武内孝善「弘法大師『弘仁遺誡』の真偽について――空海の即身成仏思想の成立過程よりみた――」（『印度学仏教学研究』第三九巻第二号、一九九一年、一三四〜一三九頁）。
（5）拙稿「恵果阿闍梨との出逢い」（本書二二〜四二頁参照、初出『密教文化』第七七・七八合併号、一九六六年）。
（6）『三教指帰』序（『三教指帰・性霊集』〈日本古典文学大系71〉）岩波書店、一九六五年、八四頁。
（7）拙稿「最澄と密教思想」（本書三〇一〜三二七頁参照、初出『密教文化』八九号、一九六九年）。
（8）高木訷元『空海思想の書誌的研究』（高木訷元著作集4）法藏館、一九九〇年、一二四頁。
（9）加藤精一『密教の仏身観』春秋社、一九八九年、二六六頁。
（10）宮坂宥勝『密教思想論』筑摩書房、一九八四年、七三・八二頁。
（11）勝又俊教『密教の日本的展開』春秋社、一九七〇年、一五八頁参照。
（12）那須政隆『《即身成仏義》の解説』大本山成田山新勝寺成田山仏教研究所、一九八〇年、七頁。
（13）『陶淵明・文心雕龍』（世界古典文学全集25）筑摩書房、一九六八年、二九八頁。
（14）諸橋轍次『大漢和辞典』巻九「義」の項、大修館書店、一九八五年（修訂版）、七六頁。
（15）長谷宝秀『十巻章玄談』六大新報社、一九六四年、一〇頁。
（16）『今昔物語集』巻第一一「弘法大師、渡唐伝真言教帰来語第九」（『今昔物語集』三〈日本古典文学大系24〉岩波書店、一九六一年、七七頁）。
（17）佐和隆研『空海の軌跡』毎日新聞社、一九七三年、一五六頁。
（18）栂尾祥雲『現代語の十巻章と解説』高野山出版社、一九七五年、一五一頁。
（19）頼富本宏『空海』（日本の仏典2）筑摩書房、一九八八年、一六九〜一七〇頁。松長有慶『密教経典成立史論』法藏館、一九八〇年、一五三・一五四頁。

(20) 川崎庸之校注『空海』(日本思想大系5)、岩波書店、一九七五年、一七・一八頁。
(21) 吉祥真雄『即身成仏義講説』山城屋文政堂、一九三四年、四五頁。
(22) 衆字の母・衆声の母(『大日経疏』巻七、大正三九―六五一下)。
(23) 松長有慶前掲註(19)書、一四六・一四七頁参照。
(24) 『梁塵秘抄』巻二(『和漢朗詠集・梁塵秘抄』〈日本古典文学大系73〉岩波書店、一九六五年、三五〇~三五一頁)。
(25) 拙稿「慈雲尊者研究序説」(本書第二巻『慈雲尊者　その生涯と思想』一四五~二一七頁参照、初出『高野山大学論叢』第二巻、一九六六年)。

八　空海思想の形成過程を探る

はじめに

弘仁初期、空海の高雄山時代は、深い霧に包まれているかにみえる。

大同四年（八〇九）四月一日、嵯峨帝が即位されたのち、間もなく空海は入京が許され、帰朝時に献上した『新請来経等目録』に記載された経典、仏像、付嘱物などのすべてを返還されて、高雄山寺に居を定めるにいたった。同年八月には最澄から「借覧法文十二部」の書簡が寄せられて、両者の交友が始まり、やがて高雄灌頂を迎えるまで一連の叡山仏教との交流が保たれる。また、『性霊集』に載せる、いくつかの上表文の示すとおり、嵯峨帝との風雅の交わりともいうべき、盛唐の文物、とくに書の献上が頻繁に行われている。しかし、思想面では、ほとんど空白の時代が続いていたのである。それはまるで『三教指帰』序の伝える、山林修行の時代まで返った感がある。ようやく、その沈黙を破ったのが、弘仁四年（八一三）十月、「中寿感興詩并序」の出現である。そこには四十歳の賀に託して、この山林抖擻の成果の一端と、あらたな活動期に入る予告に類するものが、かすかに漂っている。

おそらくこの時期、空海の主題の一つは、恵果直伝にかかる、両部曼荼羅をもって伝法の要とする、いわば曼荼羅中心の密教（おそらく高雄灌頂はその例証とされるであろう）から、翻って不空新訳の密教経典の抜本的な検討を介して、密教とは何か、また仏教諸宗に対して密教固有の独自性は何か、という根本問題の解決にあったものと考えられる。その解決はむろん、弘仁六年（八一五）の『諸の有縁の衆を勧めて秘密蔵の法を写し奉るべき文』（以下『勧縁疏』とする）や『辯顕密二教論』（以下『二教論』とする）に、みごと結実するにいたったのである。しかし、その準備作業にあたる時期に、若干の先駆的な著作や文章が書かれていて然るべきである、と考えることができるように思う。そして、それらが高雄山時代の空海思想の形成過程を推定させる資料となるのではないか、これが目下の構想のすべてである。

まず第一段階。弘仁四年（八一三）十一月の「中寿感興詩并序」。同年十二月の『金勝王経秘密伽陀』（以下『秘密伽陀』とする）。そして問題はあるが、「叡山の澄法師、理趣釈経を求むるに答する書」。これらは、いくらか共通の基盤のうえで、空海思想の（断片的ではあるが）序曲、もしくは予備学的な役割を果たしたものではなかろうか。

第二段階、弘仁五年（八一四）閏七月二十八日、『梵字悉曇字母并釈義』（以下『字母釈義』とする）一巻を添えて、「梵字幷びに雑文を献する表」を上進。これは日本で最初に漢字漢語によらず、文字の起源を検討した画期的な業績であり、また真言密教の成立根拠にかかわる文字ことば観の試論としてとくに重要である。

第三段階、弘仁六年四月一日付の『勧縁疏』の文章が、詳細はのちに触れるが、『秘密曼荼羅教付法伝』（以下『広付法伝』とする）の「一叙意」と、「二付法列伝」のうち「第六祖」「第七祖」を、それぞれ典拠として成立していることは明らかである。ということは、『勧縁疏』の主要部分が、じつは『広付法伝』の成立、もしくはその構想を前提して初めて構成されたということになる。『広付法伝』は、通説のように弘仁六年から十二年（八二一）のあいだの成立ではなく、藤原冬嗣書簡によって、弘仁七年（八一六）には二巻本として成立していたことが明らかである（高木訷元『空海　生涯とその周辺』吉川弘文館、一九九七年）。がしかし、『勧縁疏』の引用文章によるかぎり、少なくとも弘仁六年四月以前に、『広付法伝』の「三問答決疑」を除いた大部分が成立していたということ、また顕密二教判の骨格が、『広付法伝』を基礎とすることによって初めて確立されたということがほぼ判明するわけである。

とりあえず三つの段階に分けてみたが、第一、第二の段階は、いずれかというと文字ことば化にかかわり、第三の段階は、『楞伽経』の三身説法説による法身説法の超越性にかかわり、また不空・恵果の両部大法の授法に光があてられるものである。これらを通じて、一方では法身仏にふさわしい超越のことば（法然の文字）が確定され、真実の説法に対応する法身仏と対機説法に配される応化身との弁別が明確化されるわけであろう。

ここで素描を試みるならば、「中寿感興詩幷序」では、ことばの多義性、重要性への注目から曼荼羅の世界イメージの文字ことばへの変換が試みられ、空海の新教の土台とその新しい可能性が示されるようである。詩と文章による空海仏教の序曲という捉え方ができるかもしれない。もし、そうであるならば、あるいはここに、中国密教から日本密教への一つの転換点を見出す可能性が開かれることであろう。これは天才詩人空海によって初めてなしえた偉業と称すべきであると考える。

弘仁四年（八一三）十二月の『秘密伽陀』は、宗門の学者によると「その内容は最勝王経の趣意を要約したものであり、特に密教的解釈はない（後略）」（『弘法大師著作全集』第二巻解説、山喜房仏書林、一九七〇年、七〇三頁）と、かつて解説されたものである。ところが空海は、護国の経典の代表とされる『金光明最勝王経』を、日本で最初に密教経典であると規定し、これをうけて「如来の説法に必ず顕密二意を具す」（定本四―二四一）と、これまた顕密二意の存在を、この『秘密伽陀』において最初に設定しており、如来の説法をすべて顕教として把握していた仏教諸宗に対して、この空海の発言は前例のない創見だったといわねばならない。そのうえ、「衆生は盲瞑にして心仏に迷ひ、自ずから無尽の珍（宝）あることを識らず」（定本四―二四二）とか、「我れ秘蔵本有の義に託して、略してこの経の秘法輪を頌す」（定本四―二四二）とある。「一一の声字は皆実相なり」（定本四―二五二）、また「秘蔵本有の義」「自宗（真言）の義を挙げ、もつて頌の詞を樹つ」（定本四―二四一）といった用語例は、まったく密教以外の何ものでもない。この経典の国家的な講会の席に、あえて「秘密伽陀」と名づけて、衆僧が唱和するコーラスの歌詞を作詞するという、この意表をつく壮挙は、やがて最晩年の「宮中真言院の正月の御修法の奏状」とはるかに呼応するものではなかったであろうか。

さきの「特に密教的解釈はない」という解説は、むろん他の解題類との比較のなかで書かれたものであろう。しかし、空海がこの護国経典にかけた情熱をこの解題から汲みとりえなかったことは残念である。空海にとって、国法（王法）と仏法は「その法同じ、心を修め、国を修むる、道すなはち通ず」（王法政論品、定本四―二四九）、つまり真俗不離のおしえが、生涯を通じて変わらない信条だったのである。

また問題の多い『理趣釈経』の返答書については、澄法師や止観座主といった人物論が優先しがちであるが、密教固有の釈義について、これほど簡明に、歯切れのよい名調子で解説した文章は他にはないのである。「塵刹の墨、河海の水も、誰かあへてその一句一偈の義を尽すことを得むや、如来心地の力、大士如空の心に非ずよりは、あによく信解し受持せむや」（定本八―二〇一）として、一句一偈に無尽の義を具することを説き、さらに「理趣」の句義について、「しばらく三種あり、一は可聞の理趣、二には可見の理趣、三には可念の理趣なり。（中略）また次に三種あり、心の理趣、仏の理趣、衆生の理趣なり。（中略）また三種あり。文字・観照・実相なり。（中略）いはゆる『理趣釈経』とは、汝が三密、すなはちこれ理趣なり、我が三密、すなはちこれ釈経なり。（中略）また二種あり、汝が理趣と我が理趣とすなはちこれなり。（中略）もし我が理趣を求めば、すなはち二種の我あり、一は五蘊の仮我、二は無我の大我なり。（中略）もし無我の大我を求めば、すなはち遮那の三密すなはちこれなり。遮那の三密はいずれの処にか遍せざらむ。汝が三密すなはちこれなり。外に求むべからず」（定本八―二〇一～二〇三）。

この名文中の名文と評される文章の基調は、まず密教にあっては、一句一偈が無尽の義を具するということと、『理趣釈経』の深秘の義は「遮那の三密」すなはち「汝の三密これなり」、つまり汝の三密をおいて他のいずれに求めんとするかという、二点にかかっている。

そして有名な「秘蔵の奥旨は文を得ることを貴しとせず、唯心をもつて心に伝ふるにあり、文はこれ糟粕、文はこれ瓦礫なり。糟粕瓦礫を受くればすなはち粋実至実を失ふ。真を棄てて偽を拾ふは愚人の法なり」（定本八―二〇三）という一節には、密教の秘法授受の規則と越法罪が示されている。

これらの文章の時期を特定することは難しいが、少なくとも、いかにしても一句一偈の義を述べ尽くしえないとする規定が、まだ定型化される以前であることは明らかである。また、弘仁七年（八一六）には最澄の『依憑天台集』序が成立しているところから、この返答書の成立を、無造作に遅らせることには問題がある。この書簡のポイントは、畳みかけるような「理趣釈」・『理趣釈経』の釈義にあるが、いかにも斬新で型にはまらないその筆法から察して、あるいは弘仁四～五年のあいだとするのが穏当ではないだろうか。

弘仁五年（八一四）の『字母釈義』は、初心者向きの悉曇解説書ではない。各種の全集が、この一篇を主要著作と切り離して編集するため、空海思想にとって梵字や悉曇が、どういう意味をもつかを検討する機会がこれまで乏しかったようである。まして梵字悉曇の習得が、初心者の必修すべき単なる実技として受け取られる風潮がつよいため、空海が梵字真言を重視し、日本では最初にまとまったかたちで請来された意図もほとんど忘れ去られている。

しかし、五字真言の種子が、千二百年このかた五輪塔や塔婆に書かれて、大日如来の聖なる象徴としていまもって崇められている。また六字の名号が、日本のことばより身近なことばとして、老若男女に唱え続けられている。これらの種子、名号は、いずれも梵語、つまり神聖なることば（聖語）として請来されたものである。その神聖なることばが、聖語・真実語と称される理由は、真言がまさしく真言である根拠は何であるのか。空海はその問いに、真剣に立ち向かったわけである。

実技としての梵字であれば、大師請来の『悉曇字記』（智広撰）で十分であろう。ところが、空海は、この『悉曇字記』の引用する玄奘の『大唐西域記』の説を批判して、梵天所製の「悉曇章」を梵天より授かったとする説は、元由（起源）を解さぬ世人流布の妄説であるという。『大日経』によれば、如来の所作でも梵天・諸天の所作でもない、「この文字は自然道理の所作なり」（定本五―一〇一）とある。この法然の文字を、『瑜伽金剛頂経釈字母品』（以下『字母品』とする）『大日経』に説くときは、五十字門・二十九字門のごとく、字と音と義が合わせ説かれている。とくに第三の義（字義）を、空海は、インドとは違って、漢字の字義という意味で捉えたわけである。梵字の種子が、それぞれ曼荼羅の仏たちに特定されるように、それぞれの字母（シラブル）に特定の意味を張りつけたわけである。この梵漢の混淆によって、『字母品』などの字義が空海様の字母釈義に読みかえられるということになった。この操作を、梵語学は認めないであろうが、法曼荼羅の種子と同様、阿字門などの字母は、空海にとってあくまで自然道理の所作、つまり本有自然の理法の自己開顕と映ったのである。一一の文字が、イデアのように真実の意味と実在性をかね備えるものとして捉えられたのであろう。この斬新で奇抜な発想が、空海の文字ことば観を独自固有のものへと発展させる動因となった点は注目すべきであろう。

空海は、とくに「梵字悉曇」を指して「本有・自然・真実・不変・常住の字」（定本五―一一一）と規定し、これを真実語・聖語の成立条件としている。世間流布の文字と根本的に異なる「本有・自然・真実」の文字、つまり如来や神や天のいずれによっても造作されることのない文字の発見は、空海にとってほとんど決定的な意味をもつものであったに相違ない。真実の文字は、一切の造作を離れ、それ自体としておのずと成れるものである。一切の造作を離れるとは因縁生でなく、縁起的・相対的な世界連関をこえることである。真実なる文字ことばは、縁起の世界、世間的な相互連関の世界をこえた、絶対の文字ことばだということである。絶対とか超越の文字を根拠づける学説は、漢字・漢語の世界ではなく、ただ、空海のいう『金剛頂経』や『大日経』にのみ、それが説かれているというわけである。空海の真言・陀羅尼・聖語観は、この造作するもののない、本有自然にして真実なる文字がある、という確信とその証言に拠っていたのである。のちの如来の真実説法も、この造るものなき文字と不可分の関係にあるもの。そしてこの真実なる文字が、法曼荼羅における法（種子）の根底となるところの、無相・自性の種子と、おそらく同一視されるものではあるまいか（『広付法伝』は別の機会に譲る）。

一　志学から中寿へ

志学・而立・不惑、いまではもう常套語となり日常化したこの『論語』のことばが、人により場合によって、思いがけない決定的な意味をもつことがある。

空海の場合、「余、年志学にして外氏阿二千石文学の舅《おじ》に就いて、伏膺鑽仰す」（『三教指帰』序・定本七―四一）という有名な一節がある。福永光司氏の現代語訳によると、「私は十五歳のとき母方の叔父で禄高は二千石、親王府の文学という職にあった阿刀大足について学問にはげみ努力研鑽した」（『空海　三教指帰ほか』〈中公クラシックス

Ｊ16〉二〇〇三年、三頁）とある。これを受けて、『続日本後紀』の「空海卒伝」は、「年十五にして、舅の従五位下、阿刀宿禰大足に就いて、文書を読み習ふ」（国史三―三八）と書いている。むろん記事の内容はまったく変わらないが、さきの空海の自伝的文章のもつ味わいが消されて、事実だけを記録する文面になっている。

伊予親王の侍講をつとめる叔父の阿刀大足に師事し、したしく学問の手解きをうけ、一所懸命に勉学にはげんだ日の胸の高鳴りを、自伝の文章は伝えているようにみえる。その薫陶、またその薫陶をうけた感激は、空海の生涯にきわめて大きい、いや測り知れないほどの影響を与えることとなったにちがいない。空海の志学十五歳は、こうして文字どおり、学問に目覚め、学問への志向を始めた年齢だったわけである。最高に恵まれた環境のもと、少年空海は、儒教をはじめ中国文化の吸収に余念がなかったことであろう。

そしてこの学問の研鑽が、やがて当時第一級の詩人、文学者へと導いたわけであるが、じつは世間の学問・文字だけでなく、密教というインドの最新の仏教を請来して、これを日本に定着させるに当たって甚大なる寄与を果たしたことも、忘れられてはならないであろう。出俗入真、世俗の学問を捨てて、出世間の山林修行に没頭したという伝承にひかれて、国際的文化人としての空海を見落としたり、真言宗の開祖としての空海にのみ光をあてようとする通説は、再検討を要するのではあるまいか。

たしかに志学十五歳について、堂々と格調たかい文章を書いた空海も、而立三十歳についてはまったくなにごとも語ろうとはしなかった。三十一歳で急遽、留学僧に加えられた空海は、遣唐大使の船に乗り、かねての宿願を果たすべく入唐の途についた。九死に一生をえて福州にいたり、大使一行とともに長安に達し、翌年、大使一行と別れて般若三蔵や牟尼室利三蔵についてインドの言語・宗教・文化を学び、恵果のもとで五部灌頂をうけ不空の密教の奥旨を授かる。遍照金剛の灌頂名を授かった空海は、もはや空海にあらず、伝法阿闍梨の職位をうけて、密教の正嫡となったわけである。この稀有にひとしい至福の体験を前にして、世間にいう而立三十歳の節目のごときはまったく眼中になかったといって過言ではなかろう。それ以上に、高く世間を超えて、出世間の新しいおしえを請来し、恵果の遺命どおり弘法利人の重責を果たす悲願が双肩にのしかかっていたにちがいないからである。

その空海が、帰朝して七年、不惑四十の歳には詩と文章に託して、その感慨と心境を述べようとしたのである。題して「中寿感興詩幷序」、弘仁四年（八一三）十一月の作品一篇がこれである。中寿は四十歳というから不惑の年であり、空海も四十歳を指すために不惑の文字を用いている。しかし『論語』では「四十にして惑わず」とあり、自信にみちてわが道をゆき、迷うことがないの意であろう。空海は、せっかく請来したすばらしい宝物を抱きながら高雄山寺に隠棲し、新しい密教について黙して一語も語ろうとしない。この深い沈黙のさなか、空海の不惑、惑わず公然と臆することなくいいうるものがあるのか、きわめて不審である。そのためか、不惑の字は用いるが、ただ一度四十の同義語として使うだけである。

中寿が四十歳だとするのは、この不惑の一字による。というのも、中寿とは、もと人の寿命を上・中・下に分けていったもの。中寿は八十歳、一説に百歳、また九十歳、七十歳、六十歳ともいうとある（諸橋轍次『大漢和辞典』〈修訂版〉巻一、三〇一〜三〇二頁）。空海が座右に置いた『不空表制集』では、「不空、今者《いま》、年、中寿を過ぎたり。未だ夭逝となさず」（定本一―九六）とあって、「不空はいま年七十を過ぎており、もはや若死にということはありません」の意と解される。これは『淮南子』の説に基づいて七十歳としたものである。つまり、中寿の原意には四十歳は含まれていなかったのである。

ところが、仏教の方では、釈尊入涅槃の齢八十歳の半ばを指して中寿と解するわけであるから、中寿四十歳は間違いではない。しかし仏教でいう中寿には、長寿の賀、算賀という意味はまったく含まれてはいないのである。それを中寿の感興詩というのは、世間にいう四十の賀なる意味をふまえて、五八の賀を空海も祝おうという趣旨に基づいている。中国と違い、日本では四十歳を長寿の賀として祝う風習が行われていたようである。『懐風藻』に収まる「五八の年を賀する宴」一首（『懐風藻・文華秀麗集・本朝文粋』〈日本古典文学大系69〉岩波書店、一九六四年、一七一頁）はその例証であろう。

こうして中寿四十歳が、五八の賀という意味を兼ねることによって、初めてこの一篇の詩文章は、世間の祝宴にあたる山中の楽土を描写するものとなったのである。このように中寿にこだわったのは、じつは四十歳をあらわす文字が複数あって、それぞれの背景と結びついて、相互に別の意味連関を示しているからである。また同一の文字がまったく別の意味をあらわし、それぞれ一義的に規定しがたく、融合、融会する必要がある。文字ことばの遊びに似て、なかなか意味深長なところがあるかに思われてならない。文字ことばの意味の変換、もしくは意味の差しかえということでもあろうか。仏教語の中寿は四十の賀でないが、四十歳の節目として祝賀にふさわしい年である。出世間の節目と世間の節目は一つではないが、互いに対応するところがありうる。世間と出世間を区別する立場からはずいぶんと問題であるが、より高い次元からは、おのずと融和しあうものである。中寿の一句をめぐって、意味の垣根をとりはらい、世間と出世間の断絶をのりこえる、意味の変換劇ともいえる場面が展開するかのようである。

さらに、空海は四十歳が人生のコースの転換点であるという例をあげて、中寿の含蓄を深めようとはかる。「士流はこの日強占し、羅門はこの歳勇進す」（定本八―四三）。『礼記』によれば「四十を強と曰ふ、而して仕ふ」とあり、四十歳にして任官するのを強仕と名づける（白川静『字通』平凡社、一九九六年、三二六頁）。強占は不明、強仕と解すれば「中国の士大夫は四十歳で任官して官職につき、インドのバラモンは四十歳のころ、家業を譲って家族のもとを離れ、進んで林棲の生活に移る」という意味であろう。いずれも人生の転機にあたり、生活様式が変わる時節だというのである。これらの例示は、中寿の意味を加増するというより、もともと四十歳が人生の重要な転換期なのであるから、賀を祝い酒宴をはって祝福するのであるという根拠づけの試みだったかもしれないのである。その人生の転機を、ここでは中寿と呼ぶのだと読むこともできそうである。

二　「中寿感興詩并序」のことば

中寿の一句について、いくらか詮索を試みたが、要は中寿それ自体は古いことばであるのに、それが空海の手にかかると、意味が変換され、一種の記号文字、あるいはイメージ語として再生されているということなのかもしれない。こう考えてみると、この一篇の主題となっているものが、すこし見えてくるように思われる。

単純に考えると、一方で四十歳（不惑）に関連することばを集めて、意味の違いにかかわりなく包括する。他方では、四十歳をあらわすそれぞれのことばが一義的で限定された意味しかもたないために、別の新しいことばですべてを総合する、そんな手法が採用されているようである。ただその総合する新しいことばが、記号化され、イメージ化されて、実際には特定の意味に結びつかなくなっているわけである。だから、表題の中寿は、四十歳と結びついた、そういう包括的な意味を示すイメージ語と解すべきかもしれないのである。これを単に四十歳と読んだだけでは、一篇の意図が把握できないことになるであろう。このイメージ語は、空海の新しいことばと考えることができるかと思う。どうやら空海のいう中寿という新しいことばが、ここでは意外に重要な役割を果たしていたということかもしれない。

この新しいことばとしてのイメージ語を、空海は『文殊讃仏法身礼』の五八の頌の深秘の意味を集約した「一百二十礼」というかたちで示し、その方円二図と義注を撰したのである。通常の読み方とはまったく異なるしかたで偈頌を読み、その意味連関をたどる、それは一種の字輪観のような観想のしかたであるという。むろん事相にかかわる主題であるから、細目はよく解らない。ただここで注目されるのは円融を観ずる発想の転換ということであって、通常のことばの意味の変換ということではないであろう。それが子供にも解るように解りやすく示したとある。それはおそらく、文字ことばの記号化、図式化、そしてイメージ化ということに近いであろう。

そして空海は「冀ふところは生盲の徒をして頓悟せしめむ」（定本八―四三）と書き進める。生盲の徒は、生まれつき目の見えない衆生のこと、その衆生をして眼を見開いて頓悟せしめんというわけである。迷から悟への段階的過程が必要であれば、頓悟ということは成りたたない。頓とは、衆生がほかならぬ本来の自己に目覚め、自己をあるがまま知ることである。どこまでも自から他へでなく、自から自へかえるというところで、頓が成りたつわけである。

ところで、同じ時期の『秘密伽陀』には、「衆生は盲瞑にして心仏に迷ひ、自ずから無尽の珍（宝）あることを識らず」（定本四―二四二）とあり、また翌年成立した『字母釈義』には、「一切の衆生はみな悉く無量の仏智を具足せり。然れども衆生は覚せず、知せず、この故に如来慇懃に悲歎したまふ。悲しいかな。衆生の仏道を去ること甚だ近きを。しかも無明の客塵に覆弊《ママ》せられ、宅中の宝蔵を解らずして、三界に輪転し、四生に沈溺す」（定本五―一〇五）とある。この一連の衆生観は、通常の衆生観とは抜本的な違いを示している。むしろ、衆生が一貫して本来具足している本来の自己のあり方を知らず、覚せず、そのために自己に背いて三界の汚泥に沈んでいるというものである。この本来の自己、つまり「心仏」「自心仏」という捉え方は、たしかに『大日経』の「菩提とは如実に自心を知るなり」の根本命題と一致する。心仏に迷うは、この本来の自己の倒錯であるところから、自己にかえる、自から自への還帰がつまり頓悟といわれている。ここでの頓は、時間的な速さでなく、構造的な近さをさす。そこで、衆生をして頓悟せしめんとの悲願が、衆生の迷える心仏に向かって発せられる。空海の掲げる四句の命題は、迷える衆生にとって矛盾と逆説、まったく顚倒せる世界の姿でしかありえない。これに対して、空海は真っ向から真実あるがままの世界を示してみせるというわけである。

(1)「三昧の法仏は本より我が心に具せり」
(2)「二諦の真俗は、倶にこれ常住なり」
(3)「禽獣卉木は皆これ法音なり」
(4)「安楽覩史、本よりこのかた胸中なり」(定本八―四三)

法仏は法身仏、大日如来、つまり絶対の超越的実在である。この法身仏はその自性のあり方において本来、わが心のうちに具わってあり不可分である(逆に、外に求める仏は真の仏ではない)。

世間と出世間の二つの真理、理法はともに呼応しあって永遠に変わることがない(国法〈王法〉と仏法、道は同じ、『秘密伽陀』)。

鳥・獣・草や木、すべて実在せるものは、法音、つまり法身仏のことばであり、象徴ならぬものはない。

弥陀の浄土も弥勒の仏土も、本来わが胸中にあって、西方十万億土の彼方にあるのではない。

この四句を評して、「十界の依正二報、悉く自心仏の名字なることを明す」とするのは坂田光全師である(『性霊集講義』平成新訂、高野山出版社、二〇〇三年、一二七頁)。まことにいいえて妙である。およそ仏・菩薩・声聞・縁覚と六道の衆生および環境世界のすべては、悉く自心仏のことば(言語表象)にして象徴ならぬものはないという。

本来、すべて存在するものは法身大日如来の名字、つまりことばであり象徴とするのが密教の根本方式である。これを自心仏の名字としたところに、あるいは空海の体験的自証の立場を読みとったものといえるかもしれない。

この四句は、経典のことばでも、論疏のことばでもない、まさしく体験のことばである。それは秘密曼荼羅の世界を、文字ことばによって表象する最初の試みである。そのことばは、体験と思索の結晶というべく、また詩人的構想力の至芸と称してよいであろう。理説によらず事象のありのままを、イメージのことばで表詮する、新しいことばの誕生、ここに詩人思想家空海の独壇場があった。

この四句が直截に示す真実の世界を、空海は山林抖擻の生活の場に即して詩的に描写する。木々の梢や谷にひびく音響はすべて諷経の声や鐘の音、枝や蔓の舞い姿、猿の演技もみごと、木の根に休み、松梢を食み、一碗の茶湯に泰然自若、天地の心を満喫す。山の侘び住居がそのまま仏たちの楽土、心境冥会の浄域にほかならないという。眼前の世界が宇宙を映し、仏たちの世界をあらわす。それはあたかも二重映しに似てしかも一なる世界の当体である。この山居の境涯に、自心仏の名字、顕われをみることもできる。

ただ古代の隠逸の士、許由や廬山の慧遠を理想とするも、かれらには、尭帝の恩、衆生の恩に感じ、胸を開いて感懐をのぶる詩心が欠けているとして「中寿感興の詩」を頌《うた》う。

　嗟《ああ》　余《われ》　五八の歳

長夜に円融を念ふ

浮雲何れの処よりか出ず

本是れ浄虚空

一心の趣を談ぜむと欲すれば

三曜天中に朗らかなり（定本八―四四）

九　『梵字悉曇字母并釈義』について

はじめに

ここでは、大師の著作中あまり日の当たらない、つまり解説の少ない一篇をとりあげてみようと思う。

旧『弘法大師全集』（祖風宣揚会編）では第二輯巻第七の末尾『御遺告』のすぐ前に配される『梵字悉曇字母并釈義』（以下『字母釈義』とする）がそれである。新しい『定本弘法大師全集』では第五巻、教学関係の末尾に配され、解説もきわめて簡略である。その解説の中で注目されるのは、十七世紀、つまり江戸中期に澄禅が開板した悉曇書の一部として『一行禅師字母表』と合本されたものが多かったとある。むろん『十巻章』にも収録されていないから一般の目に触れることも少ない。

また、研究書の引用もごく僅かである。松長有慶『空海　般若心経の秘密を読み解く』増補版（春秋社、二〇一三年）では注目すべき引用と解説があり、また大澤聖寛『空海思想の研究』（山喜房仏書林、二〇一三年）にも一部引用あり。古いところでは、北條賢三「吽字義をめぐる一・二の問題」（『豊山学報』二六・二七合併号、一九八二年）や氏家覚勝『陀羅尼思想の研究』（東方出版、一九八七年）が注目される。

どちらかといえば、これまであまり注目されなかった部類に属するが、この小篇は大師のその後の著作に大きな影を落しているのではないか、という思いが浮ぶのである。単なる独り合点かもしれないが、まずは纏めてみようと考えた次第である。

一　梵字幷びに雑文を献ずる表

さて『字母釈義』は、弘仁五年（八一四）閏七月二十八日の上表文「梵字幷びに雑文を献ずる表」に添えて、中国の書祖蒼頡の篆書や王羲之の隷書などと併せて、嵯峨帝に献上されたものである。このように大師が献上したという記録は他に見当らないから、ほとんど唯一のものと比定される。

そこでまず、上表文の方から見ていくこととする。その冒頭は、「空海聞く、帝道、天に感ずるときは秘録必ず顕はる。皇風、地を動かすときは霊文はじめて興る」つまり、国王の善政に天が感動する時には、秘録すなわち不思議な記録、文書があらわれ、またその徳望が地を動かす時には霊文すなわち神秘な文字が顕われると聞いている、と書き出す。たしかに古い伝承によれば、伏犠の徳政に応じて「竜馬」が現われ、その霊獣の背に負うた図によって「八卦」が生じたという。また黄帝の徳政に感じて現われた霊亀によって「亀書」が現われ、白氏少昊の徳に応じて「鳳鳥」が現われて「鸑鳳」の書が成立し、周の文王の徳に感じて「騶虞」という獣が出現して「虎字」が成ったという記録が残されているが、いずれも、国王の徳に応じて記号や文字が成立したわけである。やがて「三墳」、つまり伏犠・神農・黄帝という名君「三聖」の書が世に現われると、結縄つまり縄を結んで目印とする時代は終りをつげる。ついで「五典」つまり少昊、顓頊、高辛、唐堯、虞舜の書が現われて、刻木、つまり木に刻む文字の時代も終りをつげるにいたった。諸侯、聖王たちはこの三聖・五典という文字の恩恵によって徳風を拡め、世人を徳化するし、万民また仰いで古を弁まえ、新しい未来を推しはかることとなった。このようにして文字の恩恵によって文化が開かれ、国政が豊かになったわけである。まさしく温故知新（古きをたずねて新しきを知る）、進んで規範を示すものは書でなくて何であろうか。まさしく中国は書の国、文字の国に外ならない。

ましてや、仏教の祖国インドの梵字悉曇は「悉曇十八章」を備えて理法に適い、摩多（母音）、体文（子音）よりなる字母の構造などは仏の出現に先がけて定まっており、その字義は一切の仏智を含んでおり、その字相は法爾にして常住であり、その働きは一切衆生の転迷開悟の妙用をあらわす。それゆえ、三世の諸仏はこの法を尊んで師とあがめ、十方の菩薩はこれを身命よりも重んずるわけである。この文字の一言半句は法界の宝庫をおし開き、また宇宙に遍満するほどの宝物も、一言半句の教えの功徳には遠く及ぶものではない。いかなる障碍も、いかなる罪障も、ただの一字、一念をもってことごとく摧破してしまう。このように梵字という文字の意義と功徳は、まことに広大にして深遠このうえないのである。大師はこのように梵字悉曇について言葉をつくして賛嘆しておられる。

中国の文字のもっている文化的、国家的な意義や貢献に較べると、インドの文化や歴史、国家をこえた、宗教的意義が強調されているわけである。もっとも、大師の中国の古字や古語についての造詣はすこぶる深く、のちに『篆隷萬象名義』六帖を著わしたことが注目される。

そして有名な一節が示されてくる。「窟観の余暇に、時々印度の文を学び、茶湯坐し来つてたちまちに震旦の書を閲る」つまり私、空海は、インド伝来の観法を修する合間に、ときどきインドの悉曇文字をまなび、また新しく中国より伝来せる茶の湯を喫する合間には、中国の優れた書を観賞している。このたび、新たに将来した密教の修法、梵字悉曇の文字、さらには最近伝来したばかりの茶の湯と中国のみごとな墨跡、これらすべては当節舶来せる逸品ぞろいで、まことに鮮やかな手法と申すべきであろう。なかでも茶の湯は当時の最新の船来品、この時代にわが国に到来したばかりで、宮中や貴族のあいだで愛用されはじめた時期であり、大師のもとに最澄から茶が贈られたという書簡が残っており、当時のもっとも貴重な嗜好品とされる。

そのうえ、さらに、この当来品づくしに加えて、新たに請来せる中国の書の古典、蒼頡に始まる古い篆書や王羲之の隷書など、古い書体の名墨を観賞するたびに心がすがすがしくなってまいる。そこでこのたび、帝のお許しをえて、こうした古筆の名品にあわせて、『梵字悉曇字母并釈義』と真言の祖師、「大広智三蔵の影讃」をとり揃えて献上いたす次第である。

もし陛下が、ひとたび梵字をご覧になられる時には、梵字をつくった梵天の加護がすこぶる強固となり、中国の名墨をご覧下されば、書の神人蒼頡がご神体を守護したてまつること必定である。また民草こぞって天下泰平を讃嘆いたすことであろう。つまり、このたびの中国の書の古典とあわせてインドの梵字悉曇の到来という稀有なる事件は、国を挙げての慶事と申すべきであろうと結ばれている。

たしかにインドの文字が、ヒマラヤを越え東シナ海を渡ってはるばる到来したことは、まさしく奇跡にも等しい出来事だったと申すべきであろう。とりわけ、梵字悉曇は密教の根幹、真言そのものの原点であることを考えると、この上表文の高揚した気分もむべなるかなと思われる。

しかし、中国の文字の発祥と対比する手法が用いられたために、『字母釈義』と齟齬する見解が見えている。というのも、上表文では梵字悉曇の作者を梵天とし、書祖蒼頡を神人と並べ称している点である。『字母釈義』では、梵天説を玄奘の『西域記』の説とし、密教はこれを取らないとする。これは文字の興りを人間業をこえたものと解釈する立場から、中国の神人にあわせて梵天説が転用されたものと思われるが、やはり落着かないところである。

二　『字母釈義』

ともあれ『字母釈義』とは一体どういうものか、それが問題である。

まず書き出しは、玄奘の『西域記』にある「その文字は梵天の所作なり」という引用から始まり、義浄の『南海寄帰内法伝』によって「悉曇章は四十九字あり、ともに相伝わって十八章をなす。総じて一万余字あり」という文を引いて、一般の解説とする。

しかし、『大日経』には「この文字は自然道理の所作なり」と説かれている。そこで「諸仏如来は仏眼をもってこれ法然《ほうねん》の文字なり、と観察し実の如くこれを説きたまふ」とある。つまり『大日経』によって始めて、梵字悉曇は法爾自然の文字という真相が明かされたということである。

ただし世間の人は、この文字の「字相」つまり通常の表面的な意味のみを知って日常これを用いるにすぎず、これを世間の文字という。これに対して、如来のみはその「字義」を解して説かれるのであるが、もし「字義」つまり真実の意義を解しうるならば「出世間の文字」すなわち「陀羅尼」となるのである。

ではいったい「陀羅尼」とは何か。まずこれは梵語であって、漢訳すると「総持」、つまり総摂の「総」と任持の「持」という二字で示される。つまり一切のものを総括して摂取し、これを知って保持するという意味である。その心は「一字の中に無量の教文を総摂、つまり畳みこんでおり、一法の中に一切法を任持、つまり保持し、一義の中に一切義を摂持、つまり包含し、一声の中に無量の功徳を摂蔵、つまり包含している。それ故無尽蔵という、つまり底の知れない宝蔵なのである」と規定される。

この陀羅尼の規定は、親光の『仏地経論』第五の陀羅尼の定義を下敷にされたものである。そこには「陀羅尼とは念慧を増上し、よく無量の仏法をすべて任持して忘失せしめず、一法の中に一切法を持し、一文の中に一切文を持し、一義の中に一切義を持し、無量の諸功徳を摂蔵するが故に無尽蔵と名づく」（大正二六—三二五）とある。つづめていえば、一法、一文、一義の中に、一切の法と文字と義とを総括して、無量の功徳を包みこんだものであるから、無尽蔵すなわち底のしれない宝蔵と名づける。つまり陀羅尼とは、もと難解なる仏法の教えのすべてを記憶して忘失しない、つまり憶持不忘という不思議な妙用を基軸とするものであった。

これに対して、大師は陀羅尼を総持と訳し、やはり無尽蔵の功徳を挙げておられるが、その第一に「一言に一切経文を総摂する」つまり阿字なら阿字の中に一切の仏法がすべて納まっていると申される。これは『大日経疏』巻七にある善無畏のことば、「仏菩薩の所説のごときは、すなわち一字の中に無量の義を見す」（大正一八—六四八）に基づいており、これこそ真言の真言たる所以を示された一句である。つまり一字一文が限りなく多くの意味を含んで一切の教えを収納して無尽蔵であるという、まさに真実の功徳甚深をあらわすものであろう。

また「一声の中に無量の功徳を摂蔵せり」は、まさしくインド直伝の一音一声のうちに無限の法力、無尽蔵の功徳が籠っているという信仰に結びつくものであろう。これはのちの『声字実相義』の展開に結びつくにいたる。

大乗仏教が深遠なる哲理を追究したのに対して、密教は一字一声、つまり文字と音声のうちに計り知れない意義と功徳を認め、さらにその功徳を高く掲げるものとして登場したのである。しかし、何よりもまず大師の密教がこの陀羅尼の一字一声に重点をおくところから出発したという事実の確認が肝要であろう。

さらに、大師は無着の『瑜伽師地論』四五（大正三一—五四二）を引用して四種陀羅尼を示される。まず無量の経典の文句を憶持して忘れないのが法陀羅尼であり、経典の無量の意味をよく持して忘れないのが義陀羅尼であり、三昧の自在を得て呪文の神験を高め、種種の災患を除くのが呪陀羅尼であり、自然に妙恵を具足し、一切の法義に通達するのを菩薩能得忍陀羅尼と名づける。以上の四種は、無着の『瑜伽師地論』や親光の『仏地経論』などに、「人に約して釈せり」つまり修行者に即して陀羅尼の法を解説せるものである。

もし密教の建前からいうならば「法に約して」つまり陀羅尼の本義に即して四種の説が立てられる。第一に、一字の法が諸法のために指標となって、一字のうちに一切の諸法を包摂するのが法陀羅尼である。第二に、一字の字義の中に、一切の教えの真義をすべて収納する、これを義陀羅尼という。第三に、この一字を唱えるとき、すべての疾患を除いて、究極の仏果を得る、これを呪陀羅尼という。第四に、一切時にわたり一字を観念し暗唱するならば、あらゆる妄想を滅して本有の仏智を証得する、これを能得忍陀羅尼と名づける。いまは一字を挙げたが、他のすべての字についても同じ道理であって、たとえば易の一爻のうちに森羅万象があるがまま含まれているようなたぐいである。

つまり、総持の無類の効用が四種にわたって示されるわけである。その特徴は、字母の特性である根源性に準じて、あらゆる煩悩業障を滅して仏智の獲得にいたる直道という点にある。さきの顕の四種陀羅尼があくまで向上門の立場であったのに対して、この密の四種は直入門とも称すべき地平を開いている。つまり、陀羅尼は顕教から密教への転換軸と位置づけられている訳である。

ところで四種陀羅尼といえば、晩年の『般若心経秘鍵』の「総持に文義忍呪あり、悉く持明なり」(定本三―一〇)が想起される。松長説に従えば、これは「法義呪忍」の四種陀羅尼を受けたものと解釈され、この四種は無着の『瑜伽師地論』に端を発すると説明されている。たしかに「文」と「法」の字が違ってはいるものの、紛れもなく『字母釈義』の援用である。

しかし、『字母釈義』の趣旨の一つは、すでにみたとおり、総持説の提示にある。つまり古い陀羅尼説を批判してあらたに総持の真意を顕わすものである。四種の総持についても、例えば「一字の中に一切の諸法を任持せり」とあるのは密蔵の法陀羅尼であって、「瑜伽・仏地等の論」ではない。ということは『秘鍵』にいう「総持に文義忍呪あり」は、密蔵の総持には『字母釈義』に説くように四種があると解するのが妥当であろう。

ところが、この解釈もまぎらわしいとするのが栂尾祥雲の現代語訳『現代語の十巻章と解説』（高野山出版社、一九七五年、四二頁）である。これは「文義忍呪」を「一字、一義、一法、一声」と訳して、四種陀羅尼ではなく、総持の四つの定義が配されている。これはまことに素晴らしい卓見、まさに意表をつく達意の解釈と称すべきものであろう。ただこの名訳は松長説と符合しないところに問題が残るであろう。

ともあれ、陀羅尼は顕と密との接点、顕教から密教への転換軸と位置づけられたわけである。さらに密教では仏智にいたる途を開いて五種総持をたてる。すなわち聞持、法持、義持、根持、蔵持である。これらによって真実智が体現されるわけである。

たとえば聞持とは、一字の声を聞くとき、一切の法教および顕密の差別を知って聞き違えないこと。また蔵持とは、第九の阿摩羅識、すなわち仏性の浄識をいうとある。

ここにきて、総持とはまさしく仏智の次元をさすものに外ならない。かくして顕教の四智をこえて、密教の五智の地平が開かれる。五智とは、大円鏡智、平等性智、妙観察智、成所作智、法界体性智である。この五智より三十七智、そしてさらに十仏刹微塵数の一切智智が成立してくる。ということは曼荼羅界会の一切智智が現成するというわけである。さしずめ曼荼羅とは、陀羅尼すなわち真言の総体的な具象化ということとなるであろう。この真言即曼荼羅という捉え方は、のちの『声字実相義』の中で、「仏界の文字は真実なり、故に経に真語者、実語者、如語者、不誑語者、不異語者という。この五種の言、梵には曼荼羅という」（定本三―四〇）の形で出てくるし、また「密の五大とは五字・五仏および海会の諸尊是なり」（定本三―三九）ともある。

さらに、この曼荼羅観をふまえて「無量の智は悉く一字の中に含めり」とあるが、阿字が法身の種子とされることと同趣旨の規定といえるであろう。このようにして曼荼羅の骨格が示されると、必然的に「一切衆生は皆ことごとく無量の仏智を具せり」の一句に極まるほかない。これは最晩年の『秘鍵』冒頭をかざる「仏法はるかにあらず、心中にして即ち近し」（定本三―三）に通ずる大師の信念であった。またその末尾の偈頌「一字一文法界に遍じ、無終無始にして我が心分なり」（定本三―一二）もおなじ趣旨とする説もある（大澤前掲書二九六頁）。

ところが、衆生はおのが本性を解することなく、三界に流転し四生に沈溺している。この衆生を憐れんで、如来は方便をもちいて法をお説きになる。ところが、この字母は如来の所作でなく、自然道理の法であって、諸経典のごとき対機説法でなく、自然道理の所作である。これを如来がよく観じて、あるがまま実義をお説きになられたのである。

かかる実義を示す真言を漢訳することはもとより不可能だから、「真言を伝うる匠、不空三蔵等は、密蔵の真言を教授するに悉く梵字を用ひたまへり」（定本五―一〇五〜一〇六）となる。つまり一字一声のうちに無量の義を含む真実語を誤りなく漢字に移すことは不可能だから、真言に限って梵字を用いる外に方法はないとする。そのうえ、「（梵字）これを誦じこれを観ずれば必ず不壊の法身を証す」（定本五―一〇六）との一句が示されているが、その根拠はまさしく「諸教の根本、諸智の父母けだしこの字母にあるか」（定本五―一〇六）に極まっている。

三　梵字悉曇は密教の源泉

さて『悉曇囉窣都』つまり梵字の字母表は五十の字母と発音と字義よりなるが、最初の阿字にはとくに解説がついている。音は阿、訓は无・不・非。実義とは別に解説があり、「阿字というはこれ一切法教の本なり。およそ最初に口を開くの音にみな阿の声あり。もし阿の声を離れては一切の言説なし。故に衆声の母となす。また衆字の根本となす」さらに字義は「一切諸法本不生の義なり。内外の諸教みなこの字より出生す」（定本五―一〇六）とある。

つまり、阿字とはすべての文字のはじめ、文字で示されるすべての教えの根本である。およそ口を開いて発する最初の音はアの声である。アの声を離れてはすべてのことばは成りたたない。だからアの声はすべてのことばの母、またすべてのことばの根本であるという。そこで阿字の字義は、一切のものは本来、不生の生を根本としている。これこそが阿字の哲理であって、およそいかなる教説もこの阿字を根本とするのである。

これは、一切の文字の原初が、一切の存在の根源と、一切の理法の根本に他ならない、という阿字の哲理を示すかのようである。さらに『声字義』では、阿字が大日如来の種子という決定的な要素が加わり、密教の教説の中核の座を占めるにいたる。

最後に、字母の増成法が示される。一字より音声の転換によって十二字を生ずるのを一転と名づけ、また二合三合四合などの増加法があって、さらに転じてすべて一万三千八百七十二字となるという。つまり梵字とは、その本性上ほとんど際限なく拡張する文字なのである。

のちの『十住心論』巻一〇では、真言とは曼荼羅であって、大三法羯の四種曼荼羅のうち語密の真言法教について法曼荼羅心、つまり種子を示すとして、「いかんが真言法教、いわく𑖀字門は一切諸法本不生の故に」（定本二―三〇八～三〇九）以下三十四字の字義を配したうえで、各字に十二転声ありとする。この十二字は一一の尊の十二地である。また十二字のうち前後の四字と五点具足の一字を加え、それぞれ発心門、浄行門、菩提門、涅槃門、方便門に配される五字は一一の門の五仏、五智であるとする。

つまり、梵字の字母解説は一転して種子曼荼羅の構造を表わすものと解釈されて、五仏五智を中核とする壮大なる大宇宙の構想として解読されるわけである。

閑話休題、『字母釈義』は最後に要点の総括と功徳を掲げる。まず「この悉曇章は本有自然の真実、不変常住の字なり。三世の諸仏は皆この字を用いて法を説きたまふ。これを聖語と名づく。自余の声字はこれすなはち凡の語《ことば》なり」（定本五―一一二）つまり、ここに掲げた『悉曇章』は、本来あるがままの真実にして永遠に変わることなく常在する文字である。すべての仏たちは、この文字を用いて説法なされるから、これを聖語と名づけ、その他の文字ことばはすべて俗語とする。つまり天然の道理でなく衆生の機根に擬えた文字にすぎず、これに従うものを虚妄語、無義語と名づける。もし聖語に従うならば計り知れない功徳を得るであろう。

その功徳については、『大般若経』五三巻を援用して、二十のすぐれた功徳が列挙される。その最後に、「もし人あつて妄語せずして常に実語を修し、如来の真実の語を学むで速かに大覚の常住の身を証することを得むと欲はば、まさにこの実語の字門を覚るべし」（定本五―一一三）つまり、もし虚妄のことばを用いず常に真実の言葉を心掛け、如来のまことのことばを学んで、すみやかに覚者の永遠なる身体を覚証せんと願うのであれば、まさにこの真実の文字、つまり梵字悉曇字母を覚証するがよい。このように如来がことばをつくして丁重にこの字門を讃歎しておられる。それ故わずかながら幼い者のために要点を書き誌すしだいである。好学の士はどうか語りぐさに代えられよ、と結ぶ。

四　『字母釈義』献上の意義

大師は文字ことばの底知れない奥深さを感得できる類稀な達人であったと思われる。弘仁十二年の願文の一節に、「空海、性熏我を勧めて還源を思ひとす。（中略）精誠感あつてこの秘門を得たり、文に臨むで心昏うして赤県を尋ねむと願ふ」（定本八―一〇八）とある。秘門とは『大日経』のこと、「文に臨むで心昏し」とは経典の中の梵字悉曇が解読できないことを指す。つまり、大師の入唐求法の理由は『大日経』の梵字を解読するためとされている。そのかぎり、長安で大使を見送った後、まず梵字悉曇の習得に集中された理由も肯けるし、呉慇の『恵果阿闍梨行状』に「梵漢差《たが》ふことなく、悉く心に受くること、なほし瀉瓶のごとし」（定本一―一一二）と評されるとおりであったろう。ごく短期間のうちに、念願の梵語を習得されたものと思われる。

やがて帰朝して九年、まず『字母釈義』を嵯峨帝に献上したのも、新しい文字に対する関心からであろうか。中国の最古の文字と並べて印度の最古の文字を献上された姿勢からは、あらたに請来した密教の上表という意図は感じにくいようにも思える。ところが、陀羅尼・総持そして曼荼羅と並べて、『梵字悉曇字母并釈義』を配する配慮からは悉曇字義の体系を密教の核心とする、のちの構想も窺えるようにみえる。

ともあれ、嵯峨帝の書と文字に対する関心の深さを勘案して、『字母釈義』を示して密教の独自性を顕わすという筆法は抜群である。いうならば理より事を重視する密教の特性に適った措置ということができる。

また、法爾自然の字母は如来の説法という範疇には入らないとして、諸宗の立場を超えた仏法の根幹としての法身説法説への道を拓かれた点が注目される。その一方で、梵字の字母を説く華厳・般若・涅槃等の経典を『大日経』や『金剛頂経』と同列に扱って、のちの『十住心論』のように優劣をつけないところに初期の未熟さが認められる。また、末尾の『般若経』の援用も率爾にすぎるところがある。しかし、論の大綱としては的をはずすことなく、首尾一貫して梵字悉曇の意義が強調されている。ただ上表文と『字母釈義』では、梵字を梵天の所造とする説と法爾自然の所作とする説が対置される点で問題が残るであろう。

また上表文には『字母釈義』に表われていないところの梵字の意義・効用および無量の功徳が挙げられ、総じて「文字の効用」が賞讃されている。この点が『字母釈義』と大きく異なるところである。

そこには、中国の文字が現に果している絶大なる役割に較べながら、新たに請来された文字のもつ宗教的意義の大きさを強調しようとする意図が感じられるともいえる。いやまさしく、その点にこそ、『字母釈義』の献上の意義があったという訳であろう。まことにみごとな対応と申すべきである。

十　真言マンダラ私考

はじめに一言、高木訷元先生の古希を祝して一文を草せよとのことである。長い歳月にわたって筆者は、高野山大学と密教文化研究所の学恩に浴し、弘法大師の密教思想に親近することができた。さきに、高木先生に啓発されて、大師の生涯についての私見を述べる機会があったので、今回はおなじ観点から、大師の思想に光をあてることを試みた。さいわい、先生はじめ諸賢の御批正を賜わらば望外の喜びである。

一　問題の所在

近世以来のあたらしい問題のひとつに、真言はマントラか、それともマンダラかという周知のテーマがある。むろん、悉曇学の復活とともに、『十巻章』の研究のなかでも真言や梵字に関する考証が始まり、宗学の方でもこれを無視できない状況が起こったということであろう。

たとえば十八世紀を代表する悉曇学の集大成者、慈雲飲光は梵字のマントラ、マンダラを集めて比較し、真言を「応ニレ書スニ曼怛羅一。而モ作ルニ曼荼羅ニ一。是ヲ以テ此を後人の写誤とす」（慈雲全集八―九三）とする、有名な曼荼羅写誤説を唱えて、本文校訂をうながした。そのため、げんに宗学書は「真言の梵語を曼荼羅とするのは理解し難い」（小田慈舟『十巻章講説』上巻、高野山出版社、一九八四年、二一〇頁）といった解説を載せることが多い。この近世以来の論議については、たとえば森田竜僊『即身成仏の観行』（高野山大学出版部、一九四六年、三三一〜三六頁）を参照されるとよい。

ところが一方、このように単なる語学上の初歩的ミスといっただけでは片付かない、という議論があるために、問題は複雑な様相を呈することとなる。たとえば、芙蓉良順「真言について」（『密教学研究』創刊号、一九六九年）のごときは、宗学上の伝承に基づきマンダラ説の検証をすすめようとするものと思われる。そのうえ、新しい企画『弘法大師空海全集』第一巻（筑摩書房、一九八三年）の解説には、「すべての言語表現、諸思想はことごとく真言であり、曼荼羅の世界である」（七五〇頁）と、あきらかに真言マンダラ説に立脚した文章があらわれる。のみならず、すこしく注意すれば、この最晩年の主著『秘密曼荼羅十住心論』（以下『十住心論』とする）巻一〇、「第十住心」の構成が、あたかもマンダラ説を扇の要として、『辯顕密二教論』（以下『二教論』とする）と『声字実相義』（以下『声字義』とする）、それぞれの典拠たる『大日経』『金剛頂経』『大日経疏』の文章を網羅し、これを再編成するかたちをとっていることに気づかされる。

このようにみてくると、マントラかマンダラかという、一見とるにたりない問いが、みるものの立場により、異なる対応を迫られる、意外に根の深い問題であったことが、だんだん明らかになってくるから不思議である。あるいは、この単純きわまるテーマは、もともと軽々に論ずることを許さない、ある種の謎を秘めた問いだったのではないかという疑念まで湧きおこり、キリスト教学の「躓《つまず》きの石」ということばが連想されたりもする。それは、絶対の矛盾撞着に直面して、知性はつまずき、霊性は無心にこれを受け容れるというものであるが、弘法大師空海のことばのなかにも、ことによると難信難透、知者をつまずかせるものがあったのであろうか。

二　マントラかマンダラか

真言はマントラか、それともマンダラかという命題は、ほんとうは近世以来のものでなく、すでに空海の著作に含まれていたとする、従来からの指摘もある。たとえば『大日経開題』七本のうち、第二、第五、第七の各本には、つぎのような文章が出てくる。

真言とは梵に漫怛羅といふ。即ちこれ真語、如語、不妄、不異の義（『大日経疏』は音）なり。龍樹の釈論には、これを秘密号（または密号）といひ、旧訳に呪といふは正翻にあらず。（定本四―二一・四六・六二）

この文章は、わずか一字（義と音）を除けば、まったく『大日経疏』（以下『疏』とする）巻七具縁品第二之余（大正三九―五七九中）の一節と同一であるから、『疏』の引用であることはまず疑いようがない。

にもかかわらず、これを引用でなく地の文章と解するのであろうか、空海の著作には二種の表記があるという、マントラ、マンダラ二種説も成りたつとのことである。『大日経開題』七本中の三本と書いたが、これは『定本弘法大師全集』によるもので、旧全集本ではたしか二種の表記があったかと思う。さらに時代が遡ると、写本の表記も不確かなところから、さきのように慈雲が写誤説を唱えたことも十分首肯できる。

それでは、空海はこれを引用するにあたり、マントラ説を肯定して採用したのか、ということになると返答に窮する。なにしろ、開題類はまだ十分研究が進んでおらず、真偽問題も絡んで容易に決定しがたいというのが穏当かと思う。ただ、この引用箇所について、空海が熟知していたことは、『二教論』に龍樹の『大智度論』の二重二諦説を引用して、「密号名字相」を論じたことによって証明される。『声字義』では、この『疏』の文章に基づき、一部を修正、加筆したわけである。その詳細はのちに触れるとして、ひとまず、修正なり加筆なりの実例はあるか、という疑問が生ずるかもしれない。この点については、松長有慶「空海の引用文の特質」のなかで適切な分析が行われている。すなわち「なんらかの意図のもとに、原文に付加、削除などの改変を加えたもの」(『松長有慶著作集』第三巻、法藏館、一九九八年、三七頁)という一項目が、それである。この規定は、じつはたいへん重要な問題を示唆するものであるが、「なんらかの意図」というところに問題があるかもしれない。松長論文は、第三者の立場から公平な判断を示したものであろうが、空海の文章の場合、もともと原文の方が不自然で納まりがわるいから、これを改変するといった方が正しい事例もある。じじつ改変されてみると、自然で納まりがよく、原文がもとからそう書かれていたと思い込んでしまうほどである。自然とか不自然というとすぐ主観的、恣意的な判断といわれようが、ほんとうはそうではない。むしろ、ことがらの本性にしたがい、自然の道理にかなうということなのである。

ことばのうえでは、あきらかに真言はマントラである。これを『声字義』はまず真言を「真実〈語〉」に改め、つぎにマントラを「マンダラ」と変換する。「仏界文字真実」という文脈のなかでは、ことがらの本性上、真言やマントラは納まりがわるく、どうも不自然であるが、真実語・マンダラに変更すると、自然の道理にかない、きちんと納まるというわけである。謎解きはふつう、種を明かすと、たちまち謎ではなくなってしまう。ところが、このマンダラの謎は、種がわかってみるとかえって謎が深くなる、厄介な代物である。

この謎を解くために、さしあたり予備的な考察を試みておくこととする。ひとつには、『声字義』は、内容でなく形式的にみた場合、空海の著作のなかでどういう位置を占めるか、という点である。たとえば『二教論』『即身成仏義』(以下『即身義』とする)と比べて、『声字義』にはきわめて大きい特徴の違いがある。前二著の場合、両部大経を所依の経典とし、両部不二の立場をその指標とする、いわゆる空海の著作の基本的な形式が認められる。これに対して、『声字義』は、通説によると『大日経』および『疏』を典拠とする。いいかえると『大日経』を経証とし、「声字則実相、（中略）この義は大日経疏に具さに説けり」（定本三―三六）のごとく『疏』の説を拠りどころとするのである。このように形式上、前二著とは対照的であり、きわめて変則的である。ということは、もし通説のとおりとするならば『声字義』は、空海の著作とされるための基本条件を充たさないということにならないか。またもし、その条件を充たすというならば、それはどうして可能か。そのことがまず問題となるであろう。

たとえば、北條賢三論文によれば『声字義』『吽字義』にさきだち、「〝ことばに関する思惟方法の先駆的構格〟を確立していた」（「『梵字悉曇字母幷釈義』をめぐって」『豊山教学大会紀要』一二、一九八四年、一五頁）とされる『梵字悉曇字母幷釈義』（以下『字母釈義』とする）は、『瑜伽金剛頂経釈字母品』（以下『字母品』とする）と『大日経』を典拠として、「ことばをめぐる空海の宗教的心情を叙述し、真言密教における言語哲学の基礎的視点を示したもの」（同上三頁）とされる。この帰朝後の第一作が、すでに両部経典を所依として、両部不二を標榜する形式を整えていたと解するならば、どうして言語哲学の代表作である『声字義』が、おなじ立場を継承しないというのか、まことに不思議である。

むろん『声字義』には、『金剛頂理趣釈経』の名があり、「十界の文」の出典とされている。これを、両部経典の証拠とするかどうかは問題のあるところで、容易に決しがたい。むしろ、『字母釈義』の主題であった五十字門、つまり阿字などの悉曇字母とその字義に関連して、「かの真言王いかにぞ、金剛頂および大日経に説くところの字輪・字母等これなり」（定本三―四〇）の一節が注目されるであろう。空海の真言観は、もともとこの字母表を出発点として展開されたものであったからである。『声字義』の主題が、周知のとおり、声字則実相の義を象徴的にあらわすところの真言の考察にある以上、この阿字などの字母・字義に関する空海の研究成果は無視できないし、またそれが両部経典に依拠したという事実を忘れるわけにはゆかない。とするならば、この『声字義』もまた、両部経典を典拠とする、という基本条件を抜きにしては成立しなかったというべきであろう。

それでは、両部不二の指標はどこに求めることができるのか。その一例は、おそらく顕密の二義釈にみることができるかと思う。すなわち「顕の句義とは疏家の釈のごとし」（定本三―三七）、「密の義の中にまた重重横竪の深意あり、（中略）今しばらく一隅を示す。（中略）即身義の中に釈するがごとし」（定本三―三七〜三八）といったたぐいのものがそれである。大筋をたどれば、ここでは「疏家の釈」に対して「即身義の中の釈」をあげて、両者を対置させるばかりでなく、顕と密、浅略と深秘といった二種の解釈方法に、それぞれを対応させる。しかも、こうした対極的な思惟様式のもとに、あれかこれかの論理と、あれもこれもという論理の双方を包摂する工夫がなされている。ことがらを分明に区別する顕の論理と、重々無尽、横と竪の深意ありとする円融無礙、多元的ですべてを包摂するという密の論理、このような柔軟かつ複眼的ともいうべきディアレクティッシュな思惟方法が採用されているのが『声字義』の世界であろう。この重層的、かつ強靭なる思考は、一方で『大日経』と『疏』の用語を使いながら、他方、あくまでその意味内容、あるいは文脈、背景などに、『即身義』や『二教論』との関連を色濃く投影するものとなっているかのようである。

たとえば、つぎの有名な一節は、その文章の一字一句、ほとんどすべて『疏』のなかに出典をもつ。がしかし、この文章全体の色調は、『大日経』や『疏』の世界から、すこしくズレてはいないだろうか。

いはゆる声字実相とは、すなはちこれ法仏平等の三密、衆生本有の曼荼なり。（定本三―三五）

これに対応する『疏』の文章は、つぎのとおりである。

(1)「声字実相」は、『疏』巻七の「如来一一の三昧門の声字・実相は有仏無仏、法としてかくのごとくなるが故に、（中略）即ちこれ如来の本地法身なり」（大正三九―六五七上～中）

(2)「法仏平等三密」はおなじく「今この真言門の秘密の身・口・意は、即ちこれ法仏平等の身・口・意なり」（大正三九―六五〇下）

(3)「衆生本有曼荼」は、やはり「世尊、この三昧（入仏三昧耶）を証したまふ時、諦かに一一の衆生の心中の普門曼荼羅はみな我に等し、と観たまふ」（大正三九―六七五上）

これらの用語は、このように『疏』の文章に依ったものとみて、まず間違いないであろう。いずれも、声字則実相の核心的なテーマにかかわる法爾の真言相、法仏の三密、そして入仏三昧耶の三摩地といった、一連の深意の内部構造をあらわしたものである。これらのことばを選択し、みごとにまとめあげて簡潔な文章にまで結実させる、その力量にはただただ敬服するほかはない。

ところが、ひとたび『疏』の原文を離れ、こうして再編成されてみると、それぞれの用語に微妙なニュアンスのズレが生じてくるようにみえる。まず、(1)声字実相は、ここで初めて使用される用語であるが、そのことばの響きは、『二教論』の主題である法身説法、法仏のことばが一切に遍満する言語的世界のすがたを彷彿させるものがある。また法仏三密という『大日経』の根本命題は、そのまま衆生の三密との加持感応という実践の論理と結びつく一方、一切処に遍在して、すべてのものをあらしめる法仏のはたらき、『即身義』の「遊歩大空位」（定本三―一八）の深秘釈を想起させるに十分であろう。さらに声字（真言）の実義を覚って本有曼荼羅にめざめ、実覚智を証して衆生がすべて即身成仏する、この霊性的な覚醒を不断に願ってやまない、如来の大悲加被力が、あたかも二重映しのように現前してくるのである。つまりは、ことばの根源・実義の理論的な解明とひとつに、実践的な救済の悲願が、みごとに渾然一体となって読者を陶酔させる舞台が、声字実相の世界なのだ、と語りかけるがごとくである。
これは『大日経』のことばを丹念かつ整然と祖述する疏家の文章にはない、まったく新しい言語世界創造の担い手の自負と気迫の籠もった文章であり、その迫力の源泉はあくまで『二教論』『即身義』によって基礎を固めた、空海密教そのものの構想力に求めざるをえないであろう。

なるほど、そうすると『声字義』の典拠は『大日経』と『疏』にあり、とする通説の根拠は弱く、著作の基本形式を踏襲していることになるかもしれない。しかし、それは所詮、形式上のことにすぎず、内容的には、とくにその序説のごときは、「まったくこの『大日経』並に『大日経疏』の所説を、殆んどそのままに開示せられたもの」(栂尾祥雲『現代語の十巻章と解説』高野山出版社、一九七五年、二五六頁)とする説もある。この解説は、明快で懇切、すぐれた権威書であるが、すこし注意して調べてみると、やはり異議を唱える必要があるようにみえる。煩をいとわず、いまその該当箇所の要点を拾ってみよう。

(1)「如来説法必籍文字」は、もと『字母釈義』の「三世の諸仏は皆この字(悉曇章)を用ゐて法を説く。これを聖語と名づく」(定本五―一一一)による。『疏』は、如来説法のことばを「真実語」とする(大正三九―六五〇中)。

(2)「文字所在六塵其体」は『二教論』に引用する『釈摩訶衍論』の文「一切の万法は皆ことごとく言文なり」(定本三―九二)に近いか。

(3)「六塵之本法仏三密」は『二教論』にいう、「五大所成の三密の智印はその義無量なり。身および心智は三種の世間に遍満して、仏事を勤作すること刹那も休まず」(定本三―一〇五)によるか。

(4)「平等三密遍法界而常恒」の「法仏平等三密」は『大日経』の根本命題である。たとえば『二教論』の「毘盧遮那の一切の身業、一切の語業、一切の意業は、一切処・一切時に、有情界において真言道句の法を宣説したまふ」（定本三―一〇六）など。

(5)「五智四身具十界而無欠」は『二教論』に収める『瑜祇経』の「五智所成四種法身、（中略）三種世間に遍満して、仏事を勤作して刹那も休まず」（定本三―一〇四～一〇五）に基づく。

いささか不備ではあるが、主に著作関連を中心に出典を探ると、以上のようになる。予期に反して、『字母釈義』『二教論』『釈摩訶衍論』『瑜祇経』といった多様さに驚かされる。これは、さらに、用語索引が整備されるととうぜん、精密度を増すことであろうが、いかに空海の文章が、博覧強記、しかも自家薬籠中のものとして諸経論を自在に駆使するのみでなく、諸経論のことばをして語らしめようとしているかが明らかになってくる。それらの背景をたどると、はたして単純に『大日経』と『疏』の所説にしたがう、ということが納得されるであろうか。少なくとも、ここでは『声字義』にいたる空海の著作における蓄積のあとをたどることが、この序説を読むための不可欠の条件ではなかったかと考えざるをえないと思うのであり、また、いわゆる経・疏を典拠とするしかたが、けっして一様・単純なものでないことに気づかされる。むしろ、空海の場合、経・疏を拠りどころとするということは、それによって独自の構想を展開するための手段でもありうる。たとえば『十住心論』のように経・疏を編集して、独自の体系を構築することがある。ということは、典拠とすることと所説にしたがうこととは、別のことがらではなかったのか。通説はその半面の真理をみて、他面を見落としたということではなかろうか。

三　諸教の根本、諸智の母

いささか強引すぎる推理を重ねたのは、ほかでもない。従来の『声字義』の研究は、決まったように『大日経』および『疏』との関連のもとに検討されて、『二教論』や『即身義』との関連に光をあてることが少なく、空海の著作活動の一貫性を問うといった試みもなかった。そこで、もし見方をかえてみると、どんな問題が出てくるか、ひとつ考えてみようと思いついたわけである。

その結果、『声字義』では、通説によれば、前二著とは異なる形式が顕著であり、対立が目立つかのようにみえる。かれこれ対照するに、前者の方が、両部経典と両部不二という指標を掲げたとすれば、後者はどうやら経典と釈疏によって論を構成する、いわば経・疏・論という整合性を目指すかのようである。こうした形式の違いが、『疏』のとり扱い方の変化にもあらわれ、前者では、『疏』の消極的な評価、そして後者では積極的な評価と、はっきり分かれる。そこで、こうした顕著な変化にもかかわらず、基本的な連続性を認めることが可能であるか、という問いをたててみたところ、おおむね、非連続の連続ともいうべき連関をたどることができ、通説のように『大日経』および『疏』を典拠とするという主張は一概に認めがたいのではないか、という結論に到達したわけである。

もっとも、このような設問にはあまり意味はないという議論があるかもしれない。たとえば『即身義』の六大説について、宗家と疏家の説を会通することを求めるような場合には、『大日経』の解釈の基準は『疏』に求めるという準則がはたらいている。だから『即身義』が、独自の解釈を採用して『疏』の釈を斥けるといった考え方は常軌を逸している。したがって、はじめから『疏』によらない解釈の方式といったものは存在しないのであると。

しかし、実際には、『即身義』と『声字義』のあいだには特徴的な違いがいくつかあって、そのひとつが『疏』のとり扱い方である。あきらかに、前者における消極的な評価が、後者では積極的な評価に変わっている。筆者は、かつて『疏』のとり扱い方について、三つの型を推定して、(1)『疏』によらず、(2)『疏』にしたがう、そして(3)『疏』によって、『疏』をこえる型を区別したことがある（拙稿「お大師さまの『大日経』観」本書二四七～二七五頁参照）。いま、これを適用してみると、『即身義』は(1)の型であり、『字母釈義』『吽字義』は(2)の型、そして『声字義』『十住心論』は(3)の型に当て嵌めることができるかと思う。

それにしても、こうした『疏』のとり扱い方の変化は、いったい何を物語っているのか。とりわけ『声字義』で初めて「疏家の釈」が紹介され、半ば肯定的、半ば批判的にとり扱われるのは何故であろうか。

おそらくは、弘仁年間の空海が置かれた状況に基づくのであろう。とくに大同元年（八〇六）の年分度者の制定によって、天台宗に止観、遮那の二業が公認された結果、おくれて帰朝した空海の請来した密教は、きびしい選択を迫られることとなった。既成の天台遮那業と密接な連携をはかるか、あるいは固有の基盤を確保して、公認の機会をまつか、そのいずれかの道しか、空海には残されていなかったのである。九州逗留の期間が長かったのも、結局は中央で容易にその去就を決する妙案が見出せなかったことに起因するのではなかろうか。

それだけに、大同四年（八〇九）、嵯峨帝の即位後まもなく、空海に対して新請来の経巻・仏像の返却が許され、真言伝授の宣旨（高木訷元『空海　生涯とその周辺』吉川弘文館、一九九七年、一一五頁）を賜わったということは、まさに僥倖と名づけるほかのない恩恵だったと思われてならない。この宣旨のゆえに最澄との交友が開始され、十二部の経典借覧も実現し、やがて高雄灌頂への道が開かれ、また空海の弟子養成も可能となったわけである。あたかも死中に活をうるごとき稀有にして宿命的ともいうべき、この法恩に感謝して、嵯峨帝を迎えて盛大な法筵を開くのは弘仁十二年（八二一）のことに属するが、まず最初、請来した新仏教の披露に及んだのは、弘仁五年（八一四）の上表文「梵字幷びに雑文を献ずる表」（閏七月二十八日）と、『字母釈義』一巻の上進ではなかったであろうか。このとき、「文字の義用、大いなるかな」（定本八―六三）と書いて、梵字悉曇の測り知れない妙用と、「真言とは何か、また何故、真言のおしえでなければならないか」という大文章を、だれよりもまず当代第一級の文化人であり、最高の外護者である嵯峨帝に、献上した。そこで、空海は、天台遮那業に対して、明確なる一線を画するために、あえてみずから請来せる悉曇文字を「三世諸仏がこの字を用いて法を説かれた」「聖なることば（聖語）」（定本五―一一二）として掲げ、「悉曇章」の解説に『大日経』と『金剛頂経』および大乗諸経論を配するという、じつに周到かつ大胆な構想を編みだしたのである。この両部経典に基づく、「諸教の根本、諸智の父母」（定本五―一〇六）としての聖なることば（法爾の文字）の解明が、つまりは真言の理論的基礎づけにほかならないことを、帰朝後の第一作として撰述し、これを嵯峨帝に献じたことの意味はまことに甚大である。

四　両部不二の指標

空海は著作活動の第一歩を、こうして『字母釈義』から踏みだしたのであるが、このとき、すでに最澄の理解の遠く及ばない独自の基盤を築きあげていたことは無視できない。『勧縁疏』『二教論』『即身義』は、おそらく、この独自基盤を理論的なしかたで確立させる手続きだったといっても過言ではないだろう。それらは一貫して、両部経典に経証を求め、両部不二を指標とする形式を継承するものであるが、その発端は、さきの『字母釈義』のうちにすでに認められた。

しばらく、この両部経典の融合をはかるという独自の手法に注目してみると、空海の著作活動における、いわば龍骨のような役割を、それが果たしている実態がよくわかるように思う。その関連資料を表示すると、およそつぎのとおりとなる。

ⓐ『字母釈義』（定本五―一〇六～一一三）

「諸教之根本、諸智之父母、蓋在此字母乎。所得功徳不能縷説、具如花厳・般若・大毘盧遮那・金剛頂及涅槃等経広説。（中略）如来慇懃説歎此字門」

ⓐ′『声字義』（定本三―四〇）

「彼真言王云何。金剛頂及大日経所説字輪・字母等是也。彼字母者、梵書阿字等乃至呵字等是」

ⓑ『二教論』巻下（定本三―一〇三～一〇七）

「金剛頂一切瑜祇経云、一時薄伽梵金剛界遍照如来、（中略）以五智所成四種法身、（中略）大毘盧遮那経云、一時薄伽梵、住如来加持広大金剛法界宮、（中略）〈此文明大日尊三身、遍諸世界作仏事（以下略）〉」

ⓑ′『十住心論』巻十（定本二―三二一～三一八）

「（大日）経云、一時薄伽梵、住如来加持広大金剛法界宮、（中略）又金剛頂経云（中略）以五智光、照常住三世無有暫息平等智身（以下略）」

ⓒ『即身義』（定本三―一九～二〇）

「大日経所謂、我覚本不生　出過語言道（中略）又金剛頂経云、諸法本不生　自性離言説（中略）此亦同大日経」

ⓒ′『秘蔵宝鑰』巻下（定本三―一六八～一六九）

「又（大日経）云、爾時毘盧遮那世尊、入於一切如来一体速疾力三昧、説自証法界体性三昧言、我覚本不生（中略）已離一切暗　第一実無垢（中略）又有百字輪十二字等真言観法三摩地門及金剛界三十七尊四智印三摩地。即是大日如来極秘密三昧。文広不能具述」

ⓓ『即身義』（定本三―二四～二五）

「大日経説、一切如来有三種秘密身、謂字・印・形像、（中略）若依金剛頂経、説四種曼荼羅（中略）若鑄・若捏等、亦是亦名羯磨智印」

以上の引用箇所を『大正蔵経』によって示すと、それぞれつぎのとおりである。

ⓐ『字母品』（大正一八―三三八中～三三九上）

『大日経』巻五字輪品（大正一八―三〇中～下）

ⓑ『瑜祇経』巻上（大正一八―二五三下～二五四上）

『大日経』巻一住心品（大正一八―一上）

ⓒ『大日経』巻二具縁品（大正一八―九中）

『三摩地法』（大正一八―三三一上）

ⓓ『大日経』巻六説本尊三昧品（大正一八―四四上）※「仏言秘密主、諸尊有三種身、所謂字・印・形像」

『十八会指帰』（大正一八―二八五中）

『般若理趣釈』（大正一九―六〇九中）

この表は、いわば両部不二の弁証論ともいうべき性格を示す一方、くり返し反復してあらわれる主題曲を連想させるに十分である。ここで両部不二の弁証論といったのは、『字母釈義』から『即身義』にいたる著作活動が、ⓐⓑ

ⓒⓓとそれぞれ両部不二の主題を究明する、まずもって軌道設定の作業に当たっており、『声字義』から『十住心論』『秘蔵宝鑰』にいたるⓐ′ⓑ′ⓒ′が、あたかも両部不二の地平からの展望を確認する作業に当たっていること、そして、これら二つの作業を通じて、両部不二という基本構想が理論的に検証されたことを意味している。さらに、この表にみるかぎりでは、空海の思想形成は『即身義』までの前半部と、『声字義』以降の後半部の二期に分かれ、大きく様相が変化すること、また『十住心論』が、この二期を総括する位置にあることがわかるであろう。

こうして何度もくり返された主題を要約すると、ⓐ梵字（諸字門）、ⓑ法身説法、ⓒ法仏自内証智、ⓓマンダラとなるが、ここには空海の目指した密教の理論体系の礎石がほぼ網羅されており、これらが、いわば教理体系を構築するための布石、つまり空海の密教理解を読みとるためのキーワード（秘鍵）といって誤りないであろう。

むろん、ここに表示した命題は、いずれも両部経典から共通項を任意に抽出したというたぐいのものではない。そうではなくて、それぞれの経典における主要な命題が、奇しくも呼応しあって符節を合わすかのように照応するところから、これら命題を骨子とする真の密教理解が可能となることを、空海自身が確信していたという証言と解すべきであろう。しかも、これらの命題に凝集された両部不二のイメージが、まさしく恵果の構想せる両部曼荼羅の理念と符合することに、深い感動を覚えずにはいられない。こうして師資ともども、両部不二は、単なる理念でも題目でもなく、あくまで具体的、即事的なかたちで直指されうるものとして提撕された点が閑却されてはならないと思う。

この表の立ち入った検討は、別の機会に譲るとしても、やはり『声字義』の位置づけだけは確認しておく必要があろう。『即身義』までの著作の流れは『声字義』において一転し、基礎的解明の段階から、あらたな理論構築の段階へと推移し、現象学や解釈学の手法が表面化してくる。しかも、興味深いことにⓐの主題をめぐって、『字母釈義』にみられた「諸教の根本」という主張が、再登場するかのように、華厳や天台の哲学・理論との対決をへて、それらを包摂し、かつは超越する法爾自然なる真実在のことばという地平から、全仏教を総括するための、あらたな理論探求が開始されるごとくである。このようにして『声字義』は、ちょうどコースの折り返し点にあたっており、弘仁十二年（八二一）の両部曼荼羅の新修、『広付法伝』『略付法伝』と真言七祖像の補完といった作業とあいまって、おそらくは秘密荘厳の世界がその全容をあらわす時期の開幕をつげる象徴的な著作だったのではあるまいか。とりわけ、不空＝恵果の相承に、善無畏＝一行の相承を融合させる『略付法伝』の構想は、経・疏・論という三・一構造の整合性を目指す『声字義』の新形式とみごとに呼応するものがあり、あいともに両部不二の指標のうちに編入されるのを当然視する、空海の平衡感覚のあらわれと解釈することができる。ではあるがしかし、もしこの時点で、『略付法伝』の構想と『声字義』における善無畏・一行『疏』の積極的評価が並行して浮上したとするならば、さきの独自基盤を揺るがさないまでも、きわめて由々しき大事出来といわざるをえないであろう。

なぜなら、「新来の真言家は筆授の相承を泯ぼす」（伝教三―三四四）と『依憑天台集』序（弘仁七年）に書いて、経軌の書写を拒み、真言宗沙門一行の『疏』を顧慮することのない空海の密教理解をきびしく批判したうえ、『内証仏法相承血脈譜』（弘仁十一年上進）に天台沙門一行の名を連ねる最澄に対して、空海はこのたびは、天台の教理に依拠することのない密教理論をもってする応答を迫られていたからである。つまりは、善無畏の『疏』を密教的な深秘の説として評価し、同時に一行の天台による解釈を超える、あらたな『疏』の弁護、弁証が、まさにこの時期、緊急の課題とされる状況下にあったのである。

このような背景を考えると、真言七祖像・『略付法伝』の構想と『声字義』の撰述は、目にみえない絆でかたく結ばれていたという推定が可能である。従来の研究は、『十巻章』を一枚岩のように捉えて、著作の流れや背景については一切考慮を払わなかったから、空海が『疏』のとり扱い方にきわめて慎重を期し、一行の解釈でなく善無畏の解説を直接聞きとろうと腐心したことなどは夢想だにせず、一途に『経』を読むとは、『疏』を読むなりと断言してはばからなかったのであろう。しかし、曇寂は『即身義』に、『疏』とは異なる空海独自の立脚点を認めていたし、慈雲は、新義・古義の説にとらわれるなと警めた。かれらには、あるいは『疏』によって『疏』をこえる空海の手法が理解できたかもしれない。いや、かれらにとって、ことはさらに深刻であったというべきであるかもしれないのである。古人が教相とは宗門のかざりであると喝破したとき、すでに大師の本意を汲むということに、ある種の危機感を覚えていたと解釈できるからである。

小稿では通説といって、これまで先徳の名をあげず、いわゆる経・疏か十巻章かという古来の問題にも触れなかった。もし教理・教相という権威（ドグマ）に基づく護教論を密教研究と呼ぶならば、小稿の立場は、おそらく密教学でも真言学でもないし、密教研究という名称も当たらないであろう。空海の宗教思想は、もともと宗派の枠組を超えて、仏教の真の根源に迫ろうとするものであったから、顕密教判にとらわれ、『経』・『疏』だ、『論』だという立場ではとうてい、包みきれないところがある。そこで、あえて通説の名でまとめ、これを権威とせず、吟味の対象としたわけであるが、通説には、それぞれが、よってたつ立場なり、前提があるという単純な事実を認めず、自己を正統化する独断論に陥りやすい弊害があった。通説のこの無批判と独断が、密教研究の閉塞状況の原因とならなければ幸いであろう。

五　真言即マンダラとは

ずいぶん長い回り道のすえに、ようやく、マントラかマンダラかの検討に入るところまでたどりついた。思えば十七、八歳のころ、空海の著作に接して以来、わだかまっていた疑問が晴れて、うすぐらい密林の奥から、すっと峠に出た想いである。先徳や諸賢の解説、論文のたぐいに賛同できないことにギャップを覚えながら、その正体がつかめず悪戦苦闘を重ねたことがまるで嘘のようである。ただ、薄明のうちにぼんやりと目に映った、この主題を追究する途中で、すこしずつ霧がはれて、はるかな連峰をのぞみ、やがて視界が拡がったことに気づかされたというわけである。

ことは簡単であって、空海の著作活動についての基礎研究が、なぜか停滞したまま放置されていたにすぎない。師資相伝の宗学に身をゆだねた学僧たちの遺産に執着して、祖師の生の息吹に触れようとする野心的な冒険家が出なかっただけのことであろう。いや、むしろ体験と法験を求めて、思索を二の次にするという伝統があったのかもしれない。なぜなら、このすぐれて独創的な体系的思想家の著作は、宗派性の枠をはるかに超出する危険性をはらみ、また安易な本覚思想に堕する可能性を否定できないのである。秘すべきは秘するがよし、と関係者が考えたとしてすこしも不思議ではない。ところが、問題は近世以降、あらたな学問を摂取しながら、どうして古い宗派の学問という枠組みを墨守するのか、という一点にかかっている。その証拠が文献解釈の基本を忘れた『十巻章』講釈の伝承というものである。教学を教団存立の生命線という本来の意味に解するならば、『十巻章』を中心とする顕密教判、即身成仏のテーゼは、もはや生命力をもたない遺産にすぎないであろう。しかるに、空海の天衣無縫、無礙自在な思索は、その著作のなかに息づいており、日本人離れしたスケールの大きい、透徹した形而上学はその輝きを失ってはいないのである。くり返しになるが、もとより『大日経』や『疏』の研究は、たしかにそれなりの意味がある。しかし、空海の宗教思想そのものは、まずもってその全著作に即して、抜本的なしかたで解明されるべきではないであろうか。

『疏』のマントラが、どうして『声字義』でマンダラに変換されたか、それを解明することが、小稿に残された最後の仕事である。できるだけテキストに即して、これを読み解いてみたいと思う。そこでまず、『声字義』と『疏』の関連箇所の対照表を示して、問題の所在をあきらかにしておこう。

『声字義』（定本三―四〇）	『大日経疏』（大正三九―五七九中）
(イ)仏界ノ文字ハ真実ナリ	(い)真言
(ロ)故ニ経ニ云二真語者・実語者・如語者・不誑語者・不異語者一ト	
(ハ)此ノ五種言	
(ニ)梵ニハ云二フ曼荼羅一ト	(に)梵曰曼怛羅
(ホ)此ノ一言ノ中ニ具二ス五種ノ差別一ヲ	(ろ)即是真語・如語・不妄・不異之音
(ヘ)故ニ龍樹ハ名二ク秘密語一ト	(へ)龍樹釈論謂之秘密号
(ト)此ノ秘密語ヲ則チ名二ル真言一ト也	
(チ)訳者取二ル五ノ中ノ一種ノ翻一ヲ耳	(ち)旧訳云呪非正翻也

㋷此ノ真言ハ詮二スル何物一ヲカ能ク呼二テ諸法ノ実相一ヲ不レ謬不レ妄。
故ニ名二ク真言一ト

㋦其ノ真言云何ニ呼二フ諸法ノ名一ヲ。（中略）極二ルニ彼ノ根源一ヲ不ス
レ出二デ大日尊海印三昧王真言一ヲ

㋸彼ノ真言王云何ソ。金剛頂及ビ大日経ニ所レノ説ク字輪字母
等是レ也

以下、簡単に典拠をあげ両者の関係を調べることにする。

㈠まず㋑仏界文字は、いわゆる「十界に言語を具す」（真妄の文字を問う）の釈文に、「もし竪の浅深に約して釈せば、九界は妄なり、仏界の文字は真実なり」（定本三―四〇）とある。

㈡ここにいう十界は、五大・十界・六塵・法身という『声字義』の世界構造の一環とみなされるが、これは『即身義』にいう「如来発生の偈」、つまり『大日経』巻五の「能生随類形」（大正一八―三一上）の偈頌の釈文に基づいたものである。いま『即身義』の文をあげると、

ｉ「この偈は、何の義をか顕現する。いはく、六大、四種法身と曼荼羅と、および三種世間とを能生することを表はす」（定本三―二一）

ⅱ「器世界とは所依の土を表はす。（中略）仏・菩薩・二乗とは智正覚世間を表はす。衆生とは衆生世間なり。器世界とは即ちこれ器世間なり。またつぎに能生とは六大なり。随類形とは所生の法なり。即ち四種法身・三種世間これなり」（定本三―二一～二二）

iii「能所の二生ありといへども、都て能所を絶へたり。法爾にして道理なり。何の造作かあらむ。能所等の名も皆これ密号なり」（定本三—二三）

iとiiによって『声字義』との対照を示すとつぎのとおりである。

a、仏・菩薩・二乗（智正覚世間）———一切仏界・一切菩薩界・一切縁覚界・一切声聞界
b、衆生（衆生世間）———一切天界・一切人界・一切阿修羅界・一切傍生界・一切餓鬼界・一切捺落迦界
c、器世界（器世間）———六塵
d、四種法身と曼荼羅——法身
e、六大（能生）———五大
f、随類形（所生の法、四種法身、三種世間）———仏界（曼荼羅）および九界、六塵（三種世間）

㈢この十界のうち、㋑仏界の文字を真実（語）とするのは、「如来の真実語」（定本五—一一三）や、「法身・智身（中略）常恒に真実語・如義語の曼荼羅法教を演説す」（定本一—六七）と同義であろう。これを「仏語即真言」（森田前掲書二九頁）と解するのは問題である。

㈣このように㋑仏界の文字が『即身義』の世界構想と対応するのに対して、㋒の真言は『疏』のいわゆる五種の真言（大正三九—六四九上）をうけたものである。後者は「如来の説、菩薩金剛の説、二乗の説、諸天の説、地居天の説」（同上）とされ、如来の説かれた真言というたぐいである。ところが、仏界の文字を真実たらしめるのは㋺法仏の自己開示、つまり如来がみずからあるがままに語る真語者であることによるという。ここでは、語るものと、語ることと、語られたことばが三位一体をなしていると解釈される。

㋺の『金剛般若経』（大正八—七五〇中）の証文は、仏界の文字が真実であるから（根拠として）、如来は真語者

であるという面と、如来が真語者であるのは、仏界の文字・真実語の具体的なあらわれ（象徴として）という面をあわせもっている。「故に」の一句が、ことばと語るものの相互転入の接点となっているのであろう。これに対して、㋺の真語は如来の語られたことばと、これを観誦する衆生との関係のもとで捉えられていたわけである。

㈤双方に共通する㋺と㋫、㋬と㋬は、『疏』の文章に基づくことを示すが、このうち、龍樹の『釈論』については、『大智度論』巻三八（大正二五―三三六中）および『二教論』（定本三―九〇）を参照されたい。

㈥これに対して、㋑と㋐、㋥と㋥、㋣と㋐は、それぞれ双方の立脚点の違いをあらわす。たとえば、㋑および㋥は、十界の文字のうち真実なるものは、『即身義』の六大所生、つまり「四種法身と曼荼羅」（定本三―二一）と対応するものと解釈できるが、その場合、いわゆる「都絶能所」（定本三―二三）の所生法ということになる。そこで三種世間・十界ともに所生法でありながら、仏界、法身、マンダラは本来、能所不二、法爾常恒にして真実とされる。これを『声字義』では、「五大とは五字・五仏および海会の諸尊」（定本三―三九）というのであろう。そのために㋩真語者である如来のことば（五種の言）は真実にして、㋥マンダラである、と規定されることになる。さらに、㋭このマンダラという「一言中に五種の差別を具す」は、五種のことばと同様、五大（五智）所成というマンダラの基本構成をあらわす。このようにみてくると、これら一連の用語とその思索が『即身義』における能生・所生の六大説を離れては、まったく了解できないことが明らかになるかと思う。

㈦もとより真言はマントラである、という命題は正しい。しかし、マントラには㋠「旧訳に呪という」のごとく、密呪、神呪の意味がつきまとい、㋷「諸法の実相」を標示する、実相のことば、ことばの実相というニュアンスを純粋に伝えるものではない。いわゆる「声字分明にして実相顕る」（定本三―三五）というときの分明さに難ありということかもしれない。あるいは、マントラは声字の世界（顕句義）、マンダラは声字即実相の世界を標示する深秘釈と考えることもできる。空海にとって、声字実相の世界はもともと法仏平等の三密、輪円具足・仏身遍満をあらわすマンダラを基調として成りたつことは、すでに『即身義』との対応のなかで触れたとおりである。

(八)これをうけて、以下㋷真言の実義と、㋦その根源、そして㋸真言の深秘釈に関する三問答が展開される。いわば、真言をして勝義的に真言といわしめるものは、両部大経にひとしく説かれた「字輪・字母等これなり」（定本三―四〇）という次第である。この実義・根源を知ることは、あらためていうまでもなく、理論的かつ実践的なしかたで、密教においてのみ開顕される極致なのである。これは、いまだかつて諸教の説くあたわず（果分不可説）、しかも諸教がすべてその門戸によって開示されるところの如来説法のことばの深秘（果分可説）にほかならないとするのが、空海の立場であった。

さきの『広付法伝』は、法仏が真実語をもってマンダラを説きたもうたのが「秘密曼荼羅教」であると主張し、『声字義』は、マンダラをあらわすのは仏界文字・真実語のみであると論ずる。この真実語とマンダラの相互・不可分なる関係が明示されるのは、『十住心論』の「真言とは且らく語密について名を得、もし具さに梵語に拠らば曼荼羅と名づく」（定本二―三〇八）という命題であろう。つまり、法仏の語密としての真言（真実語）に対応する梵語は、マンダラ以外の何ものでもありえないということである。真言教と秘密曼荼羅教という二つの呼称が用いられる理由は、結局はここにあったというべきであろう。

ただ、ここで見落としてはならないことは『広付法伝』が『金剛頂経』を中心に据えるのに対して、『声字義』が『大日経』を中心に据えて論をたてている点にある。その『声字義』の核心にマンダラ、すなわち『広付法伝』

の根本命題が挿入される、この破天荒な措置を、容易に見分けることができなかったところに、マントラかマンダラかという紛糾のほんとうの原因があったのである。それを、あるいは「躓きの石」というのかもしれない。

これで、ようやく謎解きの旅は終わったが、空海の密教思想の探究という点では、単なる一里塚にすぎない。

十一　空海の哲学と曼荼羅

一　大師信仰と曼荼羅

庶民の願いと弘法さま

妙なご縁で私は京都に十年、高野山で十数年、そして今また四国で十年、それぞれ大学で研究を続けさせていただいておりますが、ひょっと気がついてみると、じつはその三つの場所に、三様の非常に特徴ある弘法大師信仰が根づいていたことがわかります。

まず京都には東寺があります。京都の人々は「弘法さま」と呼んで、毎月二十一日には市が立ち、たくさんの方々が参詣します。この大師ゆかりの寺の中心の一つは何と申しても大師堂です。ところが、一度寄せていただいて不思議に印象に残ったのは、秘仏の大師像と不動明王《ふどうみょうおう》を祀《まつ》るこの大師堂の周りに、いくつか小さな祠《ほこら》、それに石仏、石塔のようなものが祀ってあるのです。朝早く、近所の方は弘法さまにお参りすると、その小さな祠や石仏などにも線香をあげ、熱心に祈っておられるのです。

さらにもう一つ目についたものに、東寺の南大門を入って五重塔とは反対に、御修法《みしほ》の行われる灌頂院《かんじょういん》の方へすこし行くと、大師像が立っています。それは立像、たしか菅笠《すげがさ》をかぶり、錫杖《しゃくじょう》を持った修行姿で、私どもは修行大師と申しております。その修行大師を祀るあたりも、やはり熱心な信者がいつも香華《こうけ》を絶やすことがありません。

東寺が大師空海ゆかりの寺、正しくは教王護国寺と称されることは先刻ご周知のとおりです。例の講堂には、大師のプランに従ってつくられた密教のもっとも大切な仏像が並んでいます。じつにすばらしい立体曼荼羅を構成する仏像群ですが、それはまさしく承和《じょうわ》期の密教芸術の最高傑作であります。また東寺は、大師が中国から請来《しょうらい》された多くの絵画・彫刻などの逸品をはじめ、大師の書まで含めて、ゆうに平安初期の日本文化の粋を集めた宝庫と申しても過言ではありません。

しかしそれとは別に、大師堂の周りの小祠や、修行大師、弘法さまの市など一連のものが目につきます。これらをとおしていえることは、京都の庶民に、弘法さまの名で親しまれてきた大師は、平安初期の超一流の文化人、エリートとしての空海ではなく、はるかに身近な存在、つまり自分たちの切実な願いを聞き届け、あるいは生きる勇気を奮い起こさせ、お加護くださる「お大師さま」であるということです。

そこで弘法さまに長らく、宗派をとわず心から願いをこめてきた京都の人々は、大師のほかに、いろいろ自分たちに因縁のある仏や神を大師堂の近くに勧請《かんじょう》して、いっしょに拝むという独自な形式まで生みだしてしまったのでしょう。いいかえると、日常生活の中で祈られる弘法さまは、同時に庶民の幸福、いわゆる現世利益《げんぜりやく》に属する多くの願望を磁石のように吸い寄せてしまったのです。これが京都、とりわけ下京《しもぎょう》の庶民に大切に祀られてきた弘法大師信仰だろうと私は考えています。

入定信仰と結びついた高野山

それに対して、高野山は真言宗の根本道場であり、さらに大師入定《にゅうじょう》の奥の院を中心とする弘法大師信仰のメッカです。ここにも、おそらく二つの性格の違った宗教センターという色合いが、はっきりうかがえるように思います。

一つは、大師空海が伝え、教学的に大成された「真言密教」という仏教の一形態を中心に構成された、真言宗という教団のセンターです。九世紀以来、東寺その他と並んで、高野山も学問と修行の中心、総本山として長く栄えて現在にいたっております。

しかし何といっても、高野山の大師信仰と申せば、霊廟、奥の院に祀られた宗祖大師をおいてほかにはありますまい。奥の院の参道は、古くから一歩三礼《らい》、つまり一足進んでは五体投地の三礼をくり返して、一の橋から奥の院までの片道半里、往復一里の道を、敬虔《けいけん》な祈りをささげながら参詣したと聞いています。そういう信仰を支えたのは、今なお弘法大師が、奥の院の岩かげに生きた姿そのままで入定なされている、つまり禅定《ぜんじょう》に入ったまま、五十六億七千万年ののちに弥勒《みろく》とともに下生《げしょう》する、衆生済度《しゅじょうさいど》の誓願を秘めて今も厳然とおわします、という留身入定の信仰であります。

いま一つ、ご存じのとおり、高野山は日本の総菩提《ぼだい》所といわれます。むかし、高野聖《こうやひじり》たちが諸方から遺骨を集めてここに納め、今また多くの方々がご縁のある方の遺骨を納骨されています。そういう仕方で、いつしか奥の院の一角に死者の世界あるいは霊魂の国といっていいような聖なる空間が形成されていったのです。

それはドイツの宗教学者ルドルフ・オットーのいうヌミノーゼ（numinose）的なものの好例と申してもよいでしょう。人は奥の院へ参ると、ごく自然に、ふつうの場所ではない、何か非常に聖なる領域へ入ったという感じを肌で受け取ります。それは、一般に敬虔な感情ということもできますが、ふつうの表現ではどうも説明のつかない、ごく非合理的な感情なのです（オットー、久松英二訳『聖なるもの』岩波文庫、二〇一〇年）。

ヌミノーゼ的なものの中には、いくつかの特徴がありますが、その一つは、怖るべきもの、つまり人を近づけぬ畏怖《いふ》の感情です。神聖さ、敬虔さというのは、一面私どもを日常的な経験の場から引き離す、そういう隔離感を起こさせるものですが、それを怖れ（tremendum）という言葉でオットーは説明します。いま一つはそういう怖れと、ちょうど正反対のものです。つまり怖れというのは遠ざけるわけですが、今度は逆に、そこには何か私たちを引きつけずにはおかないものがある、それを魅するもの（fascinans）と彼は説明しています。そういう宗教感情の、もっとも特徴的な両極を、高野山はじかに感じさせるところがある、こういう聖なる場所は、高野山をおいて世界中どこにもないのではないか、とよくいわれます（五来重『高野聖』角川書店、一九六五年〈一九七五年増補版〉）。

このように私どもがいつか一つのイメージとして抱くようになった聖なる場所、聖域ないし霊山としての高野と、そこにお大師さまが今もおられるという入定信仰とが、うまくミックスしたところに、高野山の大師信仰というものの中核があるかと思われます。

数珠の紐をつないでいく四国

こういう弘法さま、お大師さまに対して、私が今身を置いている四国では、どういう形で弘法大師が受け取られているでしょうか。これもいくらか経験のある方が多いことと思いますが、大師の生まれた善通寺などを中心に、また若いとき修行された室戸・石鎚、あるいは大滝岳をつなぎあわせて、いつのころからか、八十八ヵ所という霊場ができ上がっております。

そして八十八ヵ所の霊場を、いわゆる遍路として巡拝します。その巡拝、つまり霊場めぐりの道中では、人々は必ず一度はお大師さまにお会いできる、お大師さまの姿を見ることができる、と固く信じて遍路みちをたどるわけです。そういう信仰を広めたのは半ば伝説的な存在の衛門三郎《えもんさぶろう》とされていますが、衛門三郎の名は知らずとも、四国霊場にまいると、じつに不思議なお蔭をいただくとか、どこかでお大師さまにお会いできる、とよく申されています。

四国遍路には、「同行二人」という言葉があります。一人で四国路をめぐるときも、いつも影のかたちに添うがごとく、お大師さまがいっしょに修行してくださる、守ってくださる、そういう信仰に支えられて、お遍路さんは、あの百六十里の長い道程を二ヵ月もかけてめぐり歩いたのです。

宮崎忍勝氏の『遍路　その心と歴史』（小学館、一九七四年）に、元禄のはじめ寂本《じゃくほん》の書いた『四国徧路《へんろ》霊場記』を載せています。それを見て気づいたことに、現在ですと巡拝する札所には、必ず本堂と大師堂があります。その両方に詣って、納札《おさめふだ》を納め、さらに諸堂をめぐって納経帳に判をいただき、つぎへとたどって行くわけです。ところが『霊場記』によると、当時はすべての札所に大師堂があったとは書いてないのです。今はどちらが本堂だかわからず、大師堂の方がはるかに立派なところさえありますが、むかしはどうやら、それぞれ札所の本堂、つまり本尊が巡拝の対象だったようです。

しかし大師堂がない場合、どうなるでしょう。あるところは本尊は釈迦《しゃか》如来《にょらい》、あるところは大日《だいにち》如来や阿弥陀《あみだ》如来、あるいは不動明王とか観音菩薩です。そういう本尊めぐりを重ねていくことと、いわゆる大師信仰はその当時どういう形で結びついたのでしょう。これはよく考えると難しい問題です。おそらくそれは数珠のようなものかもしれません。玉の一つ一つが札所にあたります。そして、一つ一つの札所の本尊をお詣りしつつ、これをずっとつないでいく。つなぎ紐があって数珠は成りたつように、四国霊場は、紐にあたる同行二人の大師信仰によって結びつけられていたようです。

日本人の宗教観

私は三つの例を挙げました。一つは弘法さまの信仰が、庶民のさまざまな願いをちょうど磁石のように吸い集め、そこに一つの磁場をつくる。それが東寺における大師信仰の基盤であるということ。つぎは大師の入定信仰を中核にして、奥の院の周りに聖なる場所が開かれました。霊峰とか霊域とあがめられる高野山は、聖なる場所を代表する典型です。第三は、四国路における同行二人の信仰ですが、それは遍路の修行としてちょうど数珠をつなぐ紐のような形で、踏みかためられています。しかもこの三つは不思議なことに、すべて長い年月をかけて、各自固有な形にまで鍛え上げられ、今もなお厳然と生き続けているわけです。

このようなことを申した理由は、じつはこれは曼荼羅の考え方と関係があるからです。どう関係するかといいますと、モチーフは弘法大師信仰です。大師信仰というものが、場所によってそれぞれ形を変えて、しかも現に今生きています。それぞれに固有な特徴は、さきに申しあげたように、互いにかなり違っていますが、それぞれは現実に生きて機能しています。これが大師信仰の実態です。現われた形は、それぞれに違う。ですから、たとえば大師信仰とは祖師崇拝であると規定してみても、これら三様の形態すべてを包みこむというわけにはゆきません。もっと多様で、異質な要素の重層的な複合態が、大師信仰の名のもとに取り扱われていたわけです。

すこし難しい言葉でいい直せば、多様なものを一つに統一する、何かそういう統一点ができると、互いに異質なものが一つにまとまってくる、一が即多であり、多が即一となる。本来一つのものが多様な形をとって現われ、多様な形をとって現われたものが、もともと一である。そういう一と多という論理的関係を、具体的な仕方で私たちに教えるものが、今の大師信仰の実態ではないかと思うのであります。

しかし考えてみると、仏教に限らず、伊勢信仰にしても、氏神や産土神《うぶすなのかみ》の信仰にしても、日本人がもつ基本的な宗教心、信仰の仕組みや構造といったものは、ほぼ同じ性格であることに気づかされます。私たちが生まれたとき、結婚のとき、また七五三でお詣りする氏神さまも、そんな一面をもっていないでしょうか。そこの祭神が八幡さまか、天神さまか、あまりはっきりとは意識せずに、私どもは子供の幸せを祈り、家族あるいは共同体の幸せであることを念じてお詣りします。

そのとき、祈りの対象、祈られるものを神と呼んでおきましょう。仏もここでは神のうちへ入れましょう。絶対的なもの、究極的なものを内に秘めたもの、それが神です。ところが日本人の信仰においては、その神のいわば具体的な内容とか働きは多岐にわたって、ほとんど一義的に決まってこない。多義的に分かれ、いろいろな側面をもって現われます。だから拝む方からすると、西行法師の歌のように、「何ごとのおわしますかは知らねども（以下略）」と、ただ頭を下げるよりしかたがないところがあります。それは、おそらくお伊勢さまでも、弘法さまでも変わらない、何かそういうところが日本人の信仰形態にはあるのではないでしょうか。

曼荼羅とのつながり

これはキリスト教やユダヤ教、つまり一神教で人格的な神の教えを奉ずる人たちには、まったく理解に苦しむ、不思議な現象だと申します。彼らにとって、神がさまざまな形をとって現われるということ自体、偶像崇拝として許されません。もし私どもが神の愛や恵みの働きの一面を取り出し、あるイメージとして固定しようとすると、それはすでに偶像とみなされましょう。神には、本来有りがたしという形でのみ受けとめられ、およそ形あるものを超出するというところがあるわけです。『旧訳聖書』などは神はあからさまに名を呼んではいけません。偶像をつくってもいけません。そのように厳しく規定されていて、どこまでも一切の形あるものを超えたものとして、神は私どもに臨む、それがユダヤ教やキリスト教、またイスラムの神のほんとうのあり方です。

ところが日本人の宗教心というのは、面白いことに曼荼羅的な形をとりうるわけです。曼荼羅というのはなかなか解りにくいと思いますが、簡単につづめて、私なりに申してみますと、こういうことです。つまり神とか絶対者といわれるものが何らかの具体的な形をもって、私どもに出会われてくれます。その形を、組織的、体系的な枠組みの中にセットしようとすると、どうしても曼荼羅のようなものが描かれるということです。そのうえ、イメージという形をとってそれが出会われるかぎり、幾通りもの曼荼羅が描かれて差し支えないと、私は考えております。

ただ本筋は、おそらく神と私をつなぐ一つの軸を中心に、神から放射される空間的な広がりを集約するような仕方で、世界の全体がすっぽり入ってくるかと思います。そこから世界の姿、像を一つの曼荼羅としてイメージするということが成りたちます。こうして私と神と世界——この三つが統一的な仕方で、ある図像としてまとめ上げられたもの、それがいうところの曼荼羅になるのでしょう。

もしそうだとすると、キリスト教などの世界では曼荼羅は、おそらくたいへん成立しがたいものになってくるでしょう。それに反して曼荼羅が成立したインドの宗教は、日本と比較しても、はるかに豊かなイメージに満ちあふれ、さまざまな形象を思い描くのが自在であります。そういう豊かな構想力の中で曼荼羅は誕生したのであろうと私は思っているわけです。

二　天台教学の立場

安然の絶対の一元論

さて、以上のことをふまえて、いよいよ本論に入りたいと思います。まず弘法大師空海といっしょに中国へ渡り、天台とともに密教を伝えた伝教大師最澄、この二人の密教に対する理解には対照的な違いがみられます。その違いを手掛りにして、空海の哲学を解明するというのも一つの方法であります。しかし、最澄が請来した密教を、そのままの形で問題にするのは資料的な難点がありますから、ここではそれが行き着くところまで展開した段階で、両者を比較することにしましょう。

さて、最澄の弟子は慈覚大師《じかくだいし》円仁《えんにん》で、そのまた弟子は五大院安然《ごだいいんあんねん》ですが、この段階になって、天台密教はみごとな教学組織を完成いたします。この安然の主著に『真言宗教時問答』があり、そこで彼は有名な一大円教思想を展開します。円教とは天台の立場を指すもので、いわゆる五時教判《ごじきょうはん》の中では最高の真理をあるがままに伝え、悉皆成《しっかいじょう》仏《ぶつ》へと導かずにはおかない『法華経』の教えが円、つまり天台円教であります。これが最澄の主張であったのですが、これに対して安然は、天台ではなく、真言の立場がそっくりそのまま一大円教であると考えます。最澄のいう全仏教を統合する天台の立場から、さらに一歩踏み出して、真言こそ、天台を含むすべての仏教を包摂する立場であると主張したわけです。その結果、のちに天台の方々から安然は真言に身売りをしたと、たいへん非難を受けることになります。しかし実際に天台の学問としては、これは行き着くところまで徹底させた頂点の一つであると、私は敬服しております。

そこで何が説かれるかといえば、一切の仏は、その極まるところ一つの仏である。すなわち一切仏一仏、そして同様に一切時一時、それから一切処一処、さらに一切教一教。この四つの仏と時と処と教が、すべて最終的に一大円教である真言宗の中で統一され、一仏、一時、一処、一教の説（四一教判）として総合される。こういう独創的な哲学を考えたわけです。

難しい事柄は、単純な言葉でおきかえて考えると解りやすいものです。絶対一元論という言葉でこの哲学を捉え直してみると、いくらか性格がはっきりすると思います。つまり仏教ではたくさんの仏がそれぞれ教えを説いています。また多くの信仰を集める有名な仏もあります。そういう仏はすべて帰するところ、根本的、原初的な一仏、つまり大日如来（摩訶毘盧遮那仏《まかびるしゃなぶつ》）に統一されます。すべての仏たちは大日如来の一つ一つの智や徳の働きを表わすところの化身《けしん》、化仏《けぶつ》として、その働きをより具体的な形で表現したものと考えることができます。

一仏は形をとらない

ただとても面白いことが、今の一元論にくっついて出てまいります。たしかに一切の仏は一仏に帰するとして、ではいったいそれはどこでいえることなのか、という問題が出てきます。そもそもの出処はどこかというところまで問いを戻してみましょう。具体的な形をもったさまざまな仏を、一仏という形の中にすべて摂《おさ》め尽くすことはできません。つまり一仏ということが、ほんとうにいえるためには、それはすべて形をもったもののもとになり、すべてをかくあらしめるものとして、それ自身は形をもたない、形を離れるというところがないといけません。

もし形あるものが、まず一仏としてここにあり、これに対して一切の仏が、そこから出たものとして別に存在すると考えるときには、これは両者をただ見ているだけであって、ほんとうの議論にはなってこない。ほんとうに一切仏即一仏といえるためには、少なくとも一切仏と同次元のものではないということが、一仏に保証されないといけません。そこで形ということをいえば、形なきもの、つまり無相ということが、一仏の根本条件になります。もし具体的な働きや徳をもつことが、一つ一つの仏のあり方といたしますと、最後の一仏は、それらの具体的な働きを超えて、それらをあらしめるものとして、もはや同じ働き、同じ徳であることはできない。それが相対と絶対とのあいだの一番大きな違いなのです。

相対とは、対《つい》になりうるものです。同じ次元で、それぞれの形の働きをもち、いわば具体的な徳の相を示す一切の仏です。ところが、一切仏即一仏というとき、もし一仏と同じような形で描くとすると、一切の仏は、一仏の背後に隠れてしまうことになります。その意味で、一仏と一切仏とは、まったく次元が違うということを何らかの形で示す必要がおこります。

真言で伝える両部《りょうぶ》曼荼羅には、ご存知のとおり金剛界《こんごうかい》曼荼羅の中に、一印会《いっちんね》、四印会《しいんね》があります。金剛界は九会《くえ》の曼荼羅を集めたものですが、上段中央は大日如来のみ一仏、その左横は大日如来を中心に四仏が描かれて五仏の構成になっています。他の七会にはたくさんの仏が描かれているのに対して、一番単純なのが一仏の構成で、これが一印会です。一仏を囲んで四仏が描かれると、四印会となります。この一仏、五仏ということは、じつは一切仏即一仏という主題を図像として示そうとする努力の表われだったのです。

ところが五大院安然の一大円教論では、もしそういう一仏の形で大日如来を描くならば、これはもはや多の中の一であり、一切の中の一にすぎない。したがって一切即一の一ではない、ということになります。だから最後の一仏は、曼荼羅という図像をとおして私どもに示すことはできないと、安然はこう考えたようです。

すなわち曼荼羅といった図像はすべて有相《うそう》である。相は「かたち」と読みますから、姿や形をもったものは有相となる。そういう有相によって示される曼荼羅は、本体そのものではない。逆に本体である一仏は、有相の曼荼羅という仕方では、もはや表示できない、というのであります。ここまできて、絶対一元論の徹底した考え方を、私は安然において認めるものであります。

みなもとは「理」

体《たい》・相《そう》・用《ゆう》という三つのセットで、真言はいろいろ教えを説きますが、この一元論の立場は、本体的、究極的な絶対者（体）それ自身は、もはや姿や像（相）をとって示すことも、具体的な働き（用）として示すこともできない。そういう一切のものの現われてくるところのもとになるもの、それこそが根源的な仏、すなわち一仏であると考えます。ここでもまた有相の曼荼羅は、一仏としての絶対者をあるがままに描いた図像と認めることはできないのです。ちょうどキリスト教やユダヤ教で、唯一なる神の観念をどこまでも徹底していくと、曼荼羅は描けなくなるというのとすこし似ていますが、安然においても、曼荼羅は最後のところでは描けなくなります。ただそれが、相対的な場（相）に下りてきたとき、初めて曼荼羅は成立することになるのです。

それではキリスト教などと、どこが違うのか。キリスト教やユダヤ教の場合は、唯一なる神は同時に人格的な神です。一切のものを意のままに創り、かつ破壊するところの創造主です。そのうえ倫理的、道徳的な色彩が強く、裁きの神にもなります。それはすべて神に意志を認めるところから由来します。一切のものを自由に創り、一切のものを意志に従って展開し、どこまでもそれを貫く、そういう神の意志、御心を認めるところに、ユダヤ・キリスト教的な一神教は成立します。

それに対して安然の絶対一元論はやや趣が違います。ご存じのとおり、仏教は創造主を立てず、一切のものがそこから始まる、固有の実体や実在を認めません。そこで、絶対者、つまり一切のものをあらしめる究極のものとしての一仏も、これを一仏たらしめるのは意志ではなく智慧《ちえ》なのです。しかし智慧といっても、いろいろありますから、こう考えていただくと、解りやすいかと思います。さきに大師信仰のところで、入定ということをいいました。定とは別名三昧《さんまい》といい、一切の意識を無に帰せしめるような集中を意味します。そこでは一切の形あるものは空ぜられてしまう。よく空観《くうがん》といわれるのは、この三昧の一つと考えることもできます。

自分の存在も、また自分の内と外にあるもの、一切の感覚、知覚といったもの、そういう内感・外感を超え出る。それをエクスタシス、もしくは脱我・脱自という言葉で説明することもできます。あるいは自分というものが抜け落ちてしまう。道元禅師の言葉をかりれば身心脱落するわけですが、そういう一切のものが脱落し尽くした三昧の境地では、もはや自他、内外ともに一切のものは無化されます。じつはそこから、本当の智慧が働き、理がみえてくるわけです。ここで理というのは真理、理法のことで、これをあるがままの仕方で捉える智慧とまったく一つです。そういう智慧または理が成りたつ根本のところでのみ捉えられるのが、つまり一仏だったのです。一仏はそこでは無相です。一切の働きを超え、いわば理そのものの立場に立ち帰ったところで究極的なもの、絶対者と全一になる立場とでも申しましょうか。

すべての人が悟りを開き、釈尊《しゃくそん》以下多くの祖師たちが仏法に目覚めた、その智慧の働きの出処は、そういう意味での理であります。そしてそれを一仏として捉え直すときに、法身《ほっしん》としての釈迦牟尼如来《しゃかむにによらい》が表に出てくる。これは常在で、常恒《じょうごう》不滅なものといわれます。が、しかしその具体的内容は、今申したとおり、形ある有相のものとして描くことは許されません。

この無相法身、理以本の主張はもともと天台の基本的な哲学と結びついた考え方なのです。天台の方で、四種三味のごとき行、あるいは円頓止観《えんどんしかん》によって最終的に到達される極致は、やはりそういう意味での理としての真実そのものであったのです。

三　空海の絶対平等の立場

『十住心論』と曼荼羅

これに対して、弘法大師空海があえて提起しようとされたのは、どういうものか、やっと本題に入ります。弘法大師の書かれた主著『十住心論《じゅうじゅうしんろん》』は詳しくは『秘密曼荼羅十住心論』と申します。十住心の上に、修飾語として秘密、さらに曼荼羅が付け加わっています。私は空海の哲学は、のちに触れるとおり曼荼羅から始まって、曼荼羅にいたるという形で、最終的に捉えられると考えています。その後半の曼荼羅にいたるという、最後の到達点を示したのがこの『十住心論』であります。

さきに大師信仰における三つの形態を取り上げました。これはもうすこし整理しますと、特定の宗教意識の諸段階、あるいは現象形態として類型的に処理することもできましょう。ちょうどそれと同じように、空海が、人間がもちうる、またこれまで思想史の中に現われてきた宗教意識の諸段階や現象形態を、十個の類型として整理したのが『十住心論』です。住心とは十個の宗教意識のおさまり方、座り方というほどの意味でしょう。それが段階的に浅から深へと順次並べられるわけですが、その十住心が、とりわけ曼荼羅として展開されたところに、私は注目したいと思います。

十住心の問題についての説明にはいくつかの手法があります。たとえば梅原猛氏のいわれるように、私ども人間意識の深まりをみごとに展開したものが『十住心論』であるとか、あるいは、仏教のさまざまな宗派や学派の基本的な教えを、集大成した一つの仏教概論書であるとか（宮坂宥勝・梅原猛『生命の海〈空海〉』〈仏教の思想9〉角川書店、一九六八年）、そういう性格もたしかにもっています。さらには、真言宗の教えを奉ずる行者がみずから体験を深め、段階的に向上していく、その修行と悟りのプロセスを示したものということもできます。いろいろな説明が可能であります。

しかし、どのように説明されようとも、人間意識の深まりを、あえて曼荼羅という仕方で提起された空海の独創性と、じつに鋭い着眼が、注目されなければいけないと思うのです。

東洋思想の集大成

なぜかといいますと、たとえば梅原氏は『秘《ひ》蔵宝鑰《ぞうほうやく》』によって十住心を解説されている。ところが、これは『十住心論』という大部な十巻本を三巻に縮め、抄出したものですから、『十住心論』を広本、『秘蔵宝鑰』は略本と呼ぶこともあります。さらに『十住心論』にはたくさんの引用があるし、またそれが非常に巧妙に使ってあります。たくさんの孫引きもあって、なかには一々原典に戻すと、問題が出てきそうなものまであります。とにかく『十住心論』は、そういう資料を丹念に拾い集め、じつにみごとに集大成した体系書なのです。それを六本宗書の一として天長《てんちょう》年間（八二四～八三四）に淳和《じゅんな》帝に差し上げると、どうも大部過ぎるし、煩雑で、趣旨がよくわからないといわれた。そこであらためてエッセンスだけを再度抜き出し、論旨を明快にし、しかも十住心思想の大綱はさほど変わらない三巻本を献上したということです。

ところで教団側では、略本『秘蔵宝鑰』を大事にします。ここには、明快に一住心から二住心、三住心とだんだん向上してゆき、前の段階より後の方がすぐれている。そして最後は真言の立場ですから、ほかの仏教各宗よりも、真言が一番すぐれていると説いてあります。真言の教学では縦の教判といって、この主張を基本にいたします。しかし空海の本意は、どうもそういう観点からは捉えられないのではないかと、私は思っております。

人間の意識、勝義的には悟りの境地を十段階に分け、浅いところから深いところへと歴巡する。最初の非常に自然的な、欲望的な心のあり方に比べると、つぎの自制心を備え、モラルに従って、人間として目覚めた生き方をする方が、たしかに次元が高い。またモラルに目覚め、文化的に洗練された人間のあり方に対して、この世界のうちで追求される価値のみでなく、それを超えた価値の世界、たとえば神とか天国とかといった究極的なものとかかわり、真実の自己に目を開かれる立場があるとすれば、それはもう一段高い次元となりましょう。

さらに、同じ宗教的意識といっても、おのずと多くの段階が区別できます。とりわけ仏教では、古くから声聞《しょうもん》、縁覚《えんがく》、菩薩《ぼさつ》、それから仏というふうに段階的な高まりが問題にされてきました。それらを、順次つなぎ合わせ、十の枠組みの中に仏教各宗の教えはすべて包摂されてしまう。さらに仏教以前の段階では、インドの諸宗教や中国の道教、さらに儒教の問題もここに収まる。そういった仕方で、空海は東洋における哲学思想の、いわば集大成をこの一冊の本の中で示されたわけです。しかし、その集大成の方法が『秘蔵宝鑰』においては、一より他が上位であるという段階方式です。しかし『十住心論』はそんな簡単な構想とは、まったく違った観点から問題が出されていたのです。

哲理性と呪術性のあいだ

それではいったいどういう立場でそれが示されているのか。さきの安然における絶対一元論に対して、空海の哲学は、一言でいうと絶対平等の立場です。この絶対の平等観に立った哲学をみごとに展開してみせたものが、『十住心論』だと私は思っています。

それでは、どういうふうにして、絶対の平等観は成りたつか。『十住心論』に入る前に、やはり安然の場合と同じように、いったいどこで平等ということがいえるか、ということを前もって考えておきたいと思います。そしてそのことが、おそらく今まで、この空海の主著に対する理解を妨げていた問題に、一つの転機を与えることになるかと思います。

というのは、空海の理論的な展開は、いつも三昧のなかで、問題が観られているというところがあります。空海が請来した密教は、一つは即身成仏《そくしんじょうぶつ》の教えといわれます。つまり私どもが、真言固有の修行方法に従って修法をしますと、本尊と我とがまったく一つになる。そういう瑜伽《ゆが》合一の境地に入ることができる。我のほかに本尊はなく、本尊のほかに我はない。本尊と我との絶対的な不二平等を体験する、この実践の教えが即身成仏と呼ばれたわけです。そのためには、特別な資格と十分な準備を必要とします。いわゆる入壇《にゅうだん》灌頂して阿闍梨《あじゃり》（師匠）の許可《こか》をえなければ、即身成仏の行を実修することは許されないのです。

ところが、仏と我とが一つであるという行の成立する、まさにその同じところで、じつはもう一つのことが成りたつと申します。それはすべての人の願いを、行者がかわって仏に祈願し、その成就を祈るということがここでドッキングするわけです。一方は、自分自身の悟りにいたる修行です。他方は、そういう自分の修行を手掛りにして一切の苦しみ、悩んでいる人たちに対する慈悲行として、祈願・祈禱がなされる。しかもその二つの行が、同一の修法の中で、うまくかみ合わされているところにたいへん難しい問題が入っていたわけです。

真言あるいは密教についての批判は、たとえば十住心のように、真言は非常に深遠な哲理を展開してみせるにもかかわらず、その実態は、呪術的な加持祈禱《かじきとう》の宗教である。成田不動、あるいは信貴山や生駒山が密教の代表ではないかというわけですが、事実そのとおりなのです。私にとって、どうにも解決がつかなかったのは、そういう深遠な哲理と、呪術的な加持祈禱とが、どうして一つになるかという点でした。ふつうに考えると、一つにならないはずのもの、これが一つになるというところに、じつはたいへんな鍵が隠されているように思われたのです。

さらに今の批判は、こういうふうにも敷衍《ふえん》されます。一方からいえば、真言密教は哲学的な宗教であると。事実まさしくそうであって、華厳《けごん》や天台といった中国仏教の精華を吸収し、それを足場にして、空海はみごとに独創的な密教論を展開したわけです。それは安然が一大円教論を唱えたのに匹敵する、あるいはそれ以上にすぐれたものといっていいのです。

そういう背景から申せば、やはりすぐれて哲学的な宗教です。これは、たとえば鎌倉新仏教――浄土宗、浄土真宗、禅宗などと比較すれば、すぐわかることです。これらは単一の行を選び、その行をどこまでも純一無雑に専修《せんじゅ》してゆく立場です。浄土宗ならただ念仏のみで、専修念仏ということ、禅宗では只管打坐《しかんたざ》といって、ただ坐禅のみということが標榜されます。そこには理論も教えもない、ただ行あるのみで、他の一切は捨てて顧みない。これは行の宗教といっていいでしょう。それに比べれば、真言ははるかに哲学的です。

しかしもう一つの問題は、いわゆる加持祈禱の宗教といわれることで、宗教学の方では、よくマジコ・レリジャス（magico-religious）という言葉を使います。マジコは呪術的、レリジャスは宗教的で、この二つが不可分な形で現われる宗教は、世界の宗教史にはたくさんあります。とりわけ未開宗教といわれるものの中にあり、そこでは呪術と宗教が渾然一体となって、全体として重要な機能を果たしています。それがいくらか純化され、形式的に整備されたものが、たとえば密教における加持祈禱であるとかいわれるのです。

しかし問題は、そのどちらから説明しても、密教の全体を尽くすことができないところにあります。何らかの仕方で、哲学と呪術というこの二つが重なってこなければいけない。少なくともどこかに、重なる場所があるはずだと、私なりに見当をつけてみました。

本尊と我の一体

しかし、いくらか書物を調べたり、いろいろな人の教えを聞いたりした範囲では、容易に手掛りはえられませんでした。ところが四国の貧寺に帰って本尊の前で、真言僧としての修法を試みるうちに、やっとその手掛りをみつけました。やはり、それ以外に真言密教の成りたつ場所は見出すことができないようです。そのうえ、むしろ密教は加持祈禱の宗教とか、あるいは哲学的であるとかいう、批評はみんな外からの批判にすぎないということも気づきました。ただたいへん難しいのは、秘密仏教といわれるとおり、私どもが、実際にその修法の中で何をするかをあからさまに伝えること、これは法を破ることになります。ここで法を犯すわけにはまいりませんから、その点はご勘弁いただきますが、こういうことです。

要は、さきにも申したように、私どもが祈禱を頼まれる、頼まれないにかかわりなく、本尊の前で、一所懸命に行ずるのは、一つには三昧の行、禅定に入るということです。ただしその三昧とか禅定を修するということは、ある特別の約束をもっています。そしその約束というのがじつは日本人には不得手なことですが、一種の観想（meditation）なのです。

その点、インド人は観想にすぐれ、とりわけイマジナルな民族ですから、さまざまなイメージで、世界や仏などを思い描くことは得意です。ところが私どもは、どういうわけか、その観想がたいへん不得手なようです。インド伝来の仏教のうち、日本で早く途絶えたものの一つに、この観想があります。それを逆手にとったのが、念仏の場合ですが、そこでは周知のとおり、観想の念仏でなく、口唱の念仏が強調されています。実際インド人のような観想の念仏は、われわれ庶民にはできません。だからそんなものは、やれる人に任せて、ひたすら六字の名号《みょうごう》を唱えるという筆法で、これはじつにみごとと申すほかはありません。

ところが密教は、得手、不得手をとわず、あくまでその難行にたち向かわなければいけないのです。そこでいくらか訓練を重ね習熟するにつれて、結局はこういうことじゃないかと気づいたことがあります。つまり観想といえば難しいが、坐禅なら坐禅をして、禅定に入る。そういう禅定に入った状態で、世界や仏、あるいは自分の本来のあり方といったものに想いを凝らすわけです。これはかなりな努力と訓練を要します。最終的には先天的なものも入ってくるとなりますと、誰にもすぐできるというわけにはまいりません。それに比べると、無念・無想という方がはるかに簡単で、やりやすいともいえます。さらにそこから無念の念、無想の想を観ぜよというのですから、これはたいへんです。そんなことができるかと考える方は、たとえば井筒俊彦氏の『イスラーム哲学の原像』（岩波新書、一九八〇年）を読んでください。じつにすぐれた仕方で、イスラム神秘主義の観想と修行の深化が描かれています。

ちょうどそれとよく似たことを、真言の行者も本尊の前で実修すべく義務づけられているのです。いいかえると、哲学的な思弁あるいは熟慮、洞察ということを、自由な場所や自由な方法で行うのではなく、本尊と我とが端的に一つになった、まさしくその場所で行わなければいけないというのであります。これがまず観想の大前提です。

世間の三ヵ住心

これは、学者の書斎における思索とこと変わり、まさしく本尊と我との一体の三昧行の中でのみ成立するような一つの思弁ということになります。こうした観想の立場に立って、初めて密教的な理論が立てられてきます。いま十住心の最初の三住心について、すこしく考えてみましょう（一覧表参照）。

まず第一の異生羝羊心《いしょうていよう》は、「凡夫《ぼんぷ》の善悪を知らざる迷心、愚者の因果を信ぜざる妄執なり」（定本二—九）とありますが、要は食と性という本能的な欲望に身をゆだね、善悪・因果を省みようとしない人間のあり方が問題とされています。生きものの基本的欲求に似て、しかも違うところは、人間の場合、いつも執着を離れず、エゴ中心となることです。のちの不幸を説いても今の幸福に満足して反省がなく、苦悩と罪障の原因は無知にあるといっても、誰ひとり自分を無知と思うものはいません。この無知と我執のかたまりが、人間を動物以下に堕落させてしまいます。

この最低の人間意識のあり方、いわば自然的生の世界が、第一の観想の対象となります。その根拠は、一つには衆生のおかれている実態を知ること、他はそうした衆生の苦悩を観察《かんざつ》して菩提心をおこし、悲しむべき衆生を救う真の宗教を求めることにあります。そのために衆生の世界をくまなく照見することが、まず要求されるのですが、ここにはすでに、仏のまなざしと一つに観る立場が幽かながら開かれています。自然的な生なしに、宗教的な生はありえないのであります。

つぎの愚童持斎心《ぐどうじさい》は、「人趣善心《にんしゅ》の萌兆《ほうちょう》、凡夫帰源の濫觴《らんしょう》なり」（定本二—六一）とあって、儒教の五常《ごじょう》や仏教の五戒《ごかい》・十善戒《じゅうぜんかい》をまもって、人間としての自覚に目覚め、価値や理想を求めて努力する人間のあり方です。モラルを中心に、自然・社会・国家の理法を学んで文化的生活を営む、いわば文化的な生の世界を全体として観ずるものということもできます。これは、たしかに一方では自然的な生を止揚《しよう》する立場ではありますが、しかし文化、道徳、さらに政治によって、第一住心の衆生を根本的に救済することは不可能です。

とは申せ、十善戒のごとく、「人たる道を全くして、賢聖の地位にも到るべく、高く仏果をも期すべき」（慈雲全集一一—三）道も開かれており、道徳から宗教への必然的な連関は明らかであります。文化は宗教の受肉（インカーネーション）したものとする考え方もあり、人間性の尊重も、もともと宗教によって背骨を入れる必要があるはずです。

十住心の一覧表

生の三段階	十住心	現象形態	深秘釈と真言
Ⅰ 自然的な生	第一 異生羝羊心	無知 無道徳	世間の住心（世天ほか）
Ⅱ 文化的な生	第二 愚童持斎心	儒教など	
Ⅲ 宗教的な生	第三 嬰童無畏心	インドの宗教など	
	第四 唯蘊無我心	声聞	声聞
	第五 抜業因種心	縁覚	縁覚
	第六 他縁大乗心	法相	弥勒
	第七 覚心不生心	三論	文殊
	第八 一道無為心	天台	観自在
	第九 極無自性心	華厳	普賢
	第十 秘密荘厳心	真言	大日

第三の嬰童無畏心《ようどうむい》は、抜苦与楽を求め、天上の国に生まれることを願う、つまりは宗教的な生の最初の段階とみることができます。インドの諸宗教や天部の神の教えを遵奉《じゅんぽう》して、母親のもとにある幼児のように、ひたすら無畏の安心をえようと努める人間のあり方です。ここでは自然的、文化的な生の段階を超えて、永遠の救いに与《あずか》ろうとする勝義的な生への目覚めが始ま

りますが、第一、第二住心の衆生を救済するためには未だ道が遠いようであります。

しかし、たしかに宗教の極致まで通ずる一筋の糸が、そこにかすかながらみえています。いや、この住心において、すでに可能的には究極のものが現われているということもできます。ただ、宗教の多様さと豊かな内容は、まだその一端をのぞかせるにとどまっているわけですが。

暗号としての真言

このように各住心の観想は、表層から深層へ、部分から全体へ、そして各住心の世界的連関を成立させる根源的なものへと、焦点を絞りこんでゆきます。そこで意外にも、それらの隠れた真相が捉えられてきました。それを、浅略釈《せんりゃくしゃく》に対して深秘釈《じんぴしゃく》と名づけ、その暗号解読の鍵は、各住心に対応する真言に求められるのです。

たとえば第三住心の深秘釈は、世天《せてん》の真言に求められ、天・龍・夜叉《やしゃ》とか阿修羅《あしゅら》の悟りや三昧を、この住心の秘密の意義とみなすわけです。そこでもし衆生あってこの真言を一所懸命に念じ、修行し、そしてよく観察することができれば、その世天の三昧に入ることができる。つまり最初の宗教的な生の世界のよってきたるもとへ立ち帰ることができる。のみならず、その世天の三昧をえるというと、今度は世天即大日、安然の場合に一仏という形で絶対化された、あの大日如来の三昧にまでいたることもできると書いてあります。

以下、第四、第五住心とだんだんにたどると、問題の性格はよりはっきりします。第三住心では、今の世天が問題になりました。第四住心では声聞、第五住心では縁覚の真言が説かれます。その真言を修する、いわゆる二乗ないし小乗といって、大乗からは批判される、その三昧を修すれば、やがて大日の三昧にいたりうるという道が開かれてまいります。

二乗は菩薩の死ともいいます。みずからの悟りを究極の目的とする修行者のあり方で、阿羅漢《あらかん》といわれます。そういう二乗は他者を顧みず、他者への慈悲を欠いていますから、菩薩道はそこでは成立しません。その意味で二乗を超えた菩薩乗が、大乗仏教と呼ばれるわけですが、空海は、そういう二乗においても、その道を見極めたものは、単に二乗の立場にとどまらず、大日の究極の三昧に連なるというのです。

第六住心では、法相《ほっそう》の教えが、弥勒《みろく》菩薩の三昧にすべて収まります。そこでは阿字《あじ》が、弥勒の真言の体であり、それはそのまままた大日の自内証《じないしょう》に帰一する。第七の三論《さんろん》の立場は、文殊《もんじゅ》菩薩の三摩地《さんまじ》の法門なのです。この真言は、摩の字を体とし、それを修することによって、大日の三昧にいたりうる。第八の天台は観自在《かんじざい》菩薩、第九の華厳が普賢《ふげん》菩薩で、それぞれの三昧を修することによって、究極の真言教主である大日如来の三昧にまでいたりうるわけです。

こういう仕方で、第一住心から第十住心まで、すべて意識のあり方とその哲学を、それぞれもとの出処まで帰って見直すと、大日の根本の立場と不二一体であり、もはや別なものではありません。こういう観想の世界が展望されていたわけです。

曼荼羅の主体化

ヘーゲルは世界史を考えるとき、表から世界の歴史という豪華なじゅうたんを見ただけではだめである。裏側からその糸を一本一本たどってみなければいけないといいました。それに倣《なら》っていえば、十住心というみごとに織りなされたじゅうたんを裏返して、縦横にはしる糸目をたどれば、今いったような相即関係が浮き彫りにされると私は思います。

自然的な生、文化的な生、宗教的な生、それらのすべてが、じつはほかならぬ大日如来の根本の立場と、もともと不可分な連関のもとにある。その一つ一つのところで、空海は大日如来の徳や働きを認めていこうとしました。これはいったいどういうことでしょうか。さきに挙げた安然の絶対一元論では説明がつきません。なぜなら、相対の中に、じきに絶対を見るということは、絶対一元論では許されないことです。相対を超え出ることがないと、絶対は絶対でなくなるからです。

ところがこの『十住心論』において、空海が展開してみせた哲学の立場は、個々の具体的、相対的な事物の中に、相対を超えたものがある、それもあるがままに、同時に現われてある。そういうすべてを絶対平等観に立って観るところの法曼荼羅の観想へ、なぜ早く到達しないのか。それを悲しむがゆえに、この『十住心論』を書いたと、空海は実際にそう記しております。

じつは私が以上のことをふまえたうえで、ここで申し上げたかったのは、空海もはじめからそういう立場に立っていたわけではないということです。延暦《えんりゃく》の末に入唐《にっとう》した空海が、中国から請来した仏教は、曼荼羅を中心に多くの密教経典および法具を含んでいます。これは道元の中国からの帰り方とはまったく対照的です。道元禅師は空手《くうしゅ》還郷《げんきょう》、何も持たずに帰って来たとおっしゃる。ところが弘法大師は虚往実帰《きょおうじっき》、空っぽで行ったけれども、満ちて帰ったといわれます（『性霊集』巻五〈定本八―八四〉）。つまり当時の世界の中心、長安の文化の粋を、よりすぐって持って帰られた。また自分で身につけ学びうるものは、すべて学んで帰られた。そしてそこから独創的な多くのものが展開された。その間終始、曼荼羅は空海の宗教の中心にあったけれども、この十住心における法曼荼羅の捉え方は最初の頃はまだ出てまいりません。

ところが、今の十住心と類似の考え方は、すでに空海の若いときの著作に出ていたのです。一つは二十四歳で書かれたといわれる処女作『三教指帰《さんごうしいき》』の中で、儒教、道教を批判的に超え出たところに、仏教の立場があることを、みごとなドラマとして展開されますが、そこで三教は、最終的には同じところへ帰る、というふうに書いてあります。

もう一つ、中国から帰られてほぼ十年、弘仁六年（八一五）ころでしょうか、ちょうど高野山開創を朝廷にお願いするすこし前に『辯顕密二教論《べんけんみつにきょうろん》』を書いておられます。そこで、三論、法相、天台、華厳、いわゆる四家大乗と比較して、あらたに請来した密教は、どれだけすぐれたものか、どんな特色があるかということを解説されました。その際、ほかの四宗に対して密教がすぐれているとは書かれたけれども、まだ絶対平等という立場は出ていません。それが出るのは、弘仁末か、あるいは天長《てんちょう》のはじめからで、おそらく五十代半ばになってからのことでしょう。これは空海が晩年に到達された最後の教えではないか、そう考えられるわけです。

その経過を簡単に推測してみますと、曼荼羅は、ご存じのように掛《かけ》曼荼羅のような形でどこまでも拝む対象です。仏様の世界です。そのように空海も、はじめはやっぱり拝まれたのでしょう。ところが、曼荼羅を拝み、そして密教の基本である修法を、ずっと続けてゆかれるあいだに、だんだん向こうにある曼荼羅が自分の中に入ってくる。それを私は曼荼羅の内面化、もしくは主体化という言葉で捉えてもいいかと思います。

最初に持ち帰られた曼荼羅は、請来物の中でももっとも大切なものでした。その意味で、もっとも貴重な両部曼荼羅を、大師は持ち帰られたといっていいと思います。その拝む対象としての曼荼羅から、最後の十住心における法曼荼羅への内面的な深まり、それこそ、大師空海の生涯の哲学的な歩みであり、宗教的な深まりであったと、私はそのように、今のところ考えている次第であります。

十二　密教修行の方法と思想——その基底にあるもの——

一　問題の所在

密教における修行という問題は、禅の立場に比べて、どうも解りにくいところがある。「修行の真偽を知るべし」という批判を、道元が投じたときには、「身心脱落」とか「直証菩提の修行」が、密教の禅との違いを示す標識となっている。それは「修証一如」といっても同じことである。たとえば西谷先生の文章をかりると、

「仏道を習ふといふは自己を習ふなり」、これが修ということで、「自己を習ふといふは自己を忘るるなり」、これが証ということである。一如とは自己が自己を忘れたところで自己が自己を習うということです。[1]

といわれている。ここで仏道修行は、ただちに己事究明、「自己が自己を習う」という問題へと収斂する。それは、いま現に生きている自己を離れない端的な事実としての行の立場である。言葉や観念、理論といったものをつきぬけた、端的な直証菩提の修行そのものである。直証菩提とは、自己を忘れたところで自己を習うということであり、修行は、そのとき「証上の修」となる。

これに対して、「即心即仏のことば、なほこれ水中の月なり、即坐成仏のむね、さらにまたかがみのうちのかげ

なり、ことばのたくみにかかはるべからず[2]」といった批判をみるかぎり、「即心」とか「即仏」といった言葉が一種の観念であり、また言葉にとどまって、生きた世界の端的な事実から離れている、というところがあるのであろうか。たしかに、密教にいう即身成仏は一つの観念であり、同時に観念でないところがある。即身とか「この身このまま」という言葉に秘められた意味を問い、またそれらの言葉に即しつつ、その言葉によって象徴される端的な事実そのものに迫るとき、事実を言葉として捉える立場から、さらにその言葉の出てくるもとまで帰ろうとする。こうした密教の立場も、あくまで理論（理）と実践（事）との交徹（不二）にすぎず、いわゆる身心脱落を行取するがごとき端的な実践からは区別されるということであろうか。

密教の問題が「ことばのたくみ」にあるとする指摘は、たいへん重要であるが、むしろ密教における修行の問題を複雑なものにしているのは、修行に含まれる儀礼的性格ということかもしれない。直証菩提の修行が、出世間と同時に世間悉地、つまり除災招福のような成就を求めるための祈りと一体になっている点に、密教の特色がある。この場合、一方では両者を自利と利他、向上方便と向下方便として総合する考え方があり、他方ではみずからの悟りを求める修行と、衆生を教化するための宗教儀礼とを区別する考え方もある。後者の場合「宗教儀礼が密教の実践の本来の形であって、みずから悟りに向うための、いわゆる求道のための行は、いつも水面下にあるべきものと考えられる[3]」といわれる。これに対して、道元のいわゆる直証菩提の修行は、さしずめ身心脱落底の行であって、儀礼的な密教の実践とは明白に異なるということであろうか。

こういった問題をかかえる密教の修行は、それだけに不透明なところがあって、単純な仕方では処理できない。しかも、それはすぐれた実践修道の体系として、師資相承の伝統を誇っており、また外部からうかがい知ることを許さない秘法とされている。そのうえ、修行を取り扱った解説書は、専門修行者のための事相手引き書のたぐいばかりで、その基底にあるものを捉えることは容易でない。また、修行の体験についても、経典の禁誡をまもって、発言されないのがむしろ一般の傾向であるという。

そのために、ここでは密教を学ぶための約束をまず確かめて、問題の所在を探り、修行の成りたつ条件を考えてみることから始めたい。空海の書簡と『秘蔵宝鑰』『大日経疏』などがその手掛りを与えてくれるであろう。

空海の書簡には、密教を学ぶ条件として、なによりもまず「伝授の法」とか「伝授の道」にしたがうことを求めたと伝えている。

それ曼荼の深法、諸仏の秘印は談説時あり、流伝機に逗《とどま》る。大師、伝授の法を説きたまへり。末葉伝ふる者、あへて三昧耶に違越せざれと。与奪は我が志に非ず、得否は公《きみ》の情《こころ》に繫《かか》れり。ただ、手を握りて契約し、口に伝へて心に授くることを期すのみ。惟ふにこれを悉《つまびらか》にせよ。[4]

もし仏教に随はば、必ず三昧耶を慎むべし。三昧耶を越えれば伝者も受者も倶に益なかるべし。それ秘蔵の興廃は唯汝と我となり。汝、もし非法にして受け、我、もし非法にして伝へば、将来求法の人、何に由てか求道の意を知ることを得む。非法の伝授、これを盗法と名づく。即ちこれ仏を誑くなり。また秘蔵の奥旨は文を得ることを貴しとせず、唯心を以て心に伝ふるにあり。[5]

この二つの文章は、いずれも密教経典の借覧を求めた書簡に対する、空海の返書である。そこで示された条件は、仏の示したもうた「伝授の法」を違えてはならないという、受法の規則である。これを犯す「非法の伝授」を越三昧耶とも盗法とも名づけて、厳しく禁止する。そのために、たとえば最澄は、辞を低くして経典の借用を求め、「弟子の志は諸仏の知るところ、都て異心なし、惟ふに棄捨することなくむば、弟子幸甚」[6]と記す有様であった。もっとも、この時点で、すでに最澄は弘仁三年（八一二）の高雄灌頂を受けており、いわゆる未灌頂者ではなかった。ただ高雄山寺にあって空海の指導を受けながら経典を書写する暇がないため、のちに疑義をただし、一括して伝授を受ける所存である旨を申し出ている。

これに対して、かなりな部数の経典の借用が許されたのち、両者の交渉は途絶えるのであるが、結局は、前掲の書簡に示される「伝授の法」がその原因であったかと思われる。察するところ、その「伝授の法」とは、後世の次第、折紙の相承の場合のように、まず経典や折紙の伝授（許可）を受けて、これを書写するというものであろう。このような師匠の直接の指導なしに、経典を写すことが、「非法の伝授」と呼ばれたとすると、この相承の形式を、面授と考えて誤りない。この空海の措置を批判した、「新来の真言家は筆授の相承を泯ぼす(7)」という最澄の文章は、やはり伝授相承に関する両者の意見の対立を示したものと解釈できるわけである。

もっとも『大日経疏』巻三には、戒律を秘蔵というのと同様、密教は秘蔵と称して、未灌頂者には「読誦受持せしめず(8)」、また「みずから心を師として、文を執りたやすくみずから修学する(9)」ことを禁じている。その理由としては、

この経文には、浅略と深秘との二釈あり、深秘につきて、また浅深あり、たやすく抜き翫ばむ者は、密号を解せざるを以ての故に(10)、

もし明師なければ所伝に寄ることなきが故なり(11)。

とあるところから、印契や真言などの深秘・密号が、明師の伝授なしには理解できないという点にあったことになる。もし問題がこうした「密号を解せず」という点にあるとするならば、密教の学び方は、自学自修によらず、明師の所伝に基づき「伝授の法」にしたがうほかはなく、これこそ「道のために道を求める」「求道の志」であると、空海は考えたのであろう。

古人は道のために道を求む。今の人は名利のために求む。名のために求むるは求道の志とせず。求道の志は己を忘るる道法なり。(12)

ここにいう「己を忘るる道法」は、修行者の自己に執われた執着を否定する教えと、その教えに随順して如法な道を求める求道の志とが相応すること、つまり己を忘れることと「道のために道を求める」ことが一つであることを表わしている。

ところで晩年の空海は『秘蔵宝鑰』巻下において「伝授の法」を、その理由とともにつぎのように書いている。

真言教法は一一の声字、一一の言名、一一の句義、一一の成立におのおの無辺の義を具せり。劫を歴とも窮尽しがたし、また一一の字に三義を具せり。いはゆる声・字・実相なり。また二義を具す。字相・字義これなり。またこの一一の句等に浅略・深秘の二義を具す、帥爾に談じがたし。もし実の如く説かば、小機は疑を致し謗を生じて、定んで一闡提無間の人とならむ。この故に、応化の如来は秘して談ぜず、伝法の菩薩は置いて論ぜず、意《こころ》これにあり。

故に金剛頂経に説かく、この毘盧遮那三摩地の法は未灌頂の者に向つて一字をも説くことを得ざれ。もし本尊の儀軌・真言をば、たとひ同法の行者なりといへどもたやすく説くことを得ざれ。もし説かば、現前には夭に中《あた》り殃《わざわい》を招き、後には無間獄に堕せむと云々。(13)

いささか長文の引用となったが、その趣旨はきわめて簡潔である。真言の教えは一一の言葉、一一の文字、一言、一句、一文のすべてに「無辺の義」を具えたものであるから、面授によらずしては「たやすく説くことを得ず」という点に尽きている。この場合、「未灌頂の者には一字をも説くことを得ず」という原則に加えて、密教の経典や真言、さらにはおよそ深秘釈を要する偈頌その他、密教の教えのすべてが、「帥爾に談じがたし」と規定されている点に注目すべきであろう。この包括的な規定は、当時すでに成立していた空海の全著作を、前提とするものである。声・字・実相の三義を解明した『声字実相義』、字相・字義を分析してみせた『吽字義』『即身成仏義』、そして浅略・深秘の二義を展開した『辯顕密二教論』や『秘密曼荼羅十住心論』と並べてみると、これらの著作はすべて固有の解釈法によって「無辺の義」を解析する作業の成果であったことが知られる。空海の著作は、こうして一一の言葉、偈頌などのうちに秘められ、隠されている意味連関をとりだして体系化するとともに、いわば密教的思惟のあり方を、これらの解釈法を用いて具体的に示されたものである。そのために、一つ一つの著作は、その都度「たやすく説きえず」「面にあらずむば説きがたき」内容を、懇切丁重な仕方で説きあかしたものとして、受法者たちが学習すべき性格のものだったのである。

ここにいう固有の解釈法とは「密号名字を解す」(14)とあるとおり、暗号の解読のような操作を考えるとよいかもしれない。暗号は、その解読法を知るものにのみ秘められた意味が伝達されるものであり、一見して無意味と思われるものの中に深い意味連関がかくされていることを教える。その意味連関を開示するという仕方で、新しい世界への飛躍を可能にするものは、解読の鍵である。秘鍵とか宝鑰といった語句が選ばれる理由も、この解読の鍵にあったと想定することもできる。暗号は、こうして深秘の世界を開示するとともに、その世界へと超入させる力を秘めた言葉なのである。

密教の言葉は、本来そういう暗号としての密号であり、名字である。密号は、解読されるべき暗号であり、名字とは、深秘の世界への鍵であり、超入の力を与えるものである。真言は、一字に千理を含む密号のゆえに、観誦すれば無明を除く鍵となり、即身に法如を証する世界を開示するところの力となることができる。

この暗号としての言葉は、よく密教の非公開性を説明すると同時に、密教という世界そのものの開示を明かす手掛りをも与えてくれる。密教を学ぶことは、こうした密号の開示とともに、一つにはもともと自己が本来の自己自身になるという転換を意味していた。その転換には、阿闍梨の協力が必要であり、その直接指導のもとで修学することが基本条件とされた。つまりは、その受学、受法という場所のほかに、密教の世界が開示され、自己が自己自身になる本来の場所はどこにもなかったのである。

『大日経疏』巻三には、「浅略と深奥」の「二種の義を解する」ことをあげて阿闍梨の資格とし、また弟子の機根相応の伝授ということが指示されている。

しかも二種の義を解すを以ての故に阿闍梨の名を得、いはゆる浅略と深奥の（区）分なり。もし前の人を観るに、いまだ深解の機あらざる機ならば、すなはち常途に順ひて文に随つて釈をなせ。もしすでに利根智慧を成就すれば、すなはちまさに深密（の義）を演暢して、これを教授すべし。(15)

受法の弟子にとって、阿闍梨はほとんど絶対の存在であり、受法の場に臨んで、阿闍梨のうちに密教の真理の具現者である仏をみるということもできる。(16)その儀礼については、のちに触れるとしても、右の文章では、弟子に応じて浅略または深秘の義を伝授することがありうるという。生きた伝授の法は、密教の授法にふさわしい弟子を求めずにはおかなかったわけである。面授相承ということも、本来こうした人と人、人と法との相応が成りたつ方便として不可欠の条件とされたものではなかったかと思われる。

二　山林修行の問題

空海の密教は、たしかに山林修行から出発したものである。延暦十年（七九一）、かれは十八歳のとき大学に入学を許された。ところが突如、山林修行者たちの群れに身を投じて、世俗の学問を捨てて仏道修行の道を選ぶ。この出俗入真のとき、わが国の密教は、最初の決定的な転機を迎えるにいたったのである。先学の指摘(17)によると、密教は奈良時代に伝わり、道慈、玄昉、道璿、あるいは戒明らによって伝来せる経典の部帙は増加し、わずかながらも唐訳経典の請来をみ、さらに宝亀年間には、『大日経』が講説のために書写されたということである。また、役行者の伝説は、孔雀明王法を修したことを伝え、密教系の仏像に属する、十一面・千手・不空羂索などの観音像が造立されたこと、「優婆塞貢進解」などに、いわゆる陀羅尼信仰が盛んであったことも知られている。こうした前代の密教を、空海は「今の所伝」(18)に対する「古の法匠」の伝える密教と呼び、樹木における根幹に対する枝葉のたぐいと位置づけた。のちに、古密教を雑部密教、雑密と名づけ、空海の所伝の方を正統密教、純密と称して区別するゆえんである。

このように時と人をえて、密教は本格的な展開をとげることになるが、空海自身の密教との出会いには謎めいた要素がずいぶん多いようである。たとえば、かれの出家宣言の書と呼ばれる『三教指帰』の序文は、その模様をつぎのように記している。

二九にして槐市に遊聴す。雪蛍をなほ怠るに拉《とりひし》ぎ、縄錐の勤めざるを怒る。ここに一《ひとり》の沙門あり、余に虚空蔵聞持の法を呈す。その経に説かく、「もし人、法に依つてこの真言一百万遍を誦すれば、すなはち一切の教法の文義、暗記することを得」。ここに大聖の誠言を信じて、飛燄を鑽燧に望む。阿国大滝嶽に躋《のぼ》り攀《よ》ぢ、土州室戸崎に勤念す。谷、響を惜しまず、明星来影す。つひにすなはち朝市の栄華、念念にこれを厭ひ、巌藪の煙霞、日夕にこれを飢《ねが》ふ。(19)

この有名な一節には、大学の中途退学から入信、求聞持の受法および修行、そして山岳や海辺での苦行の効験空しからず、無常を観じ、世俗の欲望を去って、求道の想いがますます深まった、ということが記されている。唯一の自伝的資料として重要なこの文章も、じつはすこし考えてみると解決の難しい問題を含んでいたことがわかる。というのも、草稿とされる『聾瞽指帰』の文章や、『三教指帰』の本文と比較するとき、求聞持法の修行に関する部分は、何らかの理由で後から書き入れる必要があったのではないかと考える方が自然である。これに対して、山林修行の記事は、本文を読むかぎり、その描写に具体性があって、古代の山林修行者の姿を彷彿させるに十分である。そのために、まず後者の問題を探り、のちに前者の意味を考えることとしたい。

山林修行の場所としては、阿波の大滝嶽、土佐の室戸崎、大和の金峯山、伊予の石鎚山などの名が挙がっている。いずれも山岳修験の聖地というべく、当時すでに修行道場として開かれた場所か、または空海の開いた道場であろう。なかでも、序文にあげる前の二ヵ所は、後世の四国霊場に結びつく聖地として注目される。

こうした人里を遠く離れた場所を選んで続けられる修行は、苛酷きわまる条件のもと、生命を危険に曝す限界状況への挑戦といえるかもしれない。あるときは金巌に登って雪に降られて困窮し、あるときは石峯の頂上で食料が絶えて進退きわまり、どんぐりの飯に苦菜のような粗食も十日ともたず、蔦《つた》や紙子の粗末な衣服も肩までは覆わない、[20]といった迫真的な描写が読む者の胸をうつ。学問の府や世俗の栄華に対する対極の位相が、ここに苦行者の姿として描き出され、「巌藪の煙霞」に象徴される行雲流水の自然生活が、伽藍の仏教や学解仏教とはおおよそ異質の世界を浮き彫りにするかのようである。心身の極限にいどむ荒行のきわみ「谷響を惜しまず、明星来影」して感応の効験はたちどころに現われる。しかし、このような苦行者も、町に入ると異形、異端のアウトサイダーとして拒絶され、「市に入るとき、瓦礫雨のごとく集まり、もし津を過ぐるとき、馬屎霧のごとく来る」[21]という始末であった。『三教指帰』の描写をたどると、若い山林苦行者の輪廓がほぼ浮かび上がってくるようである。やせこけた身を破れたボロ布で包み、欠けた鉄鉢などの七つ道具を肩にかけた異形の乞食僧のいでたち[22]には、仮名乞児と空海の姿が重なってみえる。この風態で、山野を跋渉した苦行者たちは、魑魅魍魎の住まう深山幽谷に入って超自然的な霊力をえる、いわばヌーメン的な能力の所有者となるための修行にはげむ修験者の先駆とみなすこともできるであろう。

あるいは、畏怖すべき他界に出入し、聖と俗とのはざまにあって、日常の世界をこえた境界的な存在という契機に着目するならば、これを原始宗教の加入式《イニシエーション》に擬する捉え方が可能となるかもしれない。ファン・ヘネップのいう[23]分離・過渡・統合の三段階を含む儀礼の構造と対応するものを、山林修行のうちに見出すことはさほど難しいことではなかろう。日常の世界を去り（分離）、厳しい試練によって超自然的な力を身につけ（過渡）、修験者として誕生する（統合）。この中間の過程として山林修行を捉えるとき、苦行のうちに死即生ともいうべき転換の構造を見出すことができる。過渡的、境界的な試練は、主体的な自己の転換と同時に世界の転換を意味し、聖地にこもって遂行される変容の儀礼とみなしてよいであろう。きわだった異形の姿、想像を絶する生命がけの荒行は、こうした境界的な状況を標示するものであり、いわゆる捨身伝説は、こうした苦修練行に含まれた死即生の転換、変容の構造を、古代人が説話に託して読みとろうとした形跡をとどめている。

山林修行を描いた『三教指帰』の文章は、こうして山岳修験の原初形態を示すとともに、当時の浄行の菩薩、禅師、あるいは看病の禅師といった一連の山林修行者たちの姿と重なることを示している。そこには、また原始宗教に共通する境界的、過渡的な試練の契機を読みとることも不可能ではない。さらに、この山林修行の基層部を、仏教以前の古代人の抱いた山岳信仰や修験者の世界に連なるものと考えることもできる。がしかし、もし超自然的な力の獲得ということを山林修行者にとって共通の目標であったと解するかぎり、その生命がけの苦行もただ秘術・

秘法を修したといえば十分であり、その修行内容はむしろ公開をはばかる性格のものではなかったか。役行者伝説のように、おどろおどろしき山の悪霊との共生が、すでに畏怖の対象となるとき、孔雀明王法なる秘法は、その験力の不思議を説明するために、あとから考案されたものにすぎない。何であれ、すぐれた効験をもつ秘法・秘術を修したという、そのことがかれら山林修行者の勲章なのであった。畏怖と賞讃という相反《アンビバレント》する感情を人々に抱かせるに十分な験力は、摩訶不思議の秘法によって授かる必要があったというわけである。

このように考えてくると、『三教指帰』の問題点は山林修行の描写ばかりでなく、さらにその修行の方法や目的を掲げた、というところにあったことが知られる。秘すべきはずのものが、ここでは公開される。この異常さに注目することが、なによりも重要だった点ではないだろうか。あえて虚空蔵菩薩求聞持法という名を掲げて、古い山林修行のあり方に新しい光を投じたのが、さきに引用した序文だったのである。そのために、これを資料として、古い修行者たちの修行内容を推定するということもできるし、また、山林修行の中に従来とは違う息吹きをここから汲みとることも可能である。というのも、山林修行者の群れに身を投じて、仏道修行の道に入った空海が、のちになってその入信と修行を、「ここに一沙門あり、余に虚空蔵聞持の法を呈す。(中略)ここに大聖の誠言を信じて云々」(24)と記した、このことは事実であって疑うことができない。しかも、ただこの序文の一節のみが、修行内容を求聞持法と規定するのであって、本文や草稿では、求聞持法の名もあげず、また密教に関する理解もほとんど示されていない。山林修行の実態を描いたのち、突然あたかも眼睛を点ずるかのように、新しい密教の修行者として自己を紹介する、この序文の書き方はとうてい尋常一様のものとは考えられない。おそらく山林修行者から出発した空海は、この序文を書くことによって密教の修行者となった、というのが真相に近いのではなかったか。この仮説の当否はともかく、求聞持法についてひとまず検討する必要があるであろう。

はじめに、一沙門より求聞持法を授かったという一沙門、つまり受法の師はだれかという点が問題となる。石淵の勤操か、それとも同郷の先輩である戒明か、あるいはまったく無名の山林修行者か、いまだ定説をみるにはいたらない。しかし、もし密教の受法であるならば、すでにみたとおり受法の師を無視することは許されない。空海の師とすべきは恵果においてほかにない。となると、あえて師名を明記しない理由として、恵果に出会う以前の師をもって、受法の師として正式に認めるわけにゆかない、という事情があったと考えることもできる（この場合、序文再治の時期は入唐後となるであろう）。あるいは、密教の受法はたしかに行われたが、あえて密教の師と称すべき僧侶ではなかったために、師名をはばかったと考えることもできる（この場合は入唐前の時期を当てることもできる）。しいて一沙門といい、師名を記さなかった理由は、いずれにせよ、密教の受法という観点からの再考を迫られるはずの大問題である。この措置は、少なくとも密教の受法に対する強い関心が、執筆時の空海のうちに、すでに明確になっていたことと関連があるにちがいないからである。

つぎに、求聞持法は「聞持不忘のために修す[25]」とか「本意は憶持不忘を求むるにあり[26]」といわれるが、これらは空海の文章を典拠としており、求聞持法を説いた経典を典拠とする説明ではなかった。つまり、空海が修行した求聞持法は、その本軌である『虚空蔵菩薩能満諸願最勝心陀羅尼求聞持法』（善無畏訳）の規定とは、必ずしも一致しないのである。そのために、とくに「本意」を強調する必要が生じたのであろう。経典の方は、能満諸願の功徳として、罪障消滅、諸仏護念、恒随守護、善願満足、不堕悪趣、常憶宿命の六種をあげており[27]、『覚禅鈔』はこれをまとめて「得福智事、滅逆罪事、不堕悪趣事[28]」の三事とする。この中に「憶持不忘」の入っていない点が注目される。これに対して、経典の末尾に説かれた聞持不忘の功徳は、つぎのような文脈の中で現われていたのである。

もしこの薬（神薬）を食せば、即ち聞持を獲て、一たび耳目に経るる文義倶に解し、これを心に記して永く遺

忘することなし云々。(29)

そこで、もし経文にしたがって解釈するならば、求聞持の真言を唱える修行が成満する、その同じ日の日・月蝕時に、特別の秘法を用いて神薬をつくる呪術がまず示され、この神薬を口にするとき、聞持不忘の力が獲得されるということになろうか。少なくとも百万遍の求聞持の真言は、この聞持不忘の神薬をつくる呪術と直結する仕方では説かれていなかったのである。

この経文の規定は、あるいはつぎのような背景を予想させるものであろう。まず聞持不忘の力をうる一つの呪術があって、世間に珍重されていた。それは牛酥、つまりチーズの一種を使って神薬を製する牛酥加持という秘法であり、この秘法は日蝕または月蝕の時に修すると著しい効果がある。これとは別に、日・月蝕の日に成満すべき、虚空蔵菩薩の心真言を百万遍唱えて福徳・智慧を求める修行方法がある。こうした世間の呪術と、出世間（仏教）の修行方法とを経典が並置するのは、両者の効果に一致するところがある、と考えたためであろう。やがて世間の呪術よりも出世間の修行方法の方がはるかに効験があると信ぜられたとき、神薬加持ではなく、百万遍の真言そのものに聞持不忘の力を獲得する効果が期待されるにいたった。さいわい本尊とする虚空蔵菩薩は、虚空のように無限の福徳、智慧を具えて、衆生の願望を満足させずにはおかない菩薩であるから、聞持を求める祈願が達成されない理由はなかろう、と。

こうした重層的な構造、あるいは変遷の痕跡が、この経典のうちに含蓄されていると解して誤りがなければ、経典の規定から空海の要約にいたる変化は、むしろ必然的な帰結とみなすこともできる。

もし人、法に依つてこの真言一百万遍を誦すれば、すなはち一切の教法の文義暗記することを得、ここに大聖の誠言を信じて云々。(30)

この文面では神薬をつくる呪術は脱落し、真言を唱える修行が、聞持不忘の効験をうるための条件とされている。この転換を可能にしたものが「大聖の誠言」に対する絶対の信であることはまず疑いない。仏のとかれた真実の言葉を信じて、真言念誦（密呪）の功徳を疑うことなく、求聞持法を修行したと解釈されるからである。

ところが、この文章は、さらに「一切の教法の文義」を強調することによって、経典の規定を再度、改変している。経典の方は、その部分が「一たび耳目に経る文義云々」といって、いちおう記憶力の増進という意味に理解される。これに対して「一切の教法の文義云々」と書されたとき、状況はすこしく変化する。おそらく、この文章には、「聞持陀羅尼」（『大智度論』）とか「法陀羅尼、義陀羅尼」（『瑜伽師地論』）といった、般若経典以来の術語である陀羅尼、すなわち憶持、聞持の陀羅尼を想起させる要素が含まれているのであろう。

氏家覚勝氏の研究[31]が示すように、密教の真言は、大乗仏教における陀羅尼を受けて、これと同化し、神呪、密呪の内容を深めたもの、ということが可能である。「般若の憶持力」とも称すべき憶持不忘の陀羅尼は、聞法と弁舌のために菩薩にとって不可欠の要件とみなされていた。この密教以前の聞持の陀羅尼をうけながら、密呪ないしは呪陀羅尼としての真言が、換骨奪胎されて、おなじく菩薩の功徳をみたすものとして現われる、この転換を示すものが、求聞持法の経題であろうといわれる。この経題が、虚空蔵菩薩の最勝の心陀羅尼（密呪・真言）の本義は、聞持の陀羅尼（般若の憶持力）であるということを示すために、ことさら求聞持の一句を加えたのではないかとするのが氏家説である。この指摘をふまえて、空海の「一切の教法の文義云々」の文章を読むと、真言（密呪）によって聞持の陀羅尼（憶持力）を求め、大乗菩薩の要件をみたすことを志向する、という構造が一段と明確になってくる。

求聞持法は、こうした古い憶持の陀羅尼と新しい密教の真言との接点を示すものとして注目される。そのうえ、真言はもともと総持を意味し、一切の教法を含蔵せるものが真言にほかならないとする観点にたてば、真言の修行が「一切の教法の文義」と結びつく必然性はもはや自明のものとなる。こうして求聞持法は、密教以前の諸契機を一面に含みつつ、密教の核心そのものに触れてくる、まさしく問題の修行方法なのであった。

求聞持法は、たしかに真言を百万遍唱える密教の荒行である。この真言を唱える念誦法は、そのまま本尊との瑜伽合一を体得するための修行として構成されている。現行の作法は、一つの印契ですべての所作を弁ずる一印の行法と、真言を唱えつつ本尊と瑜伽道交する観念を規定している。この簡潔きわまる修行の方法は、しかも本尊の虚空蔵菩薩が五智の宝冠を頂くことを規定し、『金剛頂瑜伽虚空蔵菩薩求聞持法経』(32)（『三学録』）と名づけられている。このことは、空海によって「金剛頂宗経」として認定された純粋密教の行法であって、いわゆる古密教や雑部密教ではないことを示している。その場合、真言を唱えて本尊との瑜伽合一を体得することが修行の実質的な内容となってくる。修行者にとって、名目的ないしは付随的な効果はもはや問題とならず、ひたすら真言念誦への集中ということが主なる関心事となり、すべての妄念を拭い去った「無念にして念誦する」合一の行は、おのずと心身を浄化し変容させずにはおかない。真言を唱える修行者の働きは、本尊の加持力、また法界力と呼応し、真言の瑜伽を修して観ずるとき、「本尊ごとに微妙の相好を現じ、光明を放ち全身に通徹し、いうべからざる霊感を覚え(33)」ることともなる。念誦五十日の行は、現在でも至難の業にひとしく、その悉地をうることが、いかに容易でないかを、金山穆韶師の「修道日誌」（『弘法大師の信仰観』所収）は示している。

しかし問題は、当面、青年空海の修行した求聞持法にある。もしこれを純粋に一尊瑜伽のごとき行法であったと仮定すると、恵果のもとでの受法の意味をどのように理解すればよいであろうか。たしかに部分と全体、枝葉と根幹といった密教の分類法をかりて、求聞持法は、部分や枝葉にあたる古密教とする解釈も可能である。その場合、密教者としての自覚が成立するのは、求聞持法の受法や修行の時か、それとも入唐求法の時であったのか。もし後者であるとすると、それ以前の密教の修行はいったいどういうことになるのか。またもし前者であるとすると、『三教指帰』の序文と本文との距離を、どのように説明すればよいのか。こうして密教の受法と修行という問題に照明をあてると、難問が続出する次第である。

そのために、ここでは事実としての山林修行と、修行の意味づけとしての求聞持法とを、いちおう区別するという仮説作業を試みてみたのである。もっとも事理相応は密教の基本的な考え方である以上、少なくとも密教の立場から深義、つまり深い意味を与えうるような事実の存在が、まずもって認定されねばならない。それが、結局は求聞持の修行であったということもありうる。しかし、正式な密教の受法以前の修行を、あくまで密教と称することには、根本的な問題があることも否定できないように思う。密教の修行の成立というには、おそらく部分とか枝末、古密教といった区分では説明できない、もっと本質的な転換が含まれていたのではないだろうか。

三　密教における修行の問題

山林修行から密教の修行へという転換を、われわれは『三教指帰』の序文から読みとろうと試みたが、十分な成果をあげることはできなかった。たしかに求聞持法という密教の修行は明記されている。しかし、その修行を成立させる基盤であるところの密教の立場、そしてそこでのみ開示される修行者の自覚といった問題が、さきの文章には示されていなかった。いわば密教の修行が密教の修行として成立するための必要条件が、そこには欠如していたのである。そのために、事実としての山林修行と密教の修行とを等置することができないのではないか、という難問につきあたった。

そのことは、また求聞持法のうちにたとえ密教以前ともいうべき諸契機が含まれていたにせよ、それを転じて密教の修行たらしめる最後の切り札は何か、という点を明らかにする作業が残されているということである。むろん、求聞持法を真に密教の修行たらしめる条件は、「金剛頂瑜伽」「五智の宝冠」「一印」と行法といった象徴的な言葉のうちにあらかじめ標示されてはいる。しかし、これらの言葉の指示する世界が、全体として開示されるのは、結局のところ、密教の受法という場所を措いてほかにない。とすると、もし密教の受法が成立しておれば、求聞持法はまさしく密教の修行となりうる。しかし逆に、もし密教の受法がほんとうに成立していないのであれば、それを密教の修行と呼ぶことはできない。そこで、この分岐点となる密教の受法という問題を、あらためて検討することが、当面の課題とならざるをえないであろう。

ところで空海の場合、長安の青龍寺において恵果と出会って、短期間のうちに密教の受法という大偉業がなしとげられた。『御請来目録』は、往時の感動を伝えて「われに授くるに発菩提心戒をもつてし、われに許すに、灌頂道場に入るをもつてす云々[34]」と記した。いわゆる投華得仏の不思議が語られ、密教の秘奥伝授の成果がここに報告されている。あたかも一器の水を余すことなく他器に注ぐ、瀉瓶のごとき相承がみごとに成就したわけである。しかし、この入壇灌頂や発菩提心戒の内容について『御請来目録』はまったく沈黙を守るのみである。ただ、後者は三昧耶戒と呼ばれ、密教に入って修行するものの必須条件であるため、別に関連の資料が残されている。

たとえば、『秘密三昧耶仏戒儀[35]』は、諸仏菩薩の清浄戒としての三聚浄戒（摂律儀戒・饒益有情戒・摂善法戒）の授戒、そして四摂、四波羅夷（四重禁）および十重禁の戒相を示している。とくに四重禁は、⑴正法を捨てて邪行を発すべからず、⑵菩提心を捨離すべからず、⑶一切の法において慳悋すべからず、⑷一切衆生において不饒益の行を作すことを得ざれ、という密教戒の基本を表わしたものである。これは『大日経』の四重禁に基づき、「菩提心戒の四種の戒相」(36)とも名づけるが、ここにいう菩提心とは、菩薩の万行を標示する旗印のことである。

これに対して『三昧耶戒序』(37)は、密教の修行者が四種の心を発することを規定する。いわゆる信心、大悲心、勝義心、大菩提心がそれである。信心は『釈摩訶衍論』の十信心をあげ、大悲心は、利他の行をなす行願心のこと、勝義心は、教法の差別を簡知して勝義につく深般若心のこと、大菩提心は、能求の菩提心と所求の菩提心に分けて、大日如来の法身、四種曼荼羅(所求の心)のうちに心を安住せしめる三摩地を、その内容とする。このうち、大悲、行願、三摩地は『発菩提心論』の主張する三種菩提心の説を受けたもので、諸仏如来の「時としてしばらくも忘ることなき」(38)戒とされている。ここには、菩提の心を発し、菩提の行を行ずるすべての密教の修行を包摂するような戒が説かれていたわけである。

ほかに『平城天皇灌頂文』(39)など、三昧耶戒の趣旨を説く文章もあるが、基本的な枠組みはほとんど変わらない。密教の修行者は、沙弥戒、具足戒のような顕教の戒とともに、密教特有の戒を受持すべきであり、修行の方法と戒律とが不可分であることを強調する点に特色がある。たしかに密教の修行には、それに相応する戒がなくてはならない。その基本は菩薩戒であっても、心、仏、衆生の三平等の原理を覚証する生仏不二の立場に相応する戒は、諸仏如来とひとしい仏戒と名づけられる。密教における一挙手一投足はすべて、衆生の本来具足する諸仏の三平等の原理が開顕する働きと一つでなければならないからである。

こうした三昧耶戒の解説は、密教の修行の成立する基盤を明らかにし、生仏不二とか三平等の原理が、修行者の菩提心に即して直接的に開示される修行の性格をはっきりさせてくれる。ところが、『即身成仏儀』の引用する『五秘密儀軌』(『金剛頂瑜伽金剛薩埵五秘密修行念誦儀軌』)は、おなじ三昧耶戒の問題を、別の観点から捉えたものである。空海の自註に「これは初めて菩提心戒を授かる時、阿闍梨の加持方便によつて得る所の益を明かす[40]」と記された一節は、むろん古来「不読段」と称して、通常は解説されない箇所に属しているが、当面の問題にとって重要な鍵となる文章とみることができる。もっとも、原文は、授戒作法の内容にかかわるために、じっさいの経験なしに理解できるという性質のものではない。説明は、指月の喩のごとく、しょせん理解の手掛りを提供するにすぎず、言葉によって象徴的に指示された事柄までは届かないであろう。さいわい慈雲の文章が、簡潔にその内容をまとめているので、ここに引用しておきたい。

真言宗は印法不思議なり。其の入壇のとき、大阿闍梨金剛薩埵を鉤召して、これを弟子の心中におく、心中頓に一大阿僧祇劫所集の福徳智慧を獲得すと云へり。若し伝法をうれば、五部の諸尊つねに此の人に随逐す。其の法に入るもの自ら知るべし。[41]（『根本僧制』）

ここにいう「印法不思議」つまり印契の不思議な働きは、空海が「阿闍梨の加持方便」と名づけたものにあたる。この象徴的な言葉が指し示すものは、修行者の絶対的な転換とその自覚であろう。「金剛薩埵を鉤召（引入）して、これを弟子の心中におく」とは、授戒作法を指すため説明をはばかるが、一座行法における、本尊を曼荼羅本座から修法の壇上に勧請する作法が参考になるであろう。

慈雲はこれをまた「行者の自心は本有薩埵の故に、此を理身とす。曼荼（羅）東輪の薩埵（金剛薩埵）、此を智身とす、秘密加持不思議力の故に（中略）理智冥合す[42]」という。あきらかに、弟子の自心は本有の金剛薩埵（理身）であり、これに引入・冥合する金剛薩埵（智身）とは、金剛界の成身会、五解脱輪のうち東輪、阿閦如来の四親近にして、十六大菩薩の首尊である金剛薩埵を指している。いわば修行者の自心と、曼荼羅中の金剛薩埵とを冥合させる観想が、阿闍梨の加持方便によって現実のものとして決定、印可される。修行者自身は可能的にはもともと密教の菩薩であるが、現実にはまだそうなっていない。阿闍梨に導かれて我即金剛薩埵の自覚が生ずるとき、初めて密教の菩薩（薩埵）が修行者のうちから誕生する。この絶対の転換もしくは変容が、『五秘密儀軌』では「生在仏家」と表現される。いま仏家を曼荼羅の世界と解するならば、密教の世界に入って仏子となるとき、限りない福徳・智慧が修行者自身のうちに胎蔵されていることが開示される。慈雲は、この「理智冥合の処」である金剛薩埵をもって、三昧耶仏戒の戒体であるとしたが、その内容は、ここでいう「心中頓に（曼荼羅海会の）福徳智慧を獲得す」ることにあった。

発菩提心戒は、『五秘密儀軌』によって、「生在仏家」の転換を証する儀式とされたが、かかる修行者の転換を可能にしたのは阿闍梨の加持方便であり、印法不思議であった。そこでは、本来の自己の現前とは、つまり可能性から現実性への転換、自我（理身）と他我（智身）との冥合を意味するものであった。この我即金剛の成立は、密教の修行者がその出発点において、本来の自己（菩提心）の発得を自証し印可されるということである。この授戒作法が、密教修行者の新生の秘密であり、密教の修行の成立する基盤にほかならない。我即金剛とか菩提心といっても、本来の自己は、霧の中の月（霧即月輪）のように、薄明のうちにあり、霧や雲に象徴される煩悩や愛着を脱しきることはない。がしかし、この基盤が修行者のうちに据えられたとき、いわゆる上求菩提・自利の修行と、下化衆生・利他の修行とは一重にかさなりあう。本来の自己を中心とするかぎり、まさしく「迷悟われにあれば、発心すれば即ち到る。明暗他に非ざれば、信修すれば忽ちに証す[43]」というほかはない。迷悟、明暗を断つための修行は、そのまま三密の修行となる。それは、諸仏における身・語・意の三平等（三密）を修行者が体現することであり、自他の身・語・意の三平等が成立する場所を、修行者が自己のうちに開くことである。我・仏・衆生の三平等が、修行者の三密修行の中で現実のものとして摑まれるということである。さらに『五秘密儀軌』はいう。

もし人ありて法則を闕《か》かずして、昼夜に精進すれば、現身に五神通を獲得す。漸次に修練すれば、この身を捨てずして進むで仏位に入る。(44)

この精進、修練は、いわゆる証をはなれた修でも、修をはなれた証でもない。ただ本来の自己は、自心の源底を標示して、曼荼羅諸仏の世界を対象ならぬ対象として建立し、本不生の理を因果をこえて因果のうちに観じ、三密を修行して本尊の三昧に相応するのである。この本来の自己は、しかし、密教の修行者にとって、あるべき自己でなく、また求むべき自己でもない。行じて行ぜず、行ぜずして行ずというか、修行とすべき何ものもない修行があるということ。修行の主体が、生仏不二、理智冥合の処に据わること（戒）によって、密教の修行（定）が成りたつとは本来そういうことであろう。

現実に密教の修行にあっては、自己は自己であって自己でなく、自己でなくして自己であるということが成りたつ。我即金剛は、金剛即我であることを要求する。たとえば入堂作法がそうである。道場に入って一座行法を修するための前段階のところで、まず「想へ、吾れ本尊もしくは金剛薩埵となり、八葉蓮を踏むで道場に詣る云々」(45)と観念する。身心を浄めて道場に入るとき、護身法の印契・真言を修して自他の三業（身・口・意の働き）を清浄ならしめ、吾即金剛を観ぜよというわけである。修行者は、このとき自心中に、いわば金剛薩埵を引入して理智冥合の処に自己を据える。一座行法を修する主体は、すでに金剛薩埵と一体化せる自己であって、脱自的に自己をこえている。この自己でない自己が、金剛即我として道場に入って行法を修する主体となる。護身法とか浄三業ということも、この自己ならぬ自己への転換、一切法清浄を観じて法界とひとしく清浄なる主体となる自己変容を象徴する作法である。八葉の蓮をふんで仏国土にいたる、此岸から彼岸への飛躍が現にいまここで成就するのは、金剛即我の当体においてである。こうして自心中に仏国土が開顕するとき、おのずと修行者は密教修行が成りたつ基盤のうちへと歩を進めることができる。

この入堂作法によって、一座行法の成りたつ基盤が準備されるとき、身・語・意の三業はたがいに融合して純一となり、三密相応の瑜伽行が自然に行ぜられる主体の条件が整うというのである。

これに対して、堂内における修法の作法、つまり供養法は、口に真言を唱え、手に印契を結び、心を本尊の三昧に住する三密相応の行を基本として構成されてはいるが、じっさいに供物を献じて供養する形式となると、古代インドの宗教儀礼と共通する。たとえば六種の供養がある。閼伽、塗香、花鬘、焼香、飯食、灯明を献じて祈願する、この形式は、バラモン教やヒンドゥー教の祭祀を採用したものであろう。また、修法のもとの形は、古代インドの賓客に対する接待の形式を踏襲しているといわれる[46]。供物を献ずる供養の方法から修法の基本的な枠組みにいたるまで、密教以前の形式にしたがうところに、まず密教の特色がある。インド人の生活習慣や宗教儀礼を受容しながら、これを仏教的に変容し、その実質的な意味を転換することによって、密教は庶民のうちに定着し、また換骨奪胎して、世間的な供養の形式を出世間的な三密修行という内容にまで純化させたのである。こうした歴史的背景を抜きにした考察は、おそらく密教の修行という問題を見誤るであろう。

しかし、この供養法の成立は、もともと浅略と深秘という二重の意味を捉える密教の固有な考え方を示した例証なのである。この場合、インドの形式を受容したという点に注目する、ただそれだけの立場は浅略とされ、その形式に盛りこまれた内容の真の意義を知る立場を深秘という。つまり、密教の供養法は、その形式のうちに仮托されている深い意味を知って修するとき、純粋に密教の修行となりうるのである。逆に、その形式のみを知るということは、まだ密教の本質を理解したことにはならない。この簡単な区別のうちに、密教の受法を難しくし、伝授の法を重視し、相承の説を絶対のものとする伝承が生まれた原因がある。それはまた、事相の約束として、印契を人目に曝さず、真言の意味を顕わに説かないといった秘密性が強調される理由でもある。深い意味、かくされた真実義が存在すること、そして暗号解読のように、密号名字を身をもって知ることが、密教修行の成立するための要件となっている。

それでは、供養法の意義とは何か、この問題の手掛りを理供養と事供養に求めてみよう。ふつう香花など供物を献じ本尊を供養するのを事供養（外供養）と呼び、印契と真言とをもって運心（観念によって）供養することを理供養（内供養）という。密教では、事供養にも印契、真言を用いて理供養の意味をそえると同時に、花を献ずるときは、花の三昧と相応するごとく「所作あるに随いて、みな三昧と相応すべし[47]」と教える。香花などの供物を献ずるという一々の所作が、すべて三昧相応の瑜伽行となるとき、事供養はその深い意味（深秘）を開示するというのである。供養法の所作、いわゆる事作法は、あくまでこの瑜伽を基盤とすることによって、花には花の三昧が相応する、灯明には灯明の三昧が相応するように修すべきものとされる。この事供養がそのまま三昧相応の行となりえたとき、一々の所作は、一々の所作のままで内と外、事と理の対立をこえた絶対の事となる。「この中に本尊が明了に現前したまふ[48]」ごとき絶対の事となるとき、初めて三昧相応の事供養ということができる。

しかし、三昧相応とはすでに理供養を意味する。あるいは事に即した理供養のことである。同様に、理供養の印契、真言、運心というこ となき運心によって本尊の現前をみるのである。一々の所作が絶対の事となるとき、運心ということとなき運心によって本尊の現前をみるのである。ということも、内と外、事と理との対立をこえたところで三昧相応、絶対の理となるということができる。献ずるものなくして献じ、供養するものなくして供養するとき、本尊は応現する。このとき、有相の行は、有相の行のまま有相の行でない。そこでは一々の供養の印契・真言は、修行者と本尊、それを包む世界のすべてと呼応する印契・真言となって、ひとり本尊のみでなく、法界の諸仏に対する供養へと変換される。印契・真言の一々が遍法界の供養となるとき、三密相応の理供養の地平が開かれるということもできる。

供養とは理・事の供養なり。理とは会理入証、これを理供養といふ。事とは、心を尽くし力を竭して香花を営弁し、仏海を供養する、これを事供養といふ。(49)

この文章は、よく理供養・事供養の典拠とされるが、むしろ前掲の通説と異なる。ここでいう理供養とは会理入証、つまり印契・真言といった有相の行をこえた供養（「心法体に住して外の攀縁なきなり」(50)）を指しているからである。しかし、事供養・理供養ともに、それぞれの深い意味内容を探っていくと、文字上の差異はそれほど重要でなくなるともいえる。逆にまた、事相の立場では事・理供養という形式的な区別が、内容に即して深く解明される必要があるように思われる。——もっとも事と理、有相と無相といった対比は、密教の場合浅深さまざまな次元で考えられるため、慎重を期する必要があることはいうまでもない。

このようにみてくると、供養法の構成は、事供養に即して事供養をこえ、理供養といって運心の行にとどまらない深い意味内容を含んだものであることがわかる。三密相応とか、入我我入観あるいは正念誦、字輪観といった密教観法の問題は、もともとこうした事供養、理供養の円融無礙なる深い体験的理解という基盤のうえで、初めて問われうるものであった。一座行法は、たしかに密教観法をもってクライマックスとするが(51)、その秘観にいたる入堂以後のすべての段階で、じつは多年の修練を必要とするような事作法や観念を含んでいる。しかも、それでいて、浄三業のうちに一座行法はすべて収まる、ともいわれ、また事・理の供養も、結局のところ、普供養三力という主題のうちに集約されてしまうことであろう。一印一明をまもること身命よりも重しとするとき、一印、一明の重さは、ゆうに供養法の全体に匹敵する。密教の修行は、はたして入我我入観にいたって即身成仏するのか、それとも入堂作法の最初に、我即金剛と観念して、三平等の理を自身に体現したとき、すでに一切義が成就しているのか、そういった問いそのものが無意味化する場所に立つことが、およそ修行というものの第一歩なのであろう。

密教では、また念誦法とは別に護摩法を修する。このインド伝来の火の祭祀が密教の修行となるのはなぜか、という設問をうけて、内・外二種の護摩を分けるという説明法を用いることがある。ここでも、事火外道などが火神を供養した祭祀が、密教に採用されて、「護摩の義とは、慧火を以て煩悩の薪を焼尽して余なからしむる[52]」と解釈し直される。この「煩悩の薪を焼尽する」という象徴的な修行は、火天などを本尊とする外護摩（外法）と、まったく観念のみで修する内護摩（内法）とに二分される。この二種あるがために、密教の護摩法は、火即本尊、火は即修行者と観じて火焔と一体になって自己の煩悩を焼滅浄化するための方便となり、外法に即して内法を修するという道が開かれる。事に即して理を修する原則はここにも現われる。しかし、一々の所作に即して煩悩を滅尽することが可能となるための条件が、この場合にも問題である。そのうえ、もし火焔と一体化して煩悩を焼く外法（事）と、直下に煩悩を断ずる内観による内法（理）との二法があるとするならば、なぜ後者によらず前者をとるのか、という問題も派生するであろう。

真言念誦も護摩も、ひとしく本尊を供養し祈願する形式（外法）を受け入れながら、その中で本尊や火焔と一体になる瑜伽行（内法）を行う手段（方便）とするものである。そこで、この二重性の深秘が欠落するとき、修法の一々の所作は再度、仏教以前の祭祀にかえり、修行者の修即証の大行は形骸化するほかはない。この不断の危険性を克服し、換骨奪胎して密教の修行たらしめるのは、我即金剛（菩提心）の自証、つまりは修行者自身の自己覚証ということであろう。いわゆる「衆生自秘[53]」という契機は、このかくされた菩提心の深秘を衆生が自証するための方法を開示するものが、ほかならぬ密教であることを教えている。

四　即身の深秘釈

ところで、『辯顕密二教論』『真言付法伝』『即身成仏義』など、空海の前期著作ともいうべき著述は、まず顕教の三劫成仏に対する密教の即身成仏の強調という点で軌を一にする。そのうえ、これらの論述は、総じて『大日経疏』の引用を慎重に避けたということでもほぼ共通している。とくにこの引用書の特徴は、『声字実相義』『吽字義』などのちに展開される著作が、『大日経疏』を自在に援用、駆使しつつ論を進めたのと、すこぶる対照的である。おそらく、この顕著な転換の事実をどう説明するかは、空海の思想展開の核心に触れる問題であると思われるが、これまで注目されなかったことは不審というほかはない。

問題の一つの鍵は、『大日経疏』のいわゆる三劫（成仏）説と、空海自身の即身（成仏）説との違いに求められるであろう。前者は、三劫の二義をあげて、時間的に三大阿僧祇劫という無限の意味（常途解釈）のほかに、三妄執という独自の意味を付し、麁・細・極細の三段階の執着をこえる「超越三劫の瑜祇行」をもって秘密釈とした。[54]ところが、空海はなぜかこの三劫の深秘釈をとらず、むしろ即身の深秘釈の方に関心を集中したようである。とりわけ前期の著作では、その意図が歴然と現われていた。さきに引用した『五秘密儀軌』の説や、「重重帝網なるを即身と名づく」として「我身・仏身・衆生身」[55]の三身平等、無礙円融を説く『即身成仏義』の深秘釈などは、その代表である。たしかに『大日経疏』はすぐれて実存的な解釈を試みているが、それはなお密教のいう深秘釈にまで徹底したものでない（むろん、異本『即身成仏義』[56]の三種成仏説のごときは浅略の域を出ない）。これに比べると、空海のたてる即身の深秘釈は、『御請来目録』にいう「十六大生を期する」[57]修行の端的な体験の事実をふまえた実存論的な解釈というべきであろうか。

この独創的な解釈法によって、空海は実践と理論の総合を果たし、顕教と密教との立脚点の違いを示して、十住心体系の基礎を確立することが可能となった。この十住心体系が密教の修行理論の帰結であることは、あらためて別の機会に論じたいと思う。

ともあれ、ここでは密教の修行が成りたつ場所を求めて、われわれは受戒・我即金剛の体現、すなわち絶対の自己転換にいたった。それは灌頂の場合と同じく、本来の自己・自他不二の自己の現前を直証するところの儀礼であり、いわば儀礼的な即身成仏の体認である。ただ空海ほどみごとにこの約束された転換を成就させた例をわれわれは知らない。その後の密教修行の方法はすべて、この根本的な自己覚証の実現手段（方便）という性格をおび、いわゆる即事而真の原理によって貫かれているのである。こうして本来即事的な三密修行の深秘の構造を、空海がつぎのような加持の概念のうちに集約させたのが、つまりは『即身成仏義』の立場にほかならない。

加持とは、如来の大悲と衆生の信心とを表す。仏日の影、衆生の心水に現ずるを加といひ、行者の心水よく仏日を感ずるを持と名づく。[58]

自己を促して本来の自己と仏と密教とに出会わせずにはおかない内なる促しが、ここで「如来の大悲」と名づけられていた点に注目すべきであろう。

註

（1）西谷啓治『正法眼蔵講話』一、筑摩書房、一九八七年、七七頁。
（2）道元『正法眼蔵』弁道話。西谷啓治『正法眼蔵講話』二、筑摩書房、一九八七年、六六～七八頁。密教の「十

喩」のうちに影（鏡中の像）や水月（水中の月）を説くことは『性霊集』巻一〇の「十喩偈」を参照。そこでは観念とか観念の対象（幻）に対する深い洞察が示されている。

（3）松長有慶『密教・コスモスとマンダラ』日本放送出版協会、一九八五年、一〇五頁。

（4）『高野雑筆集』巻下（定本七―一二〇）。高木訷元『弘法大師の書簡』法藏館、一九八一年、一〇五・二九二～二九三頁。

（5）『性霊集』巻一〇（定本八―二〇三）。

（6）高木訷元、前掲註（4）書一六一～一六二頁。

（7）最澄『依憑天台集』序（伝教三―三四四）。

（8）『大日経疏』巻三（大正三九―六〇九下）。

（9）『大日経疏』巻三（大正三九―六〇九下）。

（10）『大日経疏』巻三（大正三九―六〇九下）。

（11）『大日経疏』巻三（大正三九―六一一下）。

（12）『性霊集』巻一〇（定本八―二〇三～二〇四）。

（13）『秘蔵宝鑰』巻下（定本三―一七四～一七五）。

（14）『大日経疏』巻三（大正三九―六〇九下）。

（15）『大日経疏』巻三（大正三九―六一一下）。

（16）拙稿「恵果阿闍梨との出逢い」（『密教文化』七七・七八合併号、一九六六年、本書三二一～三四頁）。

（17）櫛田良洪『真言密教成立過程の研究』山喜房仏書林、一九六四年、七～三五頁。

（18）『御請来目録』（定本一―一八）。

（19）『三教指帰』序（定本七―四一～四二）。

（20）『三教指帰』（定本七―六四）、福永光司訳『空海　三教指帰ほか』（中公クラシックスＪ16）二〇〇三年、一八九頁）。

（21）『三教指帰』（定本七―六四）。

(22)『三教指帰』(定本七―六三～六四)。
(23)A・ファン・ヘネップ『通過儀礼』綾部恒雄・綾部裕子訳、弘文堂、一九七七年、九・一七頁ほか。
(24)『三教指帰』序(定本七―四一)。
(25)『阿娑縛抄』第一〇四(大正図像九―二六六上)。
(26)『秘密儀軌伝授口決』(『真言宗全書』第二、三五六頁)。
(27)『虚空蔵菩薩能満諸願最勝心陀羅尼求聞持法』(大正二〇―六〇一下～六〇三上)。
(28)『覚禅鈔』第六五(大正図像五―七六中)。
(29)『虚空蔵菩薩能満諸願最勝心陀羅尼求聞持法』(大正二〇―六〇二下)。
(30)『三教指帰』序(定本七―四一)。
(31)氏家覚勝『陀羅尼の世界』東方出版、一九八四年、一四五頁。なお松長有慶・氏家覚勝「般若思想と密教」平川彰他編『講座・大乗仏教』二、春秋社、一九八三年、参照。
(32)『三学録』(定本一―四六)。
(33)金山穆韶『弘法大師の信仰観』(『真言宗選書』第五巻)、同朋舎、一九八六年、三一四頁。
(34)『御請来目録』(定本一―三)。なお灌頂と三昧耶戒については、拙稿「真言密教――その教相と事相――」(『弘法大師空海』毎日新聞社、一九八四年、八八頁、本書二七九頁)参照。
(35)『秘密三昧耶仏戒儀』(定本五―一六五～一七六)。
(36)『秘密三昧耶仏戒儀』(定本五―一七三)。
(37)『三昧耶戒序』(定本五―三～一〇)。
(38)『三昧耶戒序』(定本五―八)、『発菩提心論』(大正三二―五七二下)。
(39)『平城天皇灌頂文』(定本五―一三～二五)。
(40)『五秘密儀軌』(定本三―二七)。小田慈舟『十巻章講説』上巻、高野山出版社、一九八四年、一〇七～一〇八頁参照。
(41)『根本僧制』(慈雲全集六―七四。なお慈雲全集八―三九参照)。

(42)『曼荼羅伝授付録』（慈雲全集八―五二〇）。
(43)『般若心経秘鍵』（定本三―三）。
(44)『五秘密儀軌』（定本三―二七～二八）。
(45)『金剛界黄紙次第』（定本一―一九九）。
(46)松長有慶、前掲註（3）書三七頁。渡辺照宏『不動明王』朝日新聞社、一九七五年、二〇六頁。
(47)『大日経疏』巻三（大正三九―六一三下）。
(48)『大日経疏』巻三（大正三九―六一三下）。
(49)『大毘盧遮那経供養次第法疏』巻上（大正三九―七九〇下）。
(50)『大毘盧遮那経供養次第法疏』巻上（大正三九―七九八下）。
(51)松長有慶、前掲註（3）書三九頁。
(52)『大日経疏』巻二〇（大正三九―七八二上）。
(53)『辯顕密二教論』下（定本三―一〇九）。
(54)『大日経疏』巻一（大正三九―六〇〇下）。
(55)『即身成仏義』（定本三―二八）。
(56)異本『即身成仏義』（定本三―一九三・二一二・二三〇・二四〇）。
(57)『御請来目録』（定本一―一八）。
(58)『即身成仏義』（定本三―二八）。

十三　お大師さまの『大日経』観——造反から包摂——

一　秘門との出会い

皆様どうもご苦労さまでございます。ただ今ご紹介をいただきました岡村でございます。安居会に私どもがお呼びいただけるとは考えてもおりませんでしただけに、たいへん光栄かつ恐縮に存じております。私がまだ高野山大学でお世話になっておりましたときに、中野義照先生が「絶対、安居会をやらないかん」と、たいへんな勢いでお話しになっておられました。あのときのお姿が、まだまぶたに焼きついております。その安居会に出させていただくのはたいへんなことだ、と思うておりますが、とてもそんな大役は務まりません。ほんの入り口だけをさまよっている人間でございますので、その点あらかじめご容赦を願いたいと思います。

と申しますのも、私は宗教学、どちらかというと西洋の学問をやっておりまして、仏教のことも、密教のことも、お大師さまのことも、じつは専門ではございません。ただ、お大師さまの末徒の一人として、若いころから少しずつただ自分なりに勉強をさせていただくという心積もりでやってまいったのでございます。

きょうも、皆さんとご一緒にすこし考えさせていただき、すこしでも自分の考えを深めることができればたいへんありがたい、そう考えてまいりました。せっかく『十巻章』をお持ちでございますので、それを使って、お話を進めたいと思いますが、なにしろ与えられたテーマが「お大師さまの『大日経』観」、これはたいへんな難題でございます。お大師さまの著作や思想をきちんと勉強いたしたうえで、初めて、これがお大師さまの『大日経』の見方であり、捉え方であるというふうにお話できるわけですが、私は、そこまではとてもまいりません。その予備学、あるいは予備的な考察を試みてみたい、というふうに考えております。

皆さまご承知のことではございますが、いちおう、話の枕として、お大師さまと『大日経』とのつながりからまずみてまいりましょう。

昔からよくいわれております伝承では、お大師さまは修行をなさいますあいだに、久米寺で『大日経』を感得なさった、ということであります。おそらく二十歳代、三十前の青年時代に、お大師さまは『大日経』をご覧になる機会があったのだと思います。専門の方々のご研究では、奈良時代に、すでに日本には『大日経』が渡っており、『大日経疏』も日本に伝わっていたわけですから、そういう経典や論疏によるご勉強であれば、お大師さまは早くから手掛けることができたのではないか、また、できたはずである、こういうふうにいわれております。

しかし、この伝承の典拠とみなされるお大師さまのご文章には、「性熏我を勧めて還源を思ひとす。径路未だ知らず、岐に臨むで幾たびか泣く。精誠感あつて、この秘門を得たり。文に臨むで心昏し、願つて赤県を尋ぬ」（『性霊集』巻七〈定本八―一〇八〉）とお書きになっておられますように、どうやら『大日経』を勉強してまいりますと、「文に臨むで心昏し」という不思議な世界が向こうの方にみえるのだけれど、どうもはっきりしない、そういう感じでございましょう。焦点はすでに定まっているのだけれど、まだ、自分のものとしてつかむことができないということで、たいへんご苦労なさっておられたところ、たまたま中国へ行く遣唐使の船で留学僧が派遣される、そういう機会が巡ってきた。そこで、強いて願い出て赤県、つまり唐へ渡ることができたと、お書きになっておられます。

そういたしますと、お大師さまの宗教、お大師さまの思想の、いわば最初のところに、まず『大日経』との出会いがあった、と考えていいかもしれません。いや、おそらくそうでありましょう。そういうご縁が熟して中国に渡られたのです。興味深いことに、じつは同じころ、やはり同じように『大日経』や『大日経疏』をご覧になった、もう一人のお坊さんがおられた。それが最澄さんです。同じ延暦二十三年（八〇四）に唐に渡った留学僧の中に、この平安仏教を代表する両巨頭が並んで名を連ねたというわけでございます。

さて、中国でお大師さまは、短い期間ではございますが、幸運に恵まれ、例の青龍寺の恵果和尚のもとで、密教の真髄をちょうど水注ぎの水をすべて移し取るように、「瀉瓶のごとく」といわれますが、恵果さんの相伝なされている密教の極意のすべてを、そっくりそのまま、お大師さまにお手渡しになる。そして、それをお大師さまがしっかりと受け止めて急ぎ日本へお帰りになることができました。

ところが、意外なことがお大師さまを待ち受けておりました。一年早くお帰りになった最澄さんを、桓武帝はたいへんお喜びになられ、最澄さんが持ち帰った天台の『法華経』を中心とした仏教、それと最澄さんがたまたま持ち帰った密教、この二つを併せて、天台宗のいわば二本柱としてお認めになった。

延暦二十五年正月のことですが、年分度者の制度が定まり、三論、法相、華厳、律、そして天台の各宗に、毎年それぞれ、一定の新しい坊さんを受け入れて修行させるという枠組みが、法的に決定されたわけです。新しい天台宗の中には止観業といって、天台を中心とする学問、修行のコース、そしてもう一方に、遮那業と申しまして密教、『大日経』を中心とした修行のコース、この二つが公認の制度として確立されたのでございます。

そのとき、お大師さまはまだ中国におられまして、お亡くなりになった恵果和尚の碑文を練り、筆をとってお書きになった、ちょうどそのころでございます。やがて二月、願い出て、ぜひとも急ぎ日本へ帰りたい、という上表文を提出されて、帰国が実現いたします。

したがいまして、お大師さまは秋から冬、たぶん十月でしょうか、お帰りになったときには、今申したとおり密教、とりわけ遮那業、つまり『大日経』を中心とする密教コースが比叡山にすでに設立されていたのでございます。お大師さまが喜び勇んで、これこそ真言密教のすべてだ、これを日本に広めなければならないと、恵果和尚の遺言を胸に秘めてお帰りになってみると、思いがけない障壁が眼前に立ちはだかっていたというのが偽らざる現実だったのでございます。

その大きな障壁と危機を乗り越えるお仕事を、お大師さまは長い長い時間をかけて熟慮し、そして実行に移すや、人の意表をつくような仕方で、どんどん新しい真言密教を打ち出されていった。私どもが現在、著作の上で拝見するのは、その逞しいお大師さまの足跡なのです。ところが、その裏に、どうやら今申したようなたいへん難しい、普通の人ならばとうてい乗り越えることのできない障壁を乗り越えるという、想像を絶する大きなご苦労があったのでございますが、そのご苦労の痕跡をどこかに求めることができないか、それが私のきょうのテーマの一つであります。

はじめに『大日経』と出会い、そして、入唐して『大日経』の説く密教とはこういうものだということをつかんでお帰りになる。ところが、さて、それを広めようとするとき、今申したような大きな壁が立ちはだかった。さて、それを乗り越えて、お大師さまがやがて最後は、どこへたどり着かれたのか。いろいろ考え方はあろうかと思いますが、たとえばこう考えてみてもいいのではないか。

と申しますのは、生涯の代表的な著作として『十住心論』（『秘密曼荼羅十住心論』）十巻という大部な書物が著わされます。これは、お大師さまが経験されたいろいろなご苦労と、そしてまた、そういうものをとおしてお大師さまが培われた新しい密教の捉え方、そういったものをすべて総合し、もう一度『大日経』が説いた、また『大日経』が説こうとした密教とはこういうものだ、とお示しになったものであります。お大師さまの『大日経』観を中心にみるかぎり、いわば総決算が『十住心論』という形で実を結んでいる、このように考えることができるのではないでしょうか。

もしも、そういたしますならば、お大師さまの宗教、思想は、いわば『大日経』に始まり『大日経』に終わる、そういうはじめであり、かつ同時に終わりでもあるような『大日経』、これは、容易に私どもがうかがい知るわけにはまいりません。ただ、お大師さまがいくつかの手掛りをお示しになっておられますので、それをしばらくたどってみたいと思うわけでございます。

そこで、一つの便法として、こんなことを考えてみました。私のきょうのテーマに対するコメントは、ここ（配布資料）に書いてございますが、これではよくわかりますまいから、話の進め方をあらかじめ申し上げておきましょう。

> **問題の所在**
>
> 大師の著作（祖典）にみられる『大日経』『大日経疏』の引用例を比較検討すると、意外な隠された一事実に気づかされる。
>
> イ、まず『辯顕密二教論』（以下『二教論』とする）や『即身成仏義』（以下『即身義』とする）の場合と、

『声字実相義』（以下『声字義』とする）以降とでは、『大日経』の引用と注釈、とくに『大日経疏』の指示、援用の仕方が違う。

ロ、この形式的な違いの意味するものは何か。また、その違いの生じた時期と理由は何か（はたして大師の著作活動を二分するような転機があったのだろうか）。

ハ、総じて大師は『大日経』をどのように読もうとされたのか。

提言

『大日経』の引用例を手掛りにして、私たちが今、祖典を読むための新しい視座を探る冒険の旅へのいざないを試してみたいと思う。

まず、お大師さまの著作における『大日経』観の展開を考えるうえで、一番手っ取り早い目安を出してみます。それは、まず中国において、中国密教の金字塔といわれる、『大日経』の注釈書二十巻が書かれたわけです。『大日経疏』という名前で呼びならわしているものがそれでございます。

さて、その『大日経疏』は、善無畏三蔵のお話を一行禅師が漢文として書き写されたものだということになっております。ですから、たとえば最澄さんですと、『大日経疏』は真言宗沙門である一行が著わした『大日経疏』と捉える。お大師さまは、あとでみますが、「沙門一行」とは書かず、「善無畏三蔵」がお説きになったものが『大日経疏』である、とお書きになっている。これは、たいへんおもしろいところです。

さて、そういう善無畏さんの話された、いわば解説、講伝ということになりましょうか、その『大日経疏』を、それでは、お大師さまはどういうふうにお使いになっているのか。『大日経疏』の引用例をすこしたどってみます。これが第一番です。

二番目、それでは、『大日経』そのものをお大師さまはどういう仕方で引用し、どういうふうに読んで、どういう論の進め方を実際なさったのか。そこのところをすこし、さわりの部分だけでもたどってみましょう。

三番目、おなじ『大日経』ですが、おもしろいことに、さきに申し上げた『大日経疏』との関係から申しますと、じつは二つの読み方があるのです。『大日経疏』をふまえて『大日経』を読む、という手順をとる場合と、とらない場合、少なくとも著作のうえに表われたかたちとしては、お大師さまはこの二つの立場を使い分けておられる。これについてすこしばかり事実を確かめることにいたしましょう。

さて、そうすると今度は四番目、問題としてはいったい何がそこに隠されているのか、その点を洗い出してみたい。そこからもう一度、お大師さまにとって『大日経』とは、さて、どういうものであったのか。少なくとも、その取っ付きのところまで皆さんをご案内できれば今回は上首尾と思うております。

では、急いで『十巻章』を開いていただきましょう。『大日経』の引用は早い時期からありますが、『大日経疏』の方は、じつは『声字義』になって初めて出てまいります。高野山大学版『十巻章』をお持ちの方は、三十五ページを開いていただきましょう。そうしますと、三十五ページの三行目、下の方から、

此ノ義ハ大日経ノ疏ノ中ニ具サニ説ケリ、臨レテ文ニ可レシ知ヌ、（この義は大日経の疏の中につぶさに説けり、文に臨むで知りぬべし）（定本三―三六）

という一節が出てまいります。声字と実相という、声とか文字というもの、つまりは現われた形のあるものと、実相、つまり普通ですと形として現われない真実そのもの、それがどう関係し合っているのか、そこのところを明ら

かにするのがこの『声字義』ですが、その声字と実相の関係の仕方を、そのすこし前から六合釈といって、当時の仏教論理学によって展開してみると、こういうことがいえる、とお大師さまはご指摘になって、その中で声字と実相が「即」というかたちで結びつく関係は『大日経疏』につぶさに説いてあるから、それを参照せよと書いておられる。

ここで気をつけなければいけない第一の点は、「大日経の疏の中に」として、『大日経疏』という文字が使われています。こういうことは、前後それほどたくさんあることではない。お大師さまがそのフルネーム、あるいは略称をそのままお使いになるときは、多く、それが一番最初の引用ということを暗に示しているわけです。

お大師さまの著作としては、それ以前に『二教論』があり、『即身義』があります。そのつぎが『声字義』。その三番目のところで、初めて『大日経疏』という名前が紹介され、その説によって議論が組み立てられているということを、はっきりとお示しになっている。これは大事なことです。それ以前はどうだったのか。それはあとでお話ししましょう。

つぎに、同じ『声字義』をすこしめくっていただき、三十六ページ、右から四行目に、

> 問フ此ノ頌ハ顕二ス何ノ義一ヲカ、答此ニ有二リ顕密二ノ意一ロ、顕句義ト者ハ如二シ疏家ノ釈一ノ、密ノ義ノ中ニ又（問ふ、この頌は何の義をかあらはす。答ふ、これに顕密の二つのこころあり。顕句義とは〈つまり顕の意味とは〉疏家の釈のごとし。密の義の中にまた）（定本三―三七）

と書いてございまして、この「疏家の釈」が『大日経疏』であることは明らかです。

さて、その『大日経疏』の説について、今の文は『大日経』を引用して、その注釈について筆を進めておられる箇所ですが、その偈頌の解釈の仕方に二つあって、一つは顕、一つは密。顕と密というのは皆さんご存じのとおり、

密が真言密教、そして、顕というのは真言以外の仏教諸宗の捉え方、天台も、華厳も、三論も、法相も、ここでは顕ということになりましょう。

もう一つの意味は、あらわな言葉の意味というふうに読めばいいかと思います。ここでは、言葉の意味をあからさまな仕方、あらわな仕方で説いてある、というふうに読むこともできます。とにかく疏家の解釈、『大日経疏』の説を引き合いに出すのに、ちょっとばかり制約つきといいますか、限定をつけたうえでこれをお出しになる。ほんとうの密教の意味は、そこではまだ説かれていない、という含蓄がその言葉の裏側にあるように思われます。

以下、『声字義』の中でもいくつかあるわけですが、つぎに、『吽字義』へ移ってみましょう。『吽字義』は『声字義』のつぎに書かれた著作です。その五十二ページ、四行目の一番下から、

梵《ニハ》云《フ》二係怛嚩《ト》一即《チ》是《レ》因縁《ノ》義《ナリ》、（梵には係怛嚩と云ふ、すなはちこれ因縁の義なり）（定本三―五三）

とあります。「賀」という梵字を注釈する場合、まず梵語、サンスクリットをここへ引き合いに出す。これは『大日経疏』を下敷きにしてお書きになったものといわれております。

それから、おなじページの最後の行の中ほど、いわゆる「阿の声」というものを説明した中に、

凡《ソ》最初《ニ》開《ク》レ口《ヲ》之音《ニ》皆《ナ》有《リ》二阿《ノ》声一、（およそ最初に口を開くの音に皆阿の声あり）（定本三―五三）

と書いてあるのは、これまた『大日経疏』の引用であるといわれています。

五十三ページ、終わりから二行目、

初《ニ》訶字《ノ》実義《ト》者、（初めに訶字の実義とは）（定本三―五四）

というところの下に、

所謂訶字門一切諸法因不可得《ノ》故《ニ》、（いはゆる訶字門一切諸法因不可得の故に）（定本三―五四）

とあるのは、これもまた『大日経疏』の引用です。以下、阿字その他についても、ここではつぎつぎと『大日経疏』に説かれているものをフルに活用して、いろいろな梵字の言葉の意味が並べられているわけです。

ところが、『吽字義』は、おもしろいことに、『大日経疏』を扱っていながら、「大日経疏にいはく」とか、「大日経疏の釈によれば」という言い方が一つもない。みごとに、自家薬籠中のものとなさって、お大師さまは『大日経疏』からいろいろ引用して、自分の議論を組み立てておられる。これはおもしろいです。

そういえば、さきにも申しましたが、『声字義』で初めてお大師さまは『大日経疏』を正面に据えて、これによっていると公表されますが、じつは、今の梵字で思い出しますと、『梵字悉曇字母幷釈義』という書物を、短いものですが、弘仁五年（八一四）、お大師さまが『勧縁疏』によって、諸国に真言密教とはこういうものである、と公開の挨拶状をお書きになる前年、嵯峨天皇にその悉曇の書物を差し上げておられる。その悉曇の書物では、今の阿字の説明にあたって、やはり『大日経疏』が用いられる。ところが、そのときには、なぜか『大日経疏』によるという説明はございませんでした。

もう一つ『吽字義』、六十八ページ、上に、

平等摂持の実義

と書かれております、そのすぐ下に、

又云ク、此ノ麼字ト者三昧耶自在ノ義、無所不遍ノ義ト者、（またいはく、この麼字とは三昧耶自在の義、無所不遍の義とは）（定本三―六五）

という文章があります。吽の字を阿・訶・汙・麼という四字に分解してご説明になる、その最後の麼の字の説明の中に、「またいはく」という言い方があります。お大師さまの用語例に従いますと、これは多くは経典からの引用

という場合の言葉です。それを『大日経疏』を引くときに「またいはく」と、ある意味では、経典扱いをしている、こういう扱い方もみられるわけでございます。

さて、ずっと『秘蔵宝鑰』まで行っていただきます。『秘蔵宝鑰』の巻下、百七十六ページ、はじめから四行目、

釈《シテ》曰《ク》、心主《トイフハ》即《チ》心王《ナリ》也、（釈していはく、心主といふはすなはち心王なり）（定本三―一五四）

とありますが、「釈して」というのは、『大日経疏』の解釈をそのまま引用して、「釈していはく」と書いておられる。これが以後、決まった引用のパターンになってくるわけですが、すぐあと、百八十三ページに同じパターンが出てまいります。百八十二ページ、終わりから二行目の「釈していはく」は、お大師さまの解釈だということです。ですから、これは『大日経疏』ではない。ところが、百八十三ページの中ほどすこし左、上の見出しに「(四) この住心の仏陀」とある文章は、

無畏三蔵《ノ》説《カク》、行者住《スル》二此《ノ》心《ニ》一時《キ》即《チ》知《リ》二釈迦牟尼《ノ》浄土不《ト》レ毀《セ》、（無畏三蔵の説かく、行者この心に住するとき、すなはち釈迦牟尼の浄土毀《き》せずと知り）（定本三―一五九）

と書かれています。これも『大日経疏』のたいへん有名な一節でございます。これを、さきに申しましたように「無畏三蔵の説かく」というふうに引用しておられます。

続いて百八十七ページ。さきほどは第八住心ですが、今度は第九住心。終わりから三行目に、やはり『大日経』の引用のあと、

善無畏三蔵《ノ》説《カク》、此《ノ》極無自性心《ノ》一句《ニ》悉《ク》摂《シ》二華厳教《ヲ》一尽《スト》、所以者何《トナレハ》、（善無畏三蔵の説かく、この極無自性心の一句にことごとく華厳教を摂し尽くすと、ゆゑいかんとなれば）（定本三―一六三）

と書かれております。さきの天台、今の華厳の立場、そういうものを『大日経』に基づいて、それぞれ第八住心、

第九住心というふうに配置されますときの証文として、まず『大日経』を挙げ、ついで、善無畏三蔵の説というかたちで『大日経疏』が引用されております。これはたいへん大事なポイントでございましょう。

そういうふうにみてまいりますと、『声字義』から『吽字義』、そして『秘蔵宝鑰』、さらに『十住心論』でも出てまいります。皆さんのお手元にお配りした資料は『十住心論』第一〇巻にある『大日経』の引用文でございます。

資料：『十住心論』巻一〇の『大日経』引用箇所

a、故経云「一時薄伽梵。住如来加持広大金剛法界宮。一切持金剛者皆悉集会。」(定本二―三一一)

b、又云「如来信解遊戯神変生大楼閣宝王。高無中辺。諸大妙宝王。種々間飾。菩薩之身為師子座。」(定本二―三一三)

c、又経云「其金剛名曰虚空無垢執金剛。乃至金剛手秘密主。如是上首。十仏刹微塵数等持金剛衆倶。」(定本二―三一三)

d、次経云「及普賢菩薩。慈氏菩薩。妙吉祥菩薩。除一切蓋障菩薩等諸大菩薩。前後囲繞而演説法。」(定本二―三一四)

e、次経云「所謂越三時如来之日加持故。身語意平等句法門。時彼菩薩普賢為上首。諸執金剛秘密主為上首。毘盧遮那如来加持故。奮迅示現身無尽荘厳蔵。如是奮迅示現語意平等無尽荘厳蔵。非従毘盧遮那仏身或語或意生。一切処起滅辺際不可得。而毘盧遮那。一切身業一切語業一切意業。一切処一切時。於有情界宣説真言道句法。又現執金剛普賢蓮華手菩薩等像貌。普於十方宣説真言道清浄句法。所謂初発心。乃至十地次第此生満足。縁業生増長有情類業寿種除。復有牙種生起。」(定本二―三一五)

『大毘盧遮那成仏神変加持経』巻第一　入真言門住心品第一

（大正一八―一上～中よりの引用）

それを『大正蔵経』からコピーしています。一、二、文字が変わっておりますが、a、b、c、d、eと区分けをしてあるのは、お大師さまが分けられたものです。そして、b、c、d、e、つまりaだけを外していただきますと、あとは全部、この『大日経』の引用のあとに、さきほどの「釈していはく」というふうに『大日経疏』の引用が長く続いているわけです。

ですから、『声字義』から『十住心論』にいたるまでをみてまいりますと、お大師さまが『大日経』を読んだり、あるいは、議論を構築したりするときには『大日経疏』を非常に大切な註解書としてお使いになっていることは明白でございます。

のみならず、じつは、お大師さまは『御請来目録』の中で、『大日経疏』を『華厳経』その他と一緒にお持ち帰りになったときに、こういう規則を立てておられる。「一乗、理奥《ふか》くして、義、文と乖《そむ》けり。論疏を仮らざれば微《み》言《げん》功なけむ」（定本一―三〇）と。大乗の教えというものは、言葉を超えた深い真理を説いたものであるから、そのほんとうの意味は、われわれが文字として読む言葉とは必ずしも一致しないから、論疏を仮らざれば、つまり経典の解説書や権威ある注釈書によらなければ微言、その教えがもっているほんとうに役立つ力が働き出ない、つまり功なしということになってしまう。これが一般的な規則でございます。

ですから、宗学の方では早くから、『大日経』を読むとは『大日経疏』を読むことだったし、『大日経』というものは『大日経疏』を通して読むものであると信じ込まれてきたわけであります。

二　いかに『大日経』を読むか

しかし、それでいいのか。お大師さまが実際にお示しになったのはいったい何か。それが一つのポイントであります。そこで、今度は著作のうえで『声字義』よりさかのぼって、お大師さまがどんな『大日経』の取り扱い方をなさったかという、二番目の問題に移ります。

百十八ページをお開きいただきます。『辯顕密二教論』巻下の見出しに「二、大日経による儀相」、いわゆる「法身説法の姿形」という部分に、

大毘盧遮那経ニ云ク、（大毘盧遮那経にいはく）（定本三―一〇六）

とあります。さきほど申しました、お大師さまがフルネームで経典名を掲げられたときは、それが著作の中で最初に現われるというケースです。ここでも『大日経』が初めて引用されたわけです。しかも、これは『大日経』の冒頭の部分、「云、一時薄伽梵（いはく、一時薄伽梵）」とあります。『理趣経』でいえば「イッシファーキャーファン」と唱えます、あの「一時、薄伽梵」から、引用されている。おもしろいことに、その上に本来「如是我聞」という四文字があるのを、お大師さまは省いて、そのつぎから引用されている。それがどういうことなのか、私も勉強したいと思うておりますが、どなたかお教えいただけるとありがたいと思います。

さて、その冒頭から文章をたどって、つぎのページの頭に割り注があります。

此レハ明ス二自性身ノ説法ヲ一（これは自性身の説法をあかす）（定本三―一〇六）

それから、一つ飛んで中ほどに、

此レハ明ニス受用身ノ説法一ヲ（これは受用身の説法をあかす）（定本三―一〇六）

さらに二行あけて、

此レハ明ニス変化身ノ説法一ヲ（これは変化身の説法をあかす）（定本三―一〇六）

と書いてございます。自性身、受用身、そして今の変化身、もう一つの等流身は、最後の行に、

此レハ明ニス等流身ノ説法一ヲ（これは等流身の説法をあかす）（定本三―一〇六）

と書かれてあり、

言レツ等ト者挙ニケテ金剛蓮華手一ヲ兼等ニスルナリ外金剛部ノ諸尊一ヲ、此ノ経ノ四種法身ニ亦タ具ニス竪横ノ二義一ヲ文勢可レシ知ヌ、（等といふは金剛蓮華手を挙げて、兼ねて外金剛部の諸尊を等するなり。この経の四種法身にまた竪横の二義を具す。文勢知りぬべし）（定本三―一〇六〜一〇七）

と割り注が続いております。

割り注というのはお大師さまがお付けになったコメント、注釈でございます。さきほど来みてまいりましたように、経典を引用なさいますと、お大師さまははっきり、これはこういう意味である、「釈していはく」と、注釈をお付けになるわけです。それは長い場合も短い場合もあるし、場合によれば『大日経疏』を借りる場合もある。ところが、ここでは『大日経疏』を用いず、お大師さまがごく手短に、四種法身にこれを割り当て、「いわゆる法身説法の姿が四通りここに説かれてある。そのイメージをしっかりとつかんでみなさい」といったところでしょうか。文字や言葉の意味が問題ではなくて、この経典に説かれている文面を、そのまま四種法身がそれぞれにみずからの身口意の三密をもって、無尽荘厳という仕方で、平等句の教えをお説きになっておられる、そのイメージの描写として、ひとつ読んでごらん、こういったところでしょうか。

こんな注釈は普通はありません。ましてや、『大日経疏』にはそんなことは書いてありません。むしろ克明に解説してある。ちょうど、今取り上げた部分が、ついさきほど申した『十住心論』巻一〇の引用文と、ピタッと重なるわけです。というよりは、すこしばかり『十住心論』の方が引用が長うございます。また、区切りがちょっとずつ違っております。

がしかし、もう一つ大きな違いがある。さきほど申したとおり、『十住心論』ではそれぞれの区切りに合わせ『大日経疏』の注釈がきちんと施されて、これはこういう意味だというふうに読めるようになっているわけです。ですから、『二教論』の引用が読めないと感じる方は、『十住心論』の同じ『大日経』の引用箇所の註解をみれば、おのずと内容が明らかになる。ただし、そこに重大な問題が隠されているのですが、それはまたあとで申しあげましょう。

さて、今、大事なことは、『大日経疏』によるという仕方で『大日経』を注釈する、というかたちをとる場合と、とらない場合と二つあるということでしたが、初期の著作である『即身義』は、みごとに『大日経疏』を引用していない。それでは、『大日経』はどうかというと、じつはしっかり引用されているのです。

一つは、八十三ページの二行目、

問フ義若シ如クナラハレ是ノ者、何ン等ノ経論ニカ説ク二顕密ノ差別一ヲハ、答テ曰ク

五秘金峯聖位経　遮那楞伽教王等

菩提智度摩訶衍　如レ是ノ経論ニ簡択シテ説ケリ

(問ふ。義もしかくのごとくならば、何らの経論にか顕密の差別をば説く。答へて曰く、五秘、金峯、聖位経、遮那、楞伽、教王等、菩提、智度、摩訶衍、かくのごときの経論に簡択して説けり)(定本三―七八)

いわゆる六経三論。六つの経典と、三つの論書を挙げた中に「遮那」の文字がみえます。『大日経』は密教を説いた重要経典として挙げてあります。

では、『大日経』で説かれる内容は何かとみてゆきますと、八十ページの上に「二、顕執と秘境」という見出しがございます。そのつぎの行に、

得レム保ニツヿヲ無尽荘厳恒沙ノ己有一ヲ、（無尽荘厳恒沙の己有を保つことを得む）（定本三―七六）

とございます。この「保つ」という字を、新しい『定本弘法大師全集』は「ほしいままにする」と、なかなかおもしろい読み方をしております。「無尽荘厳恒沙の己有をほしいままにする」、これがさきほどの『大日経』の冒頭の引用箇所の内容を一言で押さえた、要約であったわけです。無尽の荘厳というのは、法身大日如来が、いわゆる自眷属とともに法をお説きになる。そのそれぞれの眷属が皆、自分の世界を現じ、自分の世界を荘厳して法を説いている。上から下までずうっと縦横無尽に、その荘厳の世界が広がっている。それがここでいう「無尽荘厳」です。

この無尽荘厳は、じつは『大日経疏』では、「無尽秘密荘厳不可思議の大事を説く」と書かれている。そのことを一方で押さえ、他方では、さきほどの『大日経』の引用中に「無尽荘厳蔵」という言葉があったのをふまえ、「恒沙」つまりガンジス河の砂のごとく無限に多い、「己有」というのは主体、大日さまも、それを取り巻く眷属、持金剛その他の菩薩等々、そういった曼荼羅世界のすべての仏たち、菩薩たち、あるいは諸天が、それぞれに不思議な法を説く。そういう世界がずうっと無限に繰り広げられていく、あたかも、どこにも中心があって、円周のない球体のように、それを主体というかたちで、どれも自他不二の自分であり、大日如来の分身である、というふうに押さえる。そのことがつまり「無尽荘厳」「恒沙の己有」ということでありましょう。

それをもう一つ別のかたちでお説きになったのが、七十九ページの終わりから三行目です。

自性受用仏《ハ》自受法楽《ノ》故《ニ》与《トモニ》二自眷属《ト》一各《ノ》説《玉フ》二三密門《ヲ》一、謂《フ》二之《ヲ》密教《ト》一、（自性受用仏は自受法楽の故に、自眷属とともに各々三密門を説きたまふ。これを密教といふ）（定本三—七五）

大日さまが法を説いておられる、それが密教の世界だということではない。じつは、大日さまを取り巻いている眷属、諸仏諸菩薩がそれぞれの仕方で、大日さまと同じように法を説いて、いわばその分身を現じている。上は法身大日如来から、下はいわゆる三種世間、宇宙に存在するもののすべてが、それぞれ真実の姿を開示する、世界そのものが本来の姿を生き生きとクリエーティブな仕方で展開している、そういう秘密荘厳の姿がまさしく大日如来の説法の姿、法身説法ということなのだ、といっておられるのです。その法身説法のモデルは、ほかでもない『大日経』の冒頭の一節であったというわけです。ただし、これについては、「大日経疏にいはく」ということが一言も断られていない。これが大事なポイントかと思います。

もう一つ。『即身義』では、いろいろ重要な問題が多いのですが、ここでは、十五ページの上に、三として『大日経』という見出しがございます。皆さまご存じの「二経一論八箇の証文」であります。その二経のうちの一つが『金剛頂経』、もう一つが『大日経』、もう一つの論はというと、もちろん『菩提心論』であります。

さて、その『大日経』の部分に引用が二つあり、はじめの方は、「不捨於此身、逮得神境通、遊歩大空位、而成身秘密」（定本三—一八）、これは、私どもが事相の場、あるいはお葬式の席でお唱えし、印を結ばなければいけない秘伝の偈頌でございます。これに続く引用に、お大師さまはつぎのようなコメントをなさっておられます。

此《ノ》経《ニ》所《ノ》レ説《ク》悉地《ト》者《ハ》、明《ス》二持明悉地及《ヒ》法仏悉地《ヲ》一、（この経に説くところの悉地とは持明悉地及び法仏悉地をあかす）（定本三—一八）

とある。この二種の悉地がまず第一。つぎには、大空位ト者ハ、法身ハ同二シテ大虚ニ而無礙ナリ、含二シテ衆象一ヲ而常恒ナリ、故ニ曰二フ大空一ト、諸法ノ之所二ナルカ依住一スル故ニ号レス位ト、

（大空位といっぱ法身は大虚に同じて無礙なり。衆象を含じて常恒なり。故に大空といふ。諸法の依住するところなるが故に位と号す）（定本三―一八）

この無礙・常恒の大空位が二番目。三番目は、

身秘密ト者法仏ノ三密ナリ、等覚モ難レク見十地モ何ンカ窺ハム、故ニ名二ク身秘密一ト、（身秘密といっぱ法仏の三密なり、等覚も見難く、十地もいかんが窺はむ。故に身秘密と名づく）（定本三―一八）

これも有名な文章です。

昔、高野山大学の講堂に使っておりました教室には、正面に額が掛かっておりました。「遊歩大空位」、私が大学へまいって最初に覚えたのがこの一句でございます。あとになって、『即身義』にあることに気がついて二度驚きました。じつはすばらしい一句ですが、「大空位」のコメントはまったく『大日経疏』の説ではありません。あくまでお大師さま独自の解釈がここに示されている。その意味はなかなか難しゅうございますから、また機会がございましたら、勉強していただけるとありがたいと思います。ここではただ一つだけ申し上げておきたいのはつぎの点です。

「逮得神境通」とございますから、普通は、五神通もしくは六神通という神通力をわれわれがえる、獲得するための修行であり、修法である、と読めるわけです。『大日経疏』もそう読んでいる。ところが、『大日経疏』は、そこでもう一つ大切なことをいっています。浅略と深秘と、意味が二つあるのだというのです。それをふまえてお大師さまは、もう一つポイと飛ばれたわけです。神通というかぎり、ここでいう持明の悉地にとどまる。がしかし、それは、もともと法仏の悉地、つまり法身における悟りの世界そのものが現に顕わになることと別ではないのだ、

というふうに申しておられるのです。

ですから、つぎの身秘密が、普通ならば遁甲の術と申しまして、姿を隠す神通力のことなのです。それが身秘密であると、『大日経疏』にそう書いてある。ところが、ここでは身秘密とは、まさしく「法仏の三密」というふうにお大師さまは読んでおられる。ということは、私どもが修行して悟りにいたる、あるいは、それにいたるためにいろいろと体得できるような不思議な霊力、法力、そういうところで経文を読んでいるかぎり、即身成仏ということはわからないのだと、簡単にいえばそういうふうにお書きになっているのだと思います。つまり、即身成仏とは、私がこの身このまま仏になるということではなかったのです。

では、もう一つ二十三ページの頭注に「五　四種の曼荼羅」として、「㈠大日経」と、『大日経疏』の引用があります。

四種曼荼各不離ト者、大日経ニ説カク、一切如来ニ有二リ三種ノ秘密身一、謂ク字印形像ナリ、字ト者法曼荼羅ナリ、印トイハ謂ク種種ノ幖幟即チ三昧耶曼荼羅ナリ、形ト者相好具足ノ身即チ大曼荼羅ナリ（四種曼荼各不離といっぱ、大日経に説かく、一切如来に三種の秘密身あり。いはく字印形像なり。字といっぱ法曼荼羅なり。印といっぱいはく種々の幖幟すなはち三昧耶曼荼羅なり。形といっぱ相好具足の身すなはち大曼荼羅なり）（定本三―二四）

こういった四種曼荼羅の証文の一つとして引用される『大日経』です。

先達は偉いもので、もとの文章とは違うと指摘しておられるのです。「諸尊に三種の身あり」（大正一八―四四上）が原文です。「諸尊」というのを「一切如来」とお大師さまは書き換えられた。「三種の身あり」というのを「三種秘密身あり」とお改めになった。いわば、ちょっとすり替えたというわけです。ところが、それでもって全然文章の意味が変わります。「諸仏諸尊すべてに三種の秘密身あり」という言い方ができることになったのです。

そして、「いはく字・印・形」というのは、字はつまり種子、印は三昧耶形、それから、形像は本尊のお姿です。私どもが一尊法を修しますときに、まず種子を観じ、その種子が三昧耶形に変じ、三昧耶形が変じて本尊の相好、お姿に転換される。そういう修法のプロセスをたどるわけですが、ここで「諸尊に」といっているときは、字・印・形という三つを用いて本尊さまのお姿を観想する。そういうふうに読むわけです。

事実、『大日経疏』も似たような読み方をしております。「字に二種あり、声および菩提心なり」と。あるいは、字輪観における字相、字義の二種にあたるものを考えるとよいかもしれませんね。つまり、目に見える形をもった文字、種子、そういうものを観ずるということと、もはやそういう形をもたない菩提心そのものまで返って本尊を観ずる、その行者のありようそのものが、つまりは文字である、こういう二重の読み方が『大日経疏』に現われる。これは修行者の立場からみているわけです。

ところが、お大師さまは「字といっぱ法曼荼羅なり。印といっぱ」というふうに書かれている。つまり、法曼荼羅というのは種子曼荼羅なのですけれども、われわれがこちらから観ずる、書かれた種子曼荼羅を通り越して、書かれた種子や文字を超えた本尊さまのあるがままの文字、それがここでいう法曼荼羅ということになるわけです。

そこで、歴代の祖師方のコメントによると「法曼荼羅に三重の意味あり」ということになる。一つは、そういう種子としてわれわれが観ずる文字、つまり阿字なら阿字を書いて観法をいたします、この書かれた文字が法曼荼羅、種子曼荼羅。それが、いわばもう一つの本来のあり方、姿形を超えたところにある法然の文字とでも申しますか、目に見える随縁の文字を超えた、本来の文字そのものの世界があるというふうに捉える。そして第三に手前へ来ると、さまざまな形でのサマーディ、三摩地ということ、もしくは、さまざまな仕方で著わされた経典、論書、これら三重のものすべてが法曼荼羅ということになる。

法曼荼羅は、われわれが見るところの種子曼荼羅をあいだに挟んで、向こうへ行くと仏さまの世界のあるがままのお姿、手前へ来ると、その種子曼荼羅を観じて私どもが体得する体験の世界、この三つを全部束ねたかたちで法曼荼羅というふうにお大師さまはお説きになっておられるというわけです。

しかも、もう一つ、『大日経』は、字・印・形という三種の形・姿を本尊はもっておられる、いや、本尊だけではなくて一切の如来、あるいは、もとへ戻せば大日如来にも秘密身というものがあるのだ、というところまでは説かれる。それを、こういうふうに四種曼荼羅というかたちで捉え直してくるのは、『大日経』も説かず、『大日経疏』もまだいたりつかず、お大師さまにおいて初めて現われる解釈、これはすごいことだといわずにはいられません。

なぜこの問題をとりあげたかといいますと、四曼というのは六大や三密に比べて一番短い。ですから、『即身義』の講伝などでは、簡単にすませるのだけれども、なかなかどうして、お大師さまの著作をずうっとはじめからしまいまで読もうとすると、この四種曼荼羅はどえらい、いわば定石とでもいうべき布石になっている。そこからいろいろなものがまた展開されてくるということがございますから、ちょっと指摘をいたしました次第であります。

以上申しました『二教論』『即身義』においては、お大師さまは、たしかに『大日経疏』をご覧にはなっている。議論の節々にちらちらと見えてはいる。だけど、きちんとこれを押さえたうえで独自の解釈をお出しになっている（いわゆる疏家と宗家の解釈）。このことを確認したかったわけであります。

では、最後にもう一つ、資料をご覧いただきます。なぜこんなものを出したかと申しますと、さきにも申しましたa、b、c、d、eと五つに分けてある文節の中で、最初の「故経云（故に経にいはく）」というのが、また三つに仕切られています。「一時薄伽梵」で始まり、二番目が「住如来加持広大金剛法界宮」とあります。三番目が

「一切持金剛者皆悉集会」とあります。お大師さまは偉いですね。「薄伽梵」については、「つぶさに釈すること疏のごとし」と、きちんと書いてある。だから、「薄伽梵」という三文字は『大日経疏』によって調べればよろしい。後の「一切持金剛者」についても、また、疏の文章をそのままお使いになっている。いわゆる「釈していはく」というかたちで解説が与えられ、そのあいだの十二文字だけについて、お大師さまは『大日経疏』の注釈を付けておられない。ここのあいだに入っていることの一つが四種曼荼羅の身ということ。一つ一つの言葉は、たとえば如来だとか、あるいは加持だとか、そういう語句をさきほどの四種曼荼羅に当てていくわけです。これはもうお大師さまの独壇場ですから、われわれには何とも申しようがありません。

さて、そういう仕方で四種曼荼羅が入ってくる。そしてさらに、四種法身もここへ入ってきたと思います。ここの十二文字について、お大師さまは、その解釈を『大日経疏』に譲らず、ご自身の独自の解釈をここへ収めておく、というわけです。前後の長い文章の中でいえば何パーセントかのごく僅かなところです。ところが、この「法界宮に住する」という一つのパラグラフが、いってみれば、この引用されている部分の核心（ヘソ）なのです。いや、それだけではございません。『大日経』そのもの全体の、いわば一番もとになる礎石、礎になる根本のところ、その部分については誰の注釈も通用しないといわんばかりに、お大師さまはご自分でお書きになっておられる。

今の言葉を借りますと、このごろの最新の生物科学というのはたいへんなことをやっている。遺伝子細胞の中の核をちょっと動かす、取り替えるわけです。いわゆるＤＮＡ操作です。そうすると、もとの遺伝子と全然違った別のものに生まれ変わってしまう。変身、転換ですね。これが核の変換ということであります。ちょうど今の十二文字をお大師さまがご自分の注釈、解釈でもって、ポンと埋められたということは、核の変換ということと同じくらい、すごくたいへんな離れ業だったのです。今だから、われわれは、そんなモデルで説明できます。しかしこの時代の人にそんなことがわかる道理はありません。なんだたったそれだけのことかと、こうなってしまうわけでありましょう。

以上、みてまいりますと、何を申し上げなければいけないかといえば、こういうことです。第一番目に、『大日経疏』をお大師さまはどういうふうに引用し、どういうふうに自分のもの、自家薬籠中のものとしてお使いになったか。それをみてまいりました。

しかし、その『大日経疏』の取り扱いという点から、『大日経』の引用の仕方までずうっと調べてまいりますと、二通りのものが出てきた。一方は、たしかに『大日経』により、かつまた『大日経疏』に従ってこれを読むという、規則どおりの読み方が行われている。しかし、そこでもすこし問題がありました。これはあとで申しましょう。それともう一方は、『大日経疏』を棚上げしてしまって、お大師さまは『大日経』に基づいて独自の解釈をすっぽりと投げ込まれる。そういう離れ業をおやりになっておられる。そして、その両方が全部総合される場所、今、最後にみました『十住心論』の最後の巻では、『大日経』の一番大事なところを引用して、お大師さまがお示しくださったことは、八分か九分までは、『大日経疏』によってこれを読みなさい、しかし、肝心なところ、つまりコア、中核になっている部分は私の解釈に従いなさい。これは、まったく『大日経疏』によったのではだめだ、ということではないでしょうか。

三　無尽荘厳の世界

そういたしますと、時代順にもう一度整理し直しましょう。著作としては、『二教論』『即身義』がまず早い段階で成立しました。そこでは、お大師さまは『大日経』の引用を非常に重要視されているにもかかわらず、『大日経疏』をそれほど重視する態度をお示しになっていない。しかし『声字義』からは、一転して「大日経疏にいはく」というだけでなく、『大日経疏』という名前さえも外してしまって、どんどんそれを使っておられる。そういう変化が起こりました。そして三番目、最後に、私どもは、お大師さまの『大日経』および『大日経疏』の取り扱いのいわば総まとめともいうべき引用の仕方が、いまや、はっきりしてまいりました。『大日経疏』によるべきはよるべし、ではあるがしかし、ほんとうに肝心な問題に限っては『大日経疏』によったのではだめだと、お大師さまはおっしゃったことになってまいります。

さて、そこから何が問題として取り出されるのか。これは立場によってさまざまだと思います。しかし、あらかじめ申しました問題に関連させて申し上げてみましょう。まず第一に、外的な原因が考えられるであろう。それは何かと申しますと、お大師さまは、真言密教というものを何一つ障害のない原っぱの中で打ち建てればいいという状況ではなかった。普通の者ではとても越えることのできないような厳しい障害、ほとんど最悪の条件のもとで、いうならば、一つ間違えば天台の傘下に吸収されるかもしれないという危機的な状況の中で、旗上げしなければいけなかった。

そのとき、私どもが憶測いたしますと、『大日経疏』に基づいて『大日経』を読むことが、もし、天台の基本的な教学にとって決定的なことだというのであれば、自分の方は天台流の『大日経』の読み方とは違う、もう一つの『大日経』の読み方を前面に押し出すほかはない、そういった状況があったのではないかと考えられるのであります。

さきほど申しました『勧縁疏』がたしか弘仁六年（八一五）に発せられます。じつは、その前々年の弘仁四年に最澄さんは『依憑天台義集』という――依憑というのは、よりどころとするということ。何をよりどころとするかというと、天台の義、つまり、中国仏教の各宗が天台の哲学、教理というものをよりどころにしている証拠の文献を取りまとめて一冊の論書を編纂されたわけです。その中に『大日経疏』が、真言を代表するものとして収められる。ほかに、華厳もあれば、法相、三論もあるわけです。そこで、問題は、天台にとっての『大日経』もしくは『大日経疏』の扱い方ということです。

ですから、最澄さんは、この『大日経疏』が事実、たとえば天台の一番大事な三諦、あるいは三徳、あるいは数息、この三つに限っていえば、天台とまったく同じだと。三諦とは、いわゆる空・仮・中です。中道を説く天台では、空・仮・中の三諦が円融しているというのが基本思想でございます。その空・仮・中という三諦を用いて一行さんはと、最澄さんは申します。何を説いているかというと、従因縁生、縁起によって生じたもの、因縁所生法ということ、つまり実在ではなく現象しているもののことです。

このおなじ問題を、お大師さまはどこで説かれたかと申しますと『声字義』。何を使ってお説きになるかといえば、おなじ『大日経疏』です。現象するものは、それ自体としては、いわば世間の文字、随縁の文字だけれど、本来は法然の文字ということで、法爾自然という世界をお示しになっておられる。こうしてもののみごとに、三諦とは異なる密教的解釈に基づいて同じ問題を解いておられます。

数息の問題はさきほどの字・印・形の問題です。文字というのは普通は観ずるものです。あるいは、「落叉」という形で数ということになるともいう。これは円融ということからすれば、世間の数息の一番優れているのは天台の数息観だという『天台止観』に基づいて、最澄さんは『大日経疏』で一行さんが天台の止観を下敷きにして議論を提起し、証明しているではないかといわれる。いわゆる三徳、つまり般若と法身と解脱についても、要するに、われわれの本尊、法身、そういう問題の立て方としては、天台の場合とまったく違うということを示したものが、六大縁起等々、お大師さまがいたるところで説かれ、最後には『大日経』に基づいて無尽荘厳の世界を端的に説かれた、そこのところによく表われています。

今、思い出したことがあります。さきほどの『十住心論』で、お大師さまが独自の解釈を出されたとき使われた言葉に、「この『大日経』にかくのごとく無量の四種曼荼羅身の住処および説法の利益をあかす。これすなはち秘密無尽荘厳の住処なり」（定本二―三一一）とあった。私どもがずうっと読んできた中に「荘厳」という言葉があり、「曼荼羅」という言葉、「説法」という言葉がございました。そういうものを全部引っくるめて、『大日経』が明らかにしているのは、まさしくこれだといわれたのが、さきに挙げた十二文字の読み方にかかっていた。それが、ここでの問題と関連してくるのです。一行さんはじつは天台学のすばらしい学者ですが、その天台学に基づいて善無畏さんのお話を漢文に直し、文章化する、筆受という仕事をなさったわけですから、『大日経疏』が天台の理論、教義に基づいて解説されているのは当然だったのです。この点を最澄さんはかっちりと押さえたわけです。

さて、『大日経疏』によって『大日経』を読む、とはどういうことかといいますと、『大日経疏』がよりどころとしている天台の理論、教義に基づくかたちで『大日経』を読む、ということではないのか。もし、そうだとするならば、お大師さま、あなたは天台に従うことになって、天台を超えるということにはなりませんよ、というわけです。最澄さんは、あらかじめ逃げ道を塞ぐ準備をしておられた。

しかし、お大師さまはそのぐらいでたじろぐ方ではございません。もう一段高いところから、そうではないということをお示しになる、そのために、あえて『大日経疏』に基づかず『大日経』の独自の解釈を前面にお出しになられた。そこから、天台から独立した、文字どおり真言宗としての、真言密教の教理体系が打ち建てられる、そういう問題があったわけです。これはしかし、外的な原因でしかありません。

じつは、それ以上に大事な問題があったのです。これは私の勝手な解釈ですが、お大師さまが今申したような仕方で『大日経』を読まざるをえなかったのには、理由があったと思うのです。

たとえば、恵果和尚からお受けになった密教、つまり不空三蔵、恵果阿闍梨をとおしてお大師さまに伝わった密教は、『金剛頂経』と『大日経』を、両部不二というかたちで結び合わせる立場の密教であった。その具体的な現われが、両部曼荼羅（両界曼荼羅）であります。金胎両部が対応するかたちで対置されている。それは、もと不二であって、別のものでない、という前提があったからでき上がるわけです。たしかに、両部の曼荼羅はできた。では、『大日経』と『金剛頂経』はどこでドッキングできるか、この問題は中国では十分論義されることがなかった。その難題をお大師さまが、たいへんご苦労をなさって、みごとに解決の道をおつけになられた。これもまた真言密教の伝承にかかわる、外的な原因の一つと申せるでありましょう。

最後に非常に難しいことですが、『大日経疏』は中国における密教の集大成であって金字塔、まことにすばらしいものです。しかし、それを持ってきて、それに基づいて密教の理論を日本で打ち建てることができるかというと、それはしょせん借り物にすぎません。お大師さまに課せられた、いや、お大師さまがみずからお引き受けになられた課題とは何か。ご自分の血と肉、全身全霊をあげて、恵果阿闍梨から伝えられた密教を、まったく新しい日本の風土と土壌の中で打ち建てることだったのです。宗教学の用語では、それを「受け取り直す」と申します。別な風土や土壌で育った思想や宗教は、切り取って移しただけでは根が下りません。植木で持ってきて移植しても根が張りません。ほんとうに日本に根を下ろすという仕方で密教が日本に伝わるには、根本的な仕方で全部、いわば底から総ざらいして読み替えるということが必要なのであります。じつは、その作業は常人のなしうることではございません。しかし、そういうことがなされなければ、ほんとうに日本という風土、土壌に根の下りた、生きた密教が伝わることは起こらない、こういうふうにお考えいただいていいかと思います。

今、われわれ自身に課せられている課題とは何か。お大師さまが生涯をかけてたいへんなお仕事をなさったのと同じことを今、日本社会の全体が現におかれているこの危機的な状況の中で、もう一度私たち自身で再現することかもしれません。私どもが仏教なり、お大師さまの教えなり、真言密教なりを人に伝えるためには、そして、ほんとうの意味での感化を与え、帰依する心を惹き起こさせるためには、私ども自身が、お大師さまが身に引き受けられたと同じように、密教そのものをもういっぺん根本的に捉え直す、そういうことがほんとうは要求されているということではないのか。結論としては、ただその一言をきょうは申し上げようといたした次第であります。

お大師さまが『大日経』によってほんとうにお説きになろうとされた、すばらしい世界、象徴的な世界、「法爾自然」という言葉、「秘密荘厳」という言葉も出しました。そういう言葉でいったい何が捉えられていたのかという言葉の意味内容を本来は申し上げなければいけなかったのでしょうけれども、私の非力、そこまでは及びませんで、ただ入り口だけのお話に終始してしまいました。

十四　真言密教——その教相と事相——

はじめに

よく密教は、わかったようでわからないという。どこか捉えどころのない混沌に似ているとも聞く。あるいは、いたるところに中心があって円周のない無限大の円のようなものかとも思う。たしかに真言宗の寺の本尊はまちまちで統一がなく、マンダラ諸尊すべてが本尊だと聞くと、こんどは頭が混乱しはじめる。

外からみてわかりにくいばかりでなく、内部に入っても、どうやら見通しのきかないものであるらしい。もし、何かをいったとしても、それだけでは説明のつかない問題がすぐとび出してくる、不思議の国のようでもある。要は、なんでもかでも密教にとりこむという、おそるべき活力と融通無礙なところが、密教をどうもわかりにくいものにしているらしい。

そのために、すこしでも簡潔に捉えようとすると、すぐ焦点がずれてくるし、混沌に目鼻をつけようとすると、いきおい生命を断つことにもなりかねない。とかく、生きた密教を描こうとするのは厄介な話である。そこで初心者にとり、関心のある具体的な問題、しかも密教入門に不可欠と思われる問題にしぼって、すこし自由に考えることしたい。

あらかじめ、予備的な考察から始めたいと思う。

まずはじめに真言密教とは、弘法大師空海が、みずから将来した不空《ふくう》・恵果《けいか》系の密教を組織・大成して、日本の土壌に定着させたものを指す。それは、インドやチベットその他に流伝した密教、さらには奈良時代の密教、また天台の密教と区別するための呼称であるという（松長有慶『密教の歴史』平楽寺書店、一九六九年、一八八頁）。したがって、ここにいう真言密教には、およそ三つの要素が含まれていると考えてよかろう。第一は、インドの経典、儀軌およびその相承がまず骨格をかたどり、つぎに中国仏教に培われた華厳・天台の哲学がこれを肉づけし、第三には、空海自身の入唐以前の体験、つまりは古代の山岳修行および日本固有の宗教性が、その仕上げのためにアトリエを提供したと。

そこで大師空海があらたに総合された、この実践と理論の体系のうちには、インドをはじめ、中国、日本からの培養液や触媒のたぐいが多分に混入していたといえる。そのうえ、この大事業が日本の仏教受容の歴史に一転機をもたらした事実は、どんなに高く評価しても、評価しすぎることはない。古代人の宗教性に仏教的な表現を与え、それまでの受容仏教から、あらたな日本仏教への橋渡しがここで完成したからである。

つぎに与えられたテーマ、教相と事相に関しては、古くから「鳥の双翼、車の両輪のごとし」と伝授されているところから、真言密教には理論と実践が完備していること、あたかも天台の教観二門のごとしと強調したふしもあるが、事相・教相の一致を心がけて理想とした祖師たちがいたことも事実である。もっとも、事相と教相という区分の成立は、ほぼ十一世紀の性信・明算《めいざん》のころといわれ、すでに平安末には事相隆盛の時代をうけて、教学再興の機運とともに「一に偏すればこれ邪執なり、二者必ず兼ぬべし」（覚鑁《かくばん》）といった批判が現われていたという（栂尾

祥雲『日本密教学道史』高野山大学出版部、一九四二年、二九頁)。

おもうに事相は、修道実践の方法・軌則を伝え、三宝院流・中院流・伝法院流といった相承ごとに、その組織と体系を具えて、付法血脈《ふほうけちみゃく》のやかましいものである。これに対して、教相は、事相によりながらも、さらに経典、論書、とりわけ空海の教学研究を通じて、事相の偏執ぶりを批判する反省の立場にたちいたったのであろう。

空海の密教にはみられなかった、この事相と教相の区分が、こうした歴史的状況のうちから成立したとなると、両者の総合はよほど難しい問題を最初から含んでいたことになる。さしあたり、ここでは伝統的な二分法にしたがって、あまりその区分にとらわれず、空海みずから提起されたもっとも根本的な問題を中心に考えてみよう。そういう試みの中から、やがて新しい事相・教相の総合統一への可能性が発見できるかもしれないからである。

それでは空海の集大成した密教、つまり真言密教を根本的なしかたで規定しているものは何か、すこしく検討しておこう。

空海は弘仁十二年(八二一)までに『真言付法伝』を著わし、同十四年『三学録』(『真言宗所学経律論目録』)を上進するが、これと緊密な関係をもった『辯顕密二教論』、その内容をまとめて最初に密教の立場を紹介する公開文書『勧縁疏《かんえんのしょ》』(『諸の有縁の衆を勧めて秘密蔵の法を写し奉るべき文』)は、すでにそれ以前に成立していた。これら一連の著述は、とくに真言密教の成立を考える場合、きわめて重要である。

なかでも『真言付法伝』は、密教固有の相承系譜を示して、初祖大日如来、二祖金剛薩埵《こんごうさった》、三祖龍猛《りゅうみょう》、四祖龍智、五祖金剛智、六祖不空、七祖恵果と数える。これは『不空表制集』にのせる相承とひとしく、空海自身がしたしく入壇灌頂《かんじょう》をうけた阿闍梨《あじゃり》、恵果の相承に基づくことは明白である。この授法は『御請来目録』に詳しく報ぜられ、その付法によって「今の所伝」が、いかに「古の法匠」の伝えた密教と違うかを、そこでは強調している。この七祖相承のうえに、八祖空海を加えて「付法の八祖」と称し、おなじ相承血脈を現在まで伝えているわけであるが、この法脈がまずもって真言密教の旗印とされてきたのである。

さきに密教固有の相承といったが、その特色は初祖と二祖の関係にある。つまり金剛薩埵が大日如来から法を授かったとき、真言密教が始まったのである。この注目すべき関係は、永遠の原型ともいうべく、すべての真言密教相承の原点とされる。阿闍梨と受法の弟子、師匠とその弟子、師資の関係は、ひとしくこの原型を模し、金剛薩埵がまのあたり大日如来から受法するのと同様、弟子は現前の阿闍梨から法を授かるものと受けとるわけである。何も最高の秘儀とされる伝法灌頂の場面において、そのように観念するとか、儀式的な演出が行われるといったことではない。真言密教の付法とはまさしくそうであって、それ以外にはありえないという端的な事実を、この『真言付法伝』が証明しているのである。

もし『真言付法伝』の思想というものがあれば、この永遠なる原型としての授法が、真言密教のすべての関係とその構造に影を投じているということであろう。試みに、灌頂という付法の儀式が厳重に執行されるのは、この永遠なる原型にしたがって、付法の場からあらたな真言密教が始まり、おなじ授法が続くかぎりその生命は保持される、すなわち灌頂から、そのつどまったく新しい密教の歴史が始まるとは考えられないであろうか。儀礼宗教としての真言密教は、儀礼をとおす以外に、自己再生の道をもたないともいえる。それゆえにこそ、入壇灌頂にあたっては人を選び、非法を厳重に排除したのである。面授・伝授・秘伝と、悪名高いこの相承の形式は、もともとこの永遠なる原型との根源的な関係を維持するためのほとんど唯一の方法であった。その形式主義を笑うものは、真剣に『真言付法伝』と対決する必要があるであろう。おそらく三昧耶戒《さんまやかい》の授戒の真意も、そこにあったかと思う。

付法というと、『御請来目録』は恵果入滅の夜の不思議なことばを伝えていた。「我と汝と久しく契約ありて、誓って密蔵を弘む。我、東国に生まれて必ず弟子とならむ」（定本一—三八）と。もし付法という一回限りの出会いが、今ここでの出会いにすぎないとすると、この状況は異様だし、真実を伝えたことばとは思えない。ところが、ひとたび付法の師資関係を、永遠なる原型の再現とする立場にたつならば、今ここでの出会いは、かつて無限にくり返された永遠の出会いの中の一つであって、それゆえにありがたく、それゆえに真に切実であるのみでなく、すべて出会いというものは、かの初祖と二祖との関係に基づいて、永遠にあり、かつてあり、今あり、そして将来もあるであろう。まことの師弟関係とは、本来このようなものと考えることができるのである。

一　教相について

さて『辯顕密二教論』の成立は『真言付法伝』に先だつが、右の相承系譜は、それより早く『御請来目録』『勧縁疏』にも現われる。そこで示された初祖大日如来の伝法説が、こんどは顕密二教の教相判釈《きょうそうはんじゃく》のうちで法身説法の主張となって結実するのである。ここに真言密教を説く第二の鍵がかくされている。

それ仏に三身あり、教はすなはち二種なり。応化の開説を名づけて顕教といふ。言《ことば》、顕略にして機に逗《かな》へり。法仏の談話《だんかい》、これを密蔵といふ。言、秘奥にして実説なり。（定本三—七五）

この『辯顕密二教論』の冒頭の一節は、周知のとおり三身二教の教判と称されて、密教の特色をもっとも簡潔に示す文章として著名である。これを理解するには、つぎの『勧縁疏』の文章とあわせて読むという方法もあるかと思う。

もし自心を知るはすなはち仏心を知るなり、仏心を知るはすなはち衆生の心を知るなり。三心平等なりと知るをすなはち大覚と名づく。大覚を得むとおもはば、まさに諸仏の自証の教を学すべし。自証の教とは、いはゆる金剛頂十万偈および大毘盧遮那《だいびるしゃな》十万偈の経、これなり。この経は浄妙法身大毘盧遮那仏、自眷属の法仏とともに、法界秘密心殿の中に住して常恒に演説するところの自受法楽の教なり。（中略）仏法の深妙ただこの教にあり、菩提を証せむとおもはば、この法最妙なり。（定本八―一七五）

これは師の恵果の教命として引証された一節であり、注目すべき内容を含んでいる。たとえば「自心を知る」は、『大日経』の「いかんが菩提とならば、いわく如実知自心」（大正一八―一下）によると同時に、『華厳経』の有名な「心・仏・衆生此三無差別」（大正九―四六五上）の一句をうけていることは明白である。いわば二経の立場を同列とするみかたを表明するはずのところで、自証の教とは『金剛頂経』『大日経』であり、法身の自受法楽の教であると断定している。ここで決定的な意味をもつのは、あくまで諸仏自証の教であり、法身仏の説法という観念であろう。

顕教は釈尊の説法を基本とし、密教は法身大日如来の説法を根本とする。しかし法性《ほっしょう》、法身《ほっしん》、真如《しんにょ》の当体ははたして三密具足の法身仏であるのか、また因分可説、果分不可説というように、如来内証智の境界にそもそも説法ということがあるのか、この二点を解明しないことには、密教の成立条件は満たされぬではないか。さきの初祖大日如来ということも、じつはそう簡単にはいえないのが道理であろう。とりわけ『大乗起信論』は、真如が超絶的実在であって「言説の相を離れ、名実の相を離れ、心縁の相を離れている」（大正三二―五七六上）と説いて、大乗仏教のもっとも基本的見解であるとする。これに対して、空海は『釈摩訶衍論《しゃくまかえんろん》』と『智度論《ちどろん》』を援用して、一つには本覚思想を唱えて「真諦の中に仏あり衆生あり」（定本三―九〇）の説を裏づけ、いま一つは密号名字相、五種言説、二種名字、十種心量の論をかりて、如実語、如義語の法身説法を反証として掲げたわけである。もっとも最後には『菩提心論』を引用して、「ただ真言法の中にのみ即身成仏するがゆゑに、これ三摩地《さんまじ》の法を説く」（定本三―九三）と結び、この密蔵肝心の論は「顕密二教の差別、浅深および成仏の遅速・勝劣」（定本三―九三）すべてを説くからこれを参照せよと、いわば下駄を預けた恰好で終わっている。

いわゆる「法身説法章」のこうした議論からは、法身説法の内容はついに聞くことができない。というより、もともと密教経典の説く三摩地の法は、こうした論議になじまない性質のものではなかったのか。少なくとも、天台や華厳における経典とその教理・哲学の成立した状況と比較して、根本的な違いがありはしないか。密教は哲学的宗教である以前に、はるかに実践的な宗教ではないのか。この点を示したものに『秘蔵宝鑰《ひぞうほうやく》』第十秘密荘厳心がある。そこでは、真言密教の哲学を説くべき箇所に、周知のとおり『菩提心論』三摩地の段の引用があてられる。この一見奇異にみえる措置も、密教すなわち三摩地の法という観点からみるとき、しごく当然のこととなるから妙である。かの最澄の『摩訶止観《まかしかん》』重視に対応して、空海の方でも、実践に即した三摩地の学問的解明を志向したと考えてまず誤らないであろう。こうした理に対する端的な事と行の立場の重視、それが顕密二教判の最大の特色とされるゆえんである。

いわゆる三部書と称される『即身成仏義』『声字実相義《しょうじじっそうぎ》』『吽字義《うんじぎ》』の中で展開される、あの強靭で気宇の大きな思索は、どこか密教観法の深き底から湧きおこる変幻自在な観想のおもかげを伝えている。三密瑜伽の実践の場を離れず、そのうちで展望される法身仏、法界、そして我の真実相を写しとったというところが三部書にはあると思う。とりわけ体《たい》・相《そう》・用《ゆう》の三大思想をもって、法身仏のダイナミックな宇宙論的構造を、即身のあり方として把握し、六大《ろくだい》・四曼《しまん》・三密《さんみつ》という密教的な象徴のもとに解明する手法は、まさしく密教的解釈学の典型を示したものといえる。六大縁起と名づけ、真言密教の基本原理とされる六大体大とは、しかしいったい何であろうか。

まず六大は、自然哲学的な六つの構成要素（地・水・火・風・空・識）によって一切の存在が構成されているという学説ではない。すでに四大や五大という観念は、インド以来深く瞑想とかかわって成立してきた。密教の道場観も、五輪・五色・五字・五大をその基礎に据えることは『秘蔵記』が教えている。そこでは一切の存在、また世界が五大より生じ、五字・五大を離れないと観ずるわけである。ところで、『即身成仏義』は、さらに五大と識大とを総合した六大説をたてるが、ここでも法界率都婆観《そとばかん》、五字厳身観といった固有の実践方法と根本的に結びついていることは疑いえない。

そこで、六大は法界体性であって、一切の存在は六大によって構成され、すべての差異と限定をこえて六大を出ないと考え、さらにまた、一切の存在は六大より生ずるとして、能生の六大をたてる。『大日経』と『金剛頂経』の引証をあげ、独自な釈義を加えて、六字・六大が真実在の象徴であり、同時に真実在としての法身仏そのもののあり方とされるわけである。そのために、六大体大というものをただちに実体と捉える誤解が生ずる一方、いちおうは形ある象徴をとおして、一切の限定をこえた、形なき超越者をみることが可能となった。しかも超越者は虚空のごとく法界を包摂しつつこれをこえ、一切の存在のうちに不断に自己を表現するものにほかならない。太陽が光あまねく法界を包み、一切の存在にたえず生命と活力を与えるように。

この六大は、「無礙にして常に瑜伽なり」として、かかる六つの構成要素は法身仏の象徴であり、円融無礙、法《ほう》爾自然《にじねん》にして、永遠の秩序と調和のもとにあるという。たしかに、一切の存在は六大によってあり、六大を離れず、六大を体としている。とはいえ、こうした存在の構造とかあり方は、すべて暗号（密号）であって、これを知るものにのみ無限の意味と内容が開示される。六大は、概念の分析や思弁の対象でなく、直覚的につかむ以外に方法のない象徴または暗号として提示されていたのである。

法身仏のあり方は、こうしてみごとに具象化され象徴的な表現を与えられた。だれもが、仏も六大、我も六大、本来一つであって別ではないと観念できれば、じきに生仏不二《しょうぶつふに》の真理を知りうるし、煩悩即菩提《ぼんのうそくぼだい》の真実に眼を開かれる。また、森羅万象すべて六大といえば、一切の事物のうちに仏を見、仏の働きを知って、自他不二、我即法界の理法にめざめることが可能となろう。

六大と四曼を、体大と相大とに配するのが『即身成仏義』の説である。四つのマンダラ（大・三昧耶・法・羯磨《かつま》）は、無数無量の諸仏・諸菩薩が、それぞれ無量の誓願、功徳を具足し、あらゆる姿かたちをとって現われ、一切の存在のうちに遍満する、そのあり方（相大）を組織的に示したものである。このあり方を、もし三秘密身《さんひみっしん》（字・印・形像）に収めると、四つのマンダラはそれぞれの仏・菩薩に具わっていることになる。これを開くと、大マンダラは、仏・菩薩の形像を描き、法身仏の無数の分身を示すもの。三昧耶マンダラは、仏・菩薩の持ちものなどの象徴的標示を表わし、その誓願・功徳を示すもの。法マンダラは、各尊の種子《しゅじ》真言を記し、理法を示すもの。羯磨マンダラは、各尊の働きを示し、あるいは立体的に作ったマンダラの意。

要は、多様な諸仏の姿かたちを具象的に表わしたものが相大であり、そのすべてが法身仏を表現するものとして分類・整理されるとき、金剛界と大悲胎蔵生の両部マンダラが成立する。もっとも、ここでは描かれ、表現されたマンダラ諸相のみでなく、五相成身観、修法のときの印契、三摩地の観法など、直接に実践方法と結びついた、内外のかたちが網羅されている。また虚空をはしる光のように、無限のかたちが無礙であり、不離であるという。体は相によって表現が可能となるが、もともと両者は相即相入して分離しがたい関係にある。

用大の三密は、仏の身・語・意の甚深微細な働きを指す。仏の三密は、無数の三密を具して、相互に緊密なしかたでかかわりあっている。衆生の三密は、これに対して、「手に印契をなし、口に真言を誦し、心三摩地に住する」のをいう。実践の軌則、方法にしたがって如法に三密修行がなされるとき、仏と衆生の三密相応して加持するゆえ、はやく大悉地（さとり）をうると。

いわゆる「三密加持すれば速疾に顕はる」のとおり、三密の加持が、法身仏の顕現する場所を開くわけである。

加持とは、如来の大悲と衆生の信心とを表す。仏日の影、衆生の心水に現ずるを加といひ、行者の心水、よく仏日を感ずるを持と名づく。（定本三―二八）

この有名な三密加持の定義は、本尊の慈悲と修行者の信心との関係を示している。「加」とは、日輪が水に映るように、仏の慈悲の働きが修行者の心に映現すること、「持」とは修行者の心が仏の慈悲の働きに感応して、これを保持することである。至心に祈り、祈願する我の心が仏の働きを受ける器となり、私意・我欲を去って己を空しくするが、この空しくなった無私の心を満たすのは仏の慈悲である。さて、この満たされた心をそれとして受けとるもの、これが今「加」に対して「持」と呼ばれたものであろうか。いわば仏と一体となった我を、我として受けとるところがある。そのところで修行者は、我れならぬ我れ、無私・無我なる我れとなる。もしこれを自心仏の開顕と名づけるならば、そこにあらたな力をえた新しい生の起動が始まる。加持とは、何かそういう一つの転換を含む働きのようである。あるいは我れの受けとり直しということかもしれないが、のちにもう一度考えたいと思う。

二　事相について

教相は、実践を離れないで、実践の原理を与え、事相は、いちいち事作法をつみあげて、実践の具体的な内容、つまりは悉地を現証するための方法と軌則を集成するものといえる。これには、初心者の学ぶべきことがらと、指導者の弁えるべきことがらの両方が含まれ、修行の段階に応じた適切な指導が前提されて初めて成立するはずのものである。しかし、従来その重点は、各種の法会、灌頂を主宰し、付法と弟子の指導にあたる阿闍梨、つまり師僧の必修科目におかれてきたようにみえる。いずれにせよ、事相には密教的な付法・伝授の問題と切り離しがたいところがあって、公開をはばかる。

禅の方でも、室内の公案などは秘して語らないというが、それは禅的体験をうる方法とその内容が一つに現成する場所という室内の性格によるのであろう。これに対して、真言では、固有の実践方法がそのまま究極の体験内容の象徴的な表現という性格をもつところがある。いちいちの所作は単なる形式をこえ、具体的なかたちが体験内容を離れないわけである。師家の公案と同じく、阿闍梨がごく初歩的な所作についても、綿密細心の注意を促すのはそのためである。

そのうえ、事相は熟練を要求し、かたちを重視する。すぐれた名人の所作はおのずとその境涯を表わし、達人の修法にはその風格がうかがえる。しかし、道場の荘厳《しょうごん》、本尊の諸規定といった細部にわたる軌則は、流派によって異なり、一義的に決定されないから、それぞれの所伝にしたがうほかなく、密教の見通しの悪さはここに一因があるともいえる。逆にまた、一端を見ると、すべてがそこに映現しているという側面があることも、まさしく事実であろう。

多くの初心者は四度《しど》加行《けぎょう》によって、いちいちの事作法とともに真言密教の実践方法を修得する。四度加行とは、十八道、金剛界、胎蔵界、護摩の四つの行法であり、加行とは正行に対する準備、前方便を指すが、ここでは灌頂の前に行う修行の階梯を意味する。十八道は、その最初に学ぶ修法の基本形で、もと十八契印に基づいて本尊供養の形式を整えたものである。

この十八道の内容や細目は省いて、ただ実践方法という観点からみて注目すべき三つの様式をとりあげてみたい。それは、事作法、真言観法、そして無分別観の三つである。

まず事作法は、いわゆる印契《いんげい》（印）と真言（明）と観念、この三つの組み合わせを含み、いちいちの所作について手順が決まっているもの。本尊を供養するための一連の行法は、浄三業以下、十八の印明を中心に構成されるが、これらの事作法を如法に修することが、第一段階にあたる。しかし、たとえば灯明を供養するとき、事作法とともに、修行者の全身全霊がその印契に集中して、献ずる灯明と修行者が一体になるように心をめぐらせよ（運心）といわれる。内外一如、印明などのかたちと修行者の心とが一枚になることを要求されるわけである。所作と運心との一致は、もともと心を一境に専注させるという三昧の実修法にほかならないから、この事作法は、三昧を修する有相の行と規定できるわけである。

真言観法、これには禅定の印を結んで、入我我入観や字輪観を修するものと、念珠を使って真言念誦を修するものとの両方を含ませておく。前者は『発菩提心論』に説く三摩地の行と対応するが、ここでは本尊と修行者との瑜伽感応を成立させる固有の観法を指す。さきのいわゆる三密加持、本尊加持の成りたつ場所はこの観法にほかならない。その際、本尊と我との対立を止揚して、瞑想のうちで本来不二を観ずるのであるが、その不二にも止まらないという、不二にして而二と観ずるのを基本とするわけである。本尊と我との根本関係が、こうして不二・而二という動的統一のもとに規定されるのは、本覚と始覚、本有《ほんぬ》と修生《しゅしょう》という緊張関係をふまえて、禅定が深まる実践の階梯を考慮したうえのことであろう。事相上の本有、本覚の立場は、もともとこれらの対立契機をまったく否定するものではなかったはずである。

後者の念誦法については、真言を唱えることと真言の文字を旋転させるイメージの観法が結合されて、本尊と我の不二・而二の体験がさらに確証されるわけである。これら三つの観法は、秘観とも称され、三密瑜伽の修行の核心部を構成するもので、総じて第二段階といってよいであろう。

これに対して、十八道の行法は、字輪観の最後に無分別観、つまり言亡慮絶《ごんもうりょぜつ》を加える。これまでの有相の三摩地の行や真言観法は、すべて内外一如の三昧の境地を基盤として、事作法なり本尊の観法なりを修するもので、かたちを終始離れることがなかった。ところが、ただ一ヵ所だけ、一切のかたちを放下せよという。この無相の観法を第三の様式とするが、これは真言の実践方法の根本にかかわる問題を提示していないだろうか。

今はただ、これら有相の事作法と観法、そして無相の観法の三つの様式のあいだに不即不離の関係があること、また、その実際を体験できる修行者は、ただちに法身説法という根本事実を体得するための通路を見出すこと、この二点の指摘にとどめたいと思う。

〈追記〉

教相、事相とも書くべき問題を多く残してしまった。前者では十住心の問題、後者では護身法のうちに事相入門の手掛りを求める予定であったが、別の機会にゆずりたい。

十五　密教とは何かという問い

一　主体的な密教への問い

五十年ごとの御遠忌を迎えるにあたり、すこしまとまった考えを整理しておきたいと思いながら、またもや時期を失してしまいそうである。ここでは折角の機会を与えられながら、特集の企画にそぐわない随想を寄せて責をふさぐ失礼をお許しいただきたいと思う。

かねてから考えている問題の一つに、はて密教とは何だろうかという疑問がある。たとえば、禅の場合だと、禅とは何かと問うと、期せずして、まあひとつ坐ってごらんなさい、という答えが返ることだろう。念仏の場合も、念仏とは何かと聞けば、難しいことをいわずに、六字の名号をお唱えやす、という返事がきっと返ってくるだろう。それぞれに、坐るとか、唱えるといった宗教的方法、つまりは特定の行の行じ方がそのまま固有の答えとなって返ってくるわけである。これと同様に、密教とは何かという問いに対して宗教的方法による答えがあるのか。またあるとすれば、どういう返事がもともと用意されているのか。私が、あえて密教とは何だろうかという疑問を抱くのは、じつはこの点である。

禅や念仏と並んで、密教もまたきわめて実践的な宗教であるといえる。しかも固有の実践的方法とその体系を完備していることもたしかな事実である。そこでいわゆる事相の立場から答えると、いったいどうなるか、と聞いているのではない。禅の場合も、念仏の場合も、いわゆる実践的方法としての坐る、唱えるというものがあるのではない。そこにあるのは実践と理論とが本来一つに畳みこまれた特定の行の行じ方、つまりは唯一つの宗教的方法というものにすぎない。これに対して、いわゆる事相は教相との関係のもとで、初めて成立したもので、端的にいって事相が教相を包みこむものと規定することは難しい。事相と教相とは、鳥の双翼のごとく、車の両輪のごとしというこの定式化された規定がすでに事・教の二相をまずもってそれぞれ独立せるものと認めたところから成りたっている。まず事相と教相とがあって、それら両者の関係はあくまで相関的であり、相互的であるということなのである。逆に、もし事相が根本的なものであって、教相はその事相を教理的なしかたで単に説明するものにすぎないとでもいえば、両者の相互関係は一挙にくつがえされてしまい、事相はもはやいわゆる事相というものではなくなるであろう。

事相は、しょせん教相と並列的に並べられるものであって、それ以上ではないとすると、とうぜん事相をもって密教のすべてであると僭称するわけにはゆかない。おなじように教相が密教のすべてであると称することも許されないわけであろう。こうした事相と教相との相関関係とは別に、ということは、事相と教相との対立以前のところで、密教とは何か、という問いをたて、これに答えることがはたしてできるのか、それともできないのか。これが私の設問の意図である。事相ではこうだが、教相ではどうだ、といった返答は閑葛藤に堕する。事相・教相を一丸として、その両者の根本にかえったところ、つまり両者がもともとそこから成立してきた根本のところを問い、その根本のところから答えるという事態がそもそもの問題なのである。もしこの根本的な事態が問題にならないとか、問題にする必要がないというのであれば、旧来の議論の枠組みをあらためて検討することは無用の長物にひとしい。しかし、逆にもしその根本の事態を不問に付することがもはや不可能な現代の状況下にあっては、これまでの事相・教相の枠組みそのものが問題とならざるをえないといえないであろうか。

密教が成立する、その根源を問うという作業は、いわゆる歴史的、実証的な方法のみで尽くされるものではない。経典研究に基づく文献学や密教史の研究の肝要なことはあらためて説くまでもないが、実践的宗教としての密教には、あくまで実践に即して、その根源を解明するという方法がやはり不可欠なのである。いわば、密教の根本構造を実践的に問うという手続きが緊急に必要とされざるをえないのである。その場合、実践的な根本構造の解明という作業は、旧来の事相（教相に対する）の立場からは、残念ながら成立してこない。事相と教相とが最初から分かたれているという観念にたつかぎり、事相の立場はあくまで密教の一面を捉えうるにすぎず、さらにいえば単に形式的側面に光をあてるにとどまっている。ところがここでいう密教の根本構造は形式のみでなく、むしろその実質としての体験の構造を指している。つまりは、事相や教相が分かたれて出てくるもとになる体験、その意味で密教の成りたつ原体験の構造が、ここでは問題なのである。

こうした主体的な密教への問いをたてる作業が、これまでの密教研究に欠如してはいなかったであろうか。この点がまず問題の第一点である。いわゆる密教哲学の試みが、たえず問おうとして問いえず、結局のところ問題を残したままにしてきたのは何故か。要は密教をあるがままに、その成りたつ根源のところから捉え直すという作業を進めることがなかったという一事に尽きている。多くは教相の分野で、密教とは何かを問うのが、その本質的研究とみなされた。たとえば、六大・四曼・三密の三大思想をもって密教の綱格とする、といった議論がそれである。しかし、この設問は、すでに密教の教相という一つの側面を基盤として成りたち、密教そのものの根源をいいあてたものとはいえないように思う。したがって、事・教二相の未分化のところから、密教とは何かと問うことは、やはりこうした試みから区別される必要があるだろう。またもし三大思想そのものが問題となるにしても、いわゆる教相として定型化された既成のものではなく、その三大思想の成りたつ成立基盤そのものが、じかに問題となるというところがなくてはならない。つまり問いそのものの成りたつ地平があくまで違うのである。まずもって三大思想そのものをその成りたつ根源まで引きもどし、融解させるという一種の解体作業に導くこと、そしてその根源的なものの構造を明らかにして、これを再構成すること、さらにこれら解体と構成という二つの操作を可能にするような地平にまでみずから降りたつということが、この場合は肝要とされるであろう。

しかしそうした操作は、本来もっとも基本的な密教の行法の場において初めて可能となるはずのものである。ところが、行法といい修法というと、直ちにそれは事相であって教相の問題でないというところへ再び帰ってしまうのが普通である。ここには明らかに事・教二相という枠組みの頑迷なまでの強固さが残っている。そこで、またこれに対して、とうぜんのことながら事・教二相以前の未分化の立場へ問題をかえすという操作が要求されてくるわけであるが、そのさい、同時に教相および事相のよって来たる原体験そのものの構造が問題となるという点が重要であろう。いわゆる事相の定型化された形式性をこえる道は、実質的な体験内容を問い、これを吟味することにある。ただ、その場合にも、主観的で恣意的な解釈がそこで問題とされるというのではない。むしろ、かえって教相のもつ一種の論理性が、体験的に検証されるところがなくてはかなわない。その点で、事相家の解説とは道が岐れ、また新しいタイプの密教解説の議論とも袂を分かつことになる。体験の構造は、それじたい論理的なものによって貫かれてある。その論理の解明が、まさしくここでの主題だったのである。

このように考えると、類似の試論はすでにさまざまなものが現われ、汗牛充棟にも比せられるにかかわらず、どうしても最後のところで疑問が残るという理由はもはや明らかであろう。密教とは何かという問いは、あくまで問いそのものの成立する場所と一つに問われなければならず、逆にどこまでも問いそのものの出所と一つに、ということは根本的なしかたで問いが問われるというところがなくてはならないのである。その点に気をつけておくならば、事相あるいは教相という基盤を離れないまま、密教とは何かと問う場合がいかに多いかも明白であろう。現代のわれわれには、もはやおなじ問いをくり返す余裕は残されていない。そうではなくて、より根源的なしかたで密教の本質に迫ることの方が問題である。ここでもおそらく必要なのは多言でなく、ただの一言であろう。ほんとうに必要な一言、一句を探しあてること、要はそれだけのことであるのかもしれない。

実践的な密教の中心は、「おがむことである」といわれたのは上田天瑞先生であり、密教の端的は、「護身法を修すればわかる」という意味のことを指摘されたのはたしか慈雲飲光尊者であったかと思う。いずれの場合も、事相の立場からこれを理解しようとしたのでは、両師の真意は捉えられない。事相・教相の未分化なところで、「おがむ」ことの実際に出会うこと、もしくは護身法の端的に触れることがほんとうに大切なのである。上田先生のいわれるおがむは、坐る宗教、唱える宗教に対して「おがむ宗教」を立てるものであった。禅・念仏との対比のもとに、密教を坐る、唱えるといった宗教的方法に対して、「おがむ」という方法によって対置されたわけである。「おがむ」という方法の契機としては、本尊とわれとの相互供養、印、真言、観想という三密瑜伽の妙行が畳みこまれている。ここには、密教の体験的な構造をよく集約的に攫むための手掛りが示されている。本尊とわれ（行者）との入我我入観、そこに同時現成する三密の観行を指して、「おがむ」という宗教的方法を示されたのは、たしかに炯眼というべきであろう。真言念誦ということも、密教では単に真言を唱えるだけのことにとどまっていない。「観誦無明除」というように、観と誦、真言の観念と唱誦との二契機、もしくはそれに対応する印契を含めた三契機を総合せる全体的な行の形態が、つまり真言念誦法である。それを「おがむ」という一句のうちに、上田先生は集約されたとみることもできる。

おなじことは、慈雲尊者の「護身法を結ぶ」という場合にも妥当する。つまり、身口意の三業を清浄ならしめ、仏部、蓮華部、金剛部の三部三昧耶を修して、三部諸尊をして行者を加持せしめ、如来の大慈悲の甲冑をまとい、本来清浄なる三業をもってみずから利他行の主体となる。最初に護身法を授かって、この三種の印明を実際に修したとき、尊者は冷汗三斗、中国の朱子学をたのんで仏法をあなどった自分の浅薄なる知性の立場を恥じ、インドの仏教のもつ深遠なる真理の教えに対して初めて眼が開かれ、深い懺悔の念が全身を貫通したという。この護身法を結んで、三業清浄の主体として自利利他の二利を行ぜずにはおかないとする誓願に開眼された、尊者の非凡さと純心さにはたしかに心打たれるものがあるが、それを弟子に対する指導の中で活用された慈愛と智恵に心をとめることもまた必要であろう。ただ護身法加行を修するのは中院流と小島流のみとするのが『密教大辞典』（六一〇頁）の説である。とすると、ここではむしろ慈雲少年に対して護身法の印信とともにその観念を懇切に説かれた授法の師匠の活作略の方を深く味わうべきであるのかもしれない。

ともかく、この少年期の体験を背景において、ほんとうに密教の一端を知りたいのであれば、護身法を結んでみるがよい、と尊者は教えられたようである。これは、たしかに優れた指導法であって、たとえ何年修行してみても、ほんとうの護身法が結誦できないものには結局のところ密教入門の道は閉ざされていると読むことも可能であろう。心清浄の道から三業清浄の道への転換が、いわば顕教と密教との分岐点であろうが、この事態を護身法はごく簡単な所作の中で決定的なしかたで表示している。しかし、そのおなじ所作、つまり印と真言とが同時に新しい深遠なる宗教体験の世界を開く鍵になることを、今日では多くの場合見落してしまっているのではなかろうか。

「ひとつ護身法を結んでごらん」という尊者の活作略は、その意味で、生きた密教の一つの原点をみごとに指し示したものといえるかもしれない。上田先生のいわゆる「おがむ」宗教としての密教の具体的内容は、おそらく慈雲尊者の示された護身法を結ぶことのうちにもよく現われているであろう。身・口・意の三業を通じて、本来清浄なる菩提心が働きでる、このもっとも基本的な密教的体験の構造を、もっとも単純な形式としてどのように示すことが可能であるか。両師の関心はまずその点で共通していたといえるが、要は密教の世界を開く鍵としての実践方法は何か、私たちが求める道も同じところにあった。

しかし、慈雲尊者の場合も、より正確には「三密瑜伽の行」を修することが肝要とされた。たとえば「諸宗の意得」（木南卓一氏のいう「仏弟子の意得」[1]）によると、

> 唯一相の仏弟子にて持戒清浄。そのうへに修学する所により。其の法門まち〳〵なるなり。一相の仏弟子にて三密瑜伽の修行を精修するを真言陀羅尼宗と名く。一相の仏弟子にて禅定修行心地発明を意がけるを禅宗と名く。一相の仏弟子にて華厳法華円頓の妙旨を修学するを教者と名く。（中略）皆悉く正法なり。
>
> （木南卓一編『慈雲尊者法語集』三密堂書店、一九七一年、三四九頁）

という。おなじ文章には「諸宗には坐禅の規則もなし。但真言宗禅宗に残りたり」という有名な一節が含まれているから、さきの「三密瑜伽の行」はまた一つの禅定修行の方法と読むこともできるようである。さらに密教について「誠に諸仏内証智の法門、末世に受持すること宿福深厚の事なり」（同上三五一頁）と解説してある。以上のことからも、慈雲尊者のみる密教は、「三密瑜伽の行」あるいは「諸仏内証智の法門」という実践の方法に即して把握されていたことは明白であろう。この前提にたつとき、「護身法を結んでごらん」といわれたとしても、すこしもおかしくはないが、その場合にも三密瑜伽の行と坐禅ないし禅定とが不可分のものとみなされていた点は、やはり

大きな意味をもっている。

たしかに手に結ぶ印契や、口に唱える真言が、単なる所作とか事作法にとどまらず、すべて禅定を離れず、通身これ印契となり、全身これ真言となる工夫がなされるとき、また一々塵中に法界を見るごとき、いわゆる事相の観念、影像《イマージュ》の分斉といえども努めて修習するとき、禅における坐るとか、念仏における唱えるといった宗教的方法とは基本的に異なるものが、初めて体得されてくるところがあるはずである。もっともこの三密瑜伽の行を指して、上田先生は「おがむ」と呼ばれたのであろうが、こうした一句で要約するにはじつは困難な内容であるともいえる。真言を誦すること、その内容を念じ観ずること、印契その他の事作法を修すること、しかもこれらをすべて禅定の場を離れずして行ずるということであるから、もともと要求されている水準そのものがきわめて高度であるうえ、かかるしかたで観智さるべき対象の範囲も無辺際にひとしいものがある。とはいえ、この至難ともいえる課題に、体験的な肉迫をあえて試みることなしに、密教とは何かを問うということがいったいどんな意味をもつのだろうか。おなじことであるが、大師の「真言は不思議なり、観誦すれば無明を除く」(定本三―一一)という一節を、実際の体験に即して理解せず、どんなに言葉を連ねてみても、原意を汲みとることはとうてい不可能であろう。また真言観誦の功徳をいくら美辞麗句でもって並べたててみても、しょせん薬の効能書きにひとしい。その薬の効果を身をもって験すことなしに、どうして真言陀羅尼宗を語ることができるのであろうか。

おそらく、密教とは何かという問いは、密教者が各自それぞれのしかたで、身をもって答えるほかはない根本的な問いであるのだろう。そこでは、むろん密教についての知識が問題なのでなく、生きた密教そのものが問題とされることであろう。また、そういう主体的な問いをもって、大師に迫るとき、各人にとって弘法大師はそれぞれ生きた答えを与えられるにちがいない。ほんとうの問いを立てること、根本的な問いに直接身をもって参加すること、いや、自分自身がその問いそのものになりきるということ、まずはその決断的な選びが、今日の私どもに必要とされているのかもしれない。

二　密教を問うこと

かつて西谷啓治先生がいわれたことがある。日本密教は、その創立の当初は、文字どおり三密瑜伽の実修によって即身成仏をみずから体得することを目指したであろうが、ある時期から、即身成仏の教えを信仰の対象として、ということとは人はすべて即身成仏できるものと信ずることが眼目とされて、自分で体験的にその教えの内容を究明することがなくなったのではないか、と。この証から信への転換、つまり即身成仏の教えはもともと体証すべきはずのものであったが、どこからか信受すべき内容にすりかわって、もはや身をもって体認、実証することが問題とされなくなったのではないか、とする指摘はたいへん厳しい。また別の観点から、日本密教を支えるものには、もともと三密瑜伽の実修を主とするグループと、大師信仰を主とするグループとの二つの基盤があるのではないか、とも語られた。かれこれ繋ぎあわせて考えると、密教とは何かという問いは、本来は専修三密瑜伽の立場でしか成りたたない問いであったが、一般に真言密教は即身成仏の教えと説かれる場合には、むしろ大師信仰を背景にしてあくまで即身成仏の可能性を信ずる、いわば密教信仰のレベルがその基盤となっている。この日本密教の二重構造ともいうべき性格が、これまで問題を曖昧にしてきた原因なのかもしれない。ただその二重の性格を、西谷先生のように歴史的展開の一契機とみるか、それとも密教そのものの体質的な構造とみなすか、この点の解明はまだ残されたままである。たとえば、伝統的な枠組みのうちでも、上根、下根の二種安心説が真剣に問題となり、三密成仏を直証しようとする行者グループと、即身成仏の教えを信奉して光明真言を唱える信者グループとを分かち、せめて出家者ならば三密瑜伽の実修に身命を賭する覚悟がほしいものとした古人の嘆きは、当面の問題とも深くかかわっていたといえる。その場合、上下の二根説は、いわゆる機根の問題を考えながら、同時に真言密教に出会う出会い方と、それに対する覚悟ないしは姿勢を問うものであった。智恵あるものと愚かものを差別したり、生来の素質をとやかく問題にするのでなく、もっと根本的には、智愚、素質のいかんを問わず、お前にとって密教とはそもそも何であるのか、という問いを真言僧たちに投げつけた一種の時限爆弾でもあった。時代が下ると、残念ながら真言僧も上根ばかりか下根相応のものも出現しているという悲痛な批判が、二種安心説のうちには秘められていた。ところが、現在では無差別平等の立場が横行して、もはやそういう二種説さえ影を潜めてしまったという。

もし宗教の問題と真剣にとりくむならば、人間はまず下根劣慧に自分を定位するのが一つの基本型である。絶対の帰依、絶対の受動性、虚心を説いて、いわゆる赤児のごとき純心にかえらせようとする道は、おのが計いと慢心をすて、邪見、辺見を否定するところから始まる。それをあえて、密教の行者は自性清浄と説き、虚空にひとしい仏智をもつと、みずから観ずるのでなければ、かえって諸仏を冒瀆すると教えるのは何故か。もしそれが単なる増上慢のエゴイスト、頑迷なる教条主義者、高慢不遜な自尊心の妄想でないとするならば、いったいそれは何であるのか。本来は下根劣慧の身にありながら、広大な仏慈悲のゆえにこの教えに出会い、仏智の種子を植えつけられる、といったまさしく有りがたき、稀有の仏恩、結縁を想うのが、むしろ真の宗教者にとって自然な道であるまいか。もしそうでなければ、単なる人間主義の立場にたつ、性善説や啓蒙思想に還元されるか、あるいは表徳ぼこりに堕して、宗教の立場そのものが維持できなくなってくる。もともと、密教にいう上根上智は、こうした人間性や性善説が問題にされる人間主義の立場とは根本的に違う地平で初めて問題とされるべきことがらでしかなかったのである。

ところが、問題はまさしくその混線にあり、問題の所在の曖昧さにある。まず信仰の有りがたさ、つまりは信仰成立の地盤そのものの喪失という事態から考えてみないことには、総じて現代の宗教を語ることは不可能であろう。そして、かかる信仰の立場で初めて問題になる上根、下根、勝慧、劣慧といったことがらが、通常の常識的なレベルでの賢愚、その他の差別とはまったく別の事態をもともと問題にするはずのものであったことに想いをいたすべきである。逆にいえば、密教の絶対的な無差別平等観にたつことによって、かえってほんとうの差別が、つまり悪しき差別ではなく、善き差別が問題となりうるという事態を考える必要があろう。また宗教のいわゆる超越性の次元でのみ、絶対の平等とか三三平等ということも成りたつとするのが、虚空にひとしい仏智であり、大師の十住心の教えではなかったのか。

さて、問題をもとにもどすと、密教を支えるものとして二つのグループないし基盤があるということであった。そして即身成仏という主題に対する態度や姿勢にもその違いが現われているとした。一方は三密瑜伽の行者、かれらにとって大師の教えは、法身説法でも即身成仏でも、または他のどんな命題でも、（マンダラ、声字実相など）おなじことであろう。すべては緊密に絡みあって渾然一体、帝網のごとしであるから、一は他を映し、他は一を包みこんでいる。他方は大師所説の即身成仏の教えを奉ずる信仰者、かれらにとっては文字どおり即身成仏の教えが、ほとんど密教のすべてであろう。もしこういう分類が可能であるとすると、現代のわれわれはどうなるであろうか。まず多くは大師信仰をベースに、三密瑜伽の行者としては修行時代における加行の実修をもって終了させてしまうのではなかろうか。それは正行のない加行がすべてであるという意味で、なかなか重要なことがらにちがいない。しかし、もともと三業清浄とか三密瑜伽という事態はそれほど簡単なことがらなのであろうか。

また大師信仰を地盤なり、背景にするといっても、右衛門三郎の伝説が伝える大師信仰などは生死をこえた苦難の道をたどるという容易ならぬ意味内容を含んでいる。とかくして、われわれの信仰なり実際の修行なりは、その根底から厳しく吟味される必要があるのではなかろうか。密教とは何かという問いを、各自がそれぞれのしかたで問うのは無論のこと、いま要求されているのはその答えの方であろう。たとえば高野山の布教伝道の歴史の中で、時々に標語を選ぶ基準がどこにあるかを私どもは関知しないが、もしその間に一貫せる原理のようなものがあれば幸いである。ことは布教伝道にかかわるのみではなく、あくまで一宗の指導理念にかかわる問題であろう。そう考えるとき密教的な問いのたてかたという問題が、深くかかわってくるところがある。ここでもまた、さて密教とは何だろうか、という最初の問いまで私どもは再びたち帰らざるをえないのである。

私見によれば、即身成仏に関して提示される議論の多くは、その根本的な問いのたて方までたち帰ることなしに、任意の前提にたって成立しているようにみえる。おそらくは伝統には断絶があり、他方では新しい根拠への模索がある、この時代特有の状況がそこに反映しているということもできよう。あるいは密教的なものへの関心の高まりが、逆に多義性、多様性の世界へと密教を解放したとみることもできよう。それだけに、たえず古くして新しい問題、密教というものを大師の教えに基づいて理解するのか、それともインド以来の密教の歴史的展開の一齣として大師の宗教を把握するのか、その選択はもともと学問的なことがらに属する問題ではない。むしろ密教者として生きるかぎり、だれしも否応なく決断を迫られる、一つの信仰上の賭けであることを、いまいちど銘記すべき時期が来ているということであろうか。ともあれ私は、ひそかに即身成仏ということばを用いずに、大師の宗教を語ることはできないかという愚問を抱いている。ことばは真実を顕わすとともに、真実を覆いかくすものであること、この怖るべき真実を見抜かれた大師に一歩でも近づく道が、あるいはその辺から開かれるかもしれないと思うからである。

註

（1）「諸宗の意得」（『慈雲尊者全集』第一四輯）は、木南卓一編『慈雲尊者法語集』（三密堂書店、一九七一年）に「仏弟子の意得」として改訂版が出ているので、当該引用はこれによる。

十六　最澄と密教思想

一　天台密教の端緒

最澄の密教思想がほぼ明確な形をとって現われた時期はむろん定かではない。しかし、数年間におよぶ空海との交渉を経たのち、最澄にもやがて密教の問題も含めて、かれ自身の仏教の基本的な見解をあらためて表明せねばならない時期が訪れたであろう、と推測することはそれほど無理な話でもないように思う。

かれは、いうまでもなく入唐求法に先だってまず法華一乗思想を発表しており、南都の旧仏教に対しても新仏教運動のもつ意味とか基盤を早くから宣揚していた。延暦二十一年（八〇二）、和気氏の請によって開かれた高雄山での天台三大部の講演から、その直後、入唐を請うための上表文を奉った時期にかけて、かれの主張は一挙にその全貌を現わしたかにみえた。三論、法相の両学派に比べて天台学派がどれほどまでに優越した仏教を説くものであるか。また、新しい時代の日本にとって法華円教がいかに相応せる教えであるか。これら最澄の生涯を貫く、法華一乗の信念はほぼこの時期に披瀝し尽くされたといっても過言ではない。ところが意外なことに、延暦二十四年（八〇五）の帰朝報告に際して、かれは「妙円の極致、聖機に応じて興顕し、灌頂の秘法は皇縁を感じて円満す」

（『進官録』〈伝教五―付二〇〉）と記して、天台と一緒に、密教を請来した旨を公表するにいたった。のみならず、翌年には天台法華宗の開創にあたって、止観業（天台）と遮那業（密教）との年分度者一名ずつを乞うて勅許される。叡山仏教は、このようにまず法華一乗を標榜しながらもあらたに密教を加味し、さらに両者を同格視してこれを制度化することにより、教団の基礎を築き上げたとみてよいであろう。しかし、かかる措置をいちはやく講じた最澄は、かなり長期間にわたって、密教に関する自己の見解を何故か容易に発表しようとはしなかったのである。もとよりその片鱗は、弘仁初期の空海にあてた書簡のうちからも探知することができるし、また後述するとおり密教経典に対するかれの関心の示し方をみても大体の傾向はほぼ推定できる。しかしそれにしても、これらは未だかれの密教思想をおよそまとまった形で表明するといった性格のものではなかった。あるいは、最澄には何か期するところがあって、長らく密教に関する見解を披露することを躊躇していたのではないかとも推察されるが、とにかく、弘仁の半ばころまでは公表された形跡が見当たらないのである。

ところが、弘仁七年（八一六）に書かれた『依憑天台集』の序文には、あきらかに空海に対する批判をこめて、「新来の真言家は筆授の相承を泯ぼす」（伝教三―三四四）という有名な一文を掲げている。たとえ空海の密教に対する批判ではあっても、これは公表された最澄の密教に関する見解としては、まず最初のものに属し、その意味でも注目すべき文章だったのである。かれが空海といつ訣別したかについては議論もあろうが、理趣釈経問題を弘仁四年（八一三）とする説に基づくならば、両者の旧交はもはや冷却期に入って、かなり経過していたことになる。もっとも、この『依憑天台集』執筆に関しては弘仁四年説もあるから、その当時、すでに両者の密教観には決定的な相違がお互いのあいだに認められていた、とも考えられないことはない。あるいは、もっと遡って両者の見解の本質的な相違を跡づけることが可能であるかもしれない。しかしとにかく、最澄の密教観が少なくとも著作のうちでまず最初に公表されたのは、この弘仁七年と考えるほかはないのである。かく考えたとき、さきの短い一節が、何よりもまず最澄にとってよほど重大な内容をもった発言だった、と考えずにはいられなくなってくる。

さいわい、この真言家批判の一節については、周知のごとく三浦周行氏の『伝教大師伝』（御遠忌事務局、一九二一年）の中に注目すべき解釈が提示されていた。それは「弘法大師が秘蔵の奥旨、文を得るを貴ぶに非ず、只心を以て心に伝ふるにありとて、濫りに典籍の貸写を拒絶せる語に照応すべし」（『同書』一八六頁）とするものであった。いうまでもなく、三浦氏はその炯眼をもって「叡山の澄法師の理趣釈経を求むるに答する書」（『性霊集』巻一〇）との、内容のうえからの対応関係を指摘されたわけである。たしかに、以心伝心の面授相承を重んじて文字は糟粕や瓦礫にも等しいとする立場と、あくまでも経典、論疏を借覧し書写につとめて、一向に受法の勧告にも従おうとしない立場とでは、両者はまったくの好対照をなしていたとみることができる。そこで、一方がもし面授の相承を唱えるならば、他方は筆授の相承を重んずる立場であると解釈できないこともなかろう。最澄と空海との交渉をじつに丹念に検討された三浦氏としては、両者の基本的見解の相違を、こうした対比のうちに求められたのももっともである。しかし、残念ながら二、三の重要な問題がそこでは閑却されていたように思われる。

まず空海の側には、理趣釈経問題ののちに、弘仁六年（八一五）四月一日付の、いわゆる『勧縁疏』（『性霊集』巻九）が書かれており、ほぼ同じころには『辯顕密二教論』の構想も成立していたと推定される。だから最澄の弘仁七年の序文は、時期的にいっても、これらの著作を読んだうえで書かれたものと考えなければならない。のみならず、空海の著作中にはあきらかに天台を批判する文章が掲げられていたので、内容的にも最澄がこれを無視して前記の序文を記したとはとうてい、考えられないはずである。たとえば『勧縁疏』には「法花の止観には秘教不能伝と談ず」（定本八―一七四）として『法華経』および天台教学の立場を、随他方便を説く顕教にほかならない、と宣告していた。また『辯顕密二教論』の中では、とくに「あるものが法身の説と談ずるは、はなはだ誣罔なり」（定本三―八六）といって、天台の法身説法思想がかるく一蹴されている。その限りでは、顕教一乗と密教とを同列に論ずることができないという、空海の顕密教判に対して、最澄は何らかの形で応答する必要があったと認めてよいであろう。ところがもう一つ、否応なくかれが対決を迫られるような問題がそこには提起されていた。それは密教のいわば正統性という問題であって、『勧縁疏』においても『御請来目録』と同様、真言密教の正嫡は、ほかならぬ真言六祖の相承をうけた金剛智・不空系の密教である、という点が強調されていた。これに対して、善無畏系の密教を伝える最澄はいきおい、みずからの密教の正統性を主張するか、それとも空海の密教に帰属するか、という二者択一を迫られる立場に置かれたこととなるであろう。こうした教判問題および密教の正嫡問題を、叡山仏教に対して、真言家が容赦なく真っ向うから突きつけていたという状況を考えてみないことには、おそらく最澄の真言家批判の示す具体的な内容は明らかにならないであろう。

ついで『依憑天台集』の序文に目を移してみると、著者が仏教各宗からの天台法華宗に対する批判をうけて、あくまで再批判を試みるという姿勢を守っていたことに気づく。かれは、まず「わが日本の天下、円機すでに熟し、円教つひに興る」（伝教三―三四三）と書き、法華一乗が久しく隠れていた真実の仏教を顕揚すべく新仏教運動を展開する必然性を述べたのち、仏教諸宗がその真意を解することなく、「おのおの自宗に執して偏へに妙法を破す。あるいは天台所立の四教は外道の説なるべしといひ、あるいは、新羅の大唐をわらふところの疏なりといふ」（伝教三―三四二）と、まことに無理解な天台批判をあげつらう有様であった。こうした四面楚歌の唯中に立たしめられたから、あえて「諸宗の依憑（よりどころ）を集めて、もつて後代の亀鏡となさむ」（伝教三―三四三）とかれ自身、執筆の動機について語っている。したがって、かれが真言、華厳、三論、法相の四家をそれぞれ批判するにあたっても、現実にはこれら各宗からの天台批判の方が、むしろこれに先行したと考えるのが自然であろう。その意味でも、空海の著作はすでに最澄の視野のうちに入っていたものと解してよろしかろうと思う。

ところが、最澄に対する批判ということになれば、実際には南都の旧仏教と新来の真言家とのあいだにかなりの距たりがありえたはずである。ことに三乗教もしくは権大乗と軽視される法相学派にとっては、おそらく法華一乗主義とは不倶戴天の敵にも等しい存在であったろう。これに対して、華厳や真言はともに一乗教として最澄も承認せざるをえなかった立場である。そのために華厳や真言に関しては、中国以来の伝統である三一権実の論争などはむろん成立するわけがない。しかし、華厳はともかくとしても、真言密教の場合、中国では未だ明確な教判思想の成立をみていない。したがって天台との関係についても、なお教学の問題として十分展開するまでにいたらない段階であった。そこであらたに空海が、華厳や天台をもって顕教一乗と規定し、そのうえに秘密仏乗を開いたということは、密教思想の流れの中でも画期的な事柄だったのである。その意味で、最澄は図らずもまったく類例のない、目新しい型の天台批判を蒙ったことになるわけで、おそらく、きわめて伝統に忠実なかれとしては未曾有の難題が、まるで予想もしない仕方で眼前に立ち塞がったという想いに駆られたに相違ない。少なくとも南都諸宗に対しては、六祖湛然などの天台教学のうちにいちおう対論の先蹤を認めることもできたが、こと密教に関しては、それがない。まして最澄自身、中国天台の伝統的立場からはたやすく受け容れることのなかった密教を、たとえ制度としてであれ、すでに天台法華宗の中に受け容れてしまっていた。もはや、かれとしては密教に対する中国天台の伝統的教判をそのままの形で継承することが不可能になっていたのである。となると、かれの掌中にはただ一つ、玉泉寺系の天台を学んだ密教学者、一行の『大日経疏』だけが論拠として残されていたことになるであろう。

われわれは、こうして最澄のいわゆる「筆授相承」の問題点が、まず第一に、正統な密教学の典拠たるべき一行の『大日経疏』の立場を正しく継承するか否か、にかかっていたことを認めないわけにはゆかない。この『大日経疏』は最澄にとって、おそらく最初に密教への関心を呼び醒された記念すべき著書であったと思われるが、それにもまして重要なことは、これが中国密教学のほとんど唯一の著述であり、そこには天台教学によって密教が解説されているばかりでなく、天台と密教との親縁関係をこれほど明瞭に教えてくれるものも他になかった。かれが天台法華宗の中に密教を包摂できたのも、この一行疏の指南に基づくとみてまず間違いはないであろう。ところが空海は、この指南書をまるで無視して顧みようともせず、もっぱら恵果直伝の密教を標榜するのみである。のちの『三学録』にも収録されていないほど、何故か『大日経疏』に対する空海の態度は徹底していた。このことが、まさしく最澄にとって批判さるべき第一の問題点だったのである。もし一行疏に従うならば、密教とは所詮、一乗教であって、空海のごとく顕教一乗をこえた秘密仏乗ということはできないであろうし、もちろん天台との親縁関係を無視することも許されなくなってくる。にもかかわらず、真言密教はこの権威ある疏家の学説をないがしろにして、面授口伝の説に基づき密教の正嫡と称して独自の教判までたてている。これこそ、筆授の相承を泯ぼすものでなくて何であろうか。

こうした解釈がもし成立するとすれば、最澄の真言家批判はそのままかれ自身の密教思想を表明するものでなければならない。それはとうぜん、面授の相承に対しては筆授の相承を優先し、一行に従って天台との親近性を示すとともに、叡山仏教における密教の地位を確保する試みであったと考えてよかろう。最澄にすれば密教の受法伝授に関するかぎり、とても空海にはおよばなかったけれども、現実に『大日経疏』という第一級の密教指南書が現存する以上は、真言密教とは別に自説を維持することに何ら支障がなかった、ともいえるわけである。かれが終世、法華一乗と真言一乗とのあいだに優劣を認めず、また三乗顕教と一乗秘教、あるいは歴劫十地因分浅教と直道一乗果分深教といった、顕密教判の主張を改めなかった事実が、まさしく『大日経疏』中心のかれの密教思想の性格をよく物語っていたように思う。

二　最澄の経典借覧

翻って、入唐以前の最澄には密教関係の史料はごく僅かしか存在していない。それも『大日経疏』の書写校訂と、弟子円澄が師命により五仏頂尊の修法をしたという記事が伝わるのみであろうから、当時の最澄には密教への関心として特筆すべきほどのものはほとんど存在しなかったといってよい。むしろ、かれの関心はもっぱら天台止観の実修、ならびに一切経の書写研鑽にあった模様である。その点、当初から密教の行法に専念し、やがて『大日経』によって密教への眼を開かれた空海の場合とは、よほど事情が違う。しかし両者には共通して、山林修行あるいは実践行への関心が指摘され、そこに南都官寺の僧侶たちとの基本的な立場の相違点があったといわれている。したがって、最澄の密教についても、とうぜんこうしたかれの実践的関心との関連が予想されてよかったはずである。とくに天台止観と密教との結合に関して、かれ自身ほとんど理論的な説明を与えていない以上、われわれはその可能的根拠を、かれの実践的関心のうちに求めるほかはないように思う。この点をしばらく検討してみよう。

まずおなじ山林修行とはいっても、最澄と空海とではむろん若干の相違があった。前者が霊峰比叡をほとんど離れず、ここに庵室を結んだのに対し、後者は石鎚山や大滝岳、また室戸に修行の場を求めて遍歴し、いわゆる山野を跋渉したことは有名である。こうした一処不離の修行態度と、遊行遍歴のそれとのあいだには類型的な違いがあったと考えることもできる。空海の方が、最澄に比べてより多く優婆塞的だといわれるゆえんである。しかし、こうした修行態度の差異は、むしろかれらの選んだ修行方法と深くかかわっていた。止観禅定には静処閑居し、諸縁務を息めることがふさわしく、密教の行法にあたっては、好んで霊山幽谷を求め、大自然の霊気に触れることが古くから採用されてきた方法だったようである。さらに精神の内的明澄さを求める禅定者と、霊験ないし法力を求める密教者との相違が、おのずとそこに現われていたのかもしれないのである。

なおまた、最澄が実修した天台止観の具体的内容が何であったかはあまり明白でない。ただ智顗の『摩訶止観』に説かれる四種三昧もしくは円頓止観であったことはまず確かだといいうるにすぎない。すでに『発願文』の中で、厳しい自己凝視とともに、修行の目標を明らかにしたかれが、教観相依、定慧兼修を標榜する天台止観に傾倒したことは容易に推定できる。そこで「愚が中の極愚、狂が中の極狂、塵禿の有情、底下の最澄」（伝教一—二）と自書したことは周知のとおりであるが、ここではとくに、この愚とか狂の語が『天台小止観』冒頭の一節とよく符合する点に注意しておきたい。このことは「文字の法師」「闇証の禅師」を排して、あくまで教観一致の立場を目指した智顗の精神が、脈々として最澄のうちにも流れていたことを示すものであろう。たとえば、智顗は『摩訶止観』（巻五上）につぎのごとくいう。

慧は行を浄くし、行は慧を進む、照潤導達、交絡して瑩飾し、一体の二手、更互に楷摩す。ただ遮障を開拓して、内に己が道を進むるのみにあらず、また精しく経論に通じて外に未聞を啓く。自匠、匠他、利を兼ねて具足するに人師、国宝、此にあらずしてこれ誰ぞ。（大正四六—四九上）

こうした慧と行、禅と観、定と慧の相依兼修の理念を、最澄は正しく継承しようと生涯尽力したもののようである。のちにかれが止観中心の天台法華宗を開創して、独自な学生指導の方針をあみだし、『山家学生式』や『顕戒論』を著わすにいたったことも、青年時代の修行のうちに早くから萌していた修道の理念を具体化したものと考えることができる。

他方、天台止観のもつ注目すべき特色としては、坐禅、念仏、陀羅尼など、仏教のいろいろな修行方法の総合ということがあった。いわゆる四種三昧とか、あるいは頓、漸、不定の三種止観などの構想のうちにも、それがよく現われている。つまり、単に法華三昧を説くのみでなく、一切の実践修道を総合的体系のうちに網羅しようとする意図が『摩訶止観』からも十分に看取できるわけである。その場合、すべての実践方法が究極的には諸法実相を観得する理観という唯一の目標に導くものでなければ、むろん体系的統一の構想は成立しなくなる。したがって所詮は、三止三観、三諦円融、一念三千といった円頓止観の究極目標に帰趨すべき手段ないし方便として、一切の実践行が総合統一されていたという点が注意される。あるいは禅や念仏とともに、密教もまたかかる実践体系の中に包摂されるとするならば、それはあくまでも密教が右の規格に従うという限りにおいてのみ可能なことだったのである。事実、一行の指示に基づいて、最澄はこのような観点から密教をみずからの実践体系のうちに包摂できると考えたのではあるまいか。念のために、智顗の見解をうかがうとするならば、つぎの一節がもっとも適切であろう。

四種三昧の方法は各異にして、理観はすなはち同じ。（中略）もしただ方法、所発、助道を解するのみならば、事相に通達すること能はず、もし理観を解すれば、事として通ぜずといふことなし。また理観の意を得ざれば、事相助道もまた成ぜず、理観の意を得れば事相の三昧任運におのずから成ず。（『摩訶止観』巻二下〈大正四六―一八下〉）

ここにはあきらかに、事相もしくは事観がすべて究極には理観に帰一すべく、この理観こそ四種三昧の眼目だったことを教えている。一言でいえば、天台止観のうちには有相行から無相行へ、事相から理観へという通路が開かれていたこととなる。一行とか最澄の密教において、有相の三密よりも無相の三密が優先するといわれるのも、こうした理観を眼目とする天台止観の立場と対応させて考えたとき、十分首肯できる見解だったわけである。

このように最澄の実修した天台止観のうちにも、すでに密教を包容しうるだけの可能性が見出されるとするならば、かれの密教への関心や、その傾向もさして困難なく理解できるように思われる。たしかに『大日経疏』との邂逅は、かれにとって密教への扉を開く重要な機縁となったことは疑うべくもない事実ではあろう。だが、かれにもし密教を右のような天台止観との連関において受容するだけの準備がなかったとすれば、一行の密教思想さえも理解されずに終わったかもしれないのである。そのうえ、当時の日本仏教界の状況が、最澄の批判を招いた原因の一つは、真実の実践修道が等閑視され、また坐禅や念仏、陀羅尼などの雑多な修行方法が、十分な反省や自覚を伴わない仕方で任意に採用されていた点にあったとも解される。かれが早くから天台止観に注目したことは、こうした推測を裏づけるものだと考えてよいであろう。かれの実践的関心をかく解して誤らなければ、天台止観の実践体系の構想は、早くも入唐以前から最澄の関心を惹き、それがまた一行の思想を摂取する素地となったという推定が許されるであろう。このことは、のちにも検討するように、『大日経疏』に対する最澄の理解とほぼ照応するところであって、かれの密教への関心が教理、教学面には薄く、むしろ実践面に厚かったことを物語っていると思う。

それからまた『大日経疏』の立場、ひいては大日経宗（遮那宗）が、最澄の密教の中核にあったということ自体、天台止観の見解にきわめて忠実だった、かれ自身の態度をよく示している。かれの私淑した一行においても、あるいは類似の問題意識があったのかもしれないが、むろんよくは解らない。ただ、天台止観と禅、さらに戒と密教という四宗を一身のうちに総合した一行の宗教的な態度には、どこか智顗における実践体系の総合といった意図が受け継がれていたようにも考えられる。少なくとも最澄は、そうした範例を一行自身のうちに認めていたのではあるまいか。事実、密教の理解に関しては、最澄は一行の立場を守って一歩も譲ることがなかったのである。一般にはよく両者が共通して法華経中心の観点から円密一致思想をたてたといわれるが、玉泉寺系天台の傾向など考え併せるとき、むしろ天台止観を中心として密教を包摂したと解釈する方があるいは真相に近いのではなかろうか。

それはともかく、智顗のいわゆる教観両面にわたる仏教総合の理念が継承されるかぎり、早晩、密教に対する態度を天台宗としても決定せざるをえない状況にあったことはまず異論のないところである。その意味で、最澄は『大日経疏』を正統な密教思想として受け容れることによって、中国以来の懸案に答えるべく試みたものであろう。

ところが、空海は早くも『御請来目録』の中で、一行や最澄の理解した密教とはまったく異質の密教を請来したことを表明している。たとえば「古の法匠は派に泳ぎ、葉に攀ず」（定本一―一八）と評し、これに対して「今の所伝は柢《ね》を抜き、源をつくす」（定本一―一八）といって、おなじ密教であっても本源と支派との区別のあることを報じている。そして、六祖相承の真言密教をあげてこれこそ正嫡だと宣言し、「教の優劣、法の濫觴は、金剛薩埵五秘密儀軌および大弁正三蔵の表答等の中に広説せるが如し」（定本一―一九）と記したのであった。そこには善無畏・一行系の密教に対しては、金剛智・不空系の密教をもって本源とし、『大日経疏』の説をとらないで『表制集』を重視するといった発言がなされていた。この『御請来目録』は、かなり早い時期に最澄の目に触れ、書写されたことが考えられるにもかかわらず、直接の反応は明らかでない。しかし間接的ではあるが、最澄の態度を示した興味深い文献がわれわれには残されていたのである。

最澄が、大同四年（八〇九）八月二十四日付の書簡において、初めて空海に十二部の経論の借覧を申し入れたことは周知のごとくである。ところが問題は、じつにその十二部の経論の内容にあったのである。すなわち、密教関係では不空の新訳経典のうちから、「胎蔵宗経」（『三学録』の分類による）三部、「雑密」一部、それに『表制集』一部をあげており、また金剛智と善無畏の旧訳経典から各一部ずつを依頼している。そこで『表制集』を除く密教経典六部の内訳は、「胎蔵宗経」の四部と「金剛頂宗経」一部、「雑密」一部ということになる。ここで注目される問題点は、胎蔵宗経の四部が『三学録』に載せる全七部の経典の中の四部にあたること、そして「金剛頂宗経」の一部が善無畏訳のものだということ、したがって不空の新訳経典の大部分を占める金剛頂宗の経典がここではまったく無視されていたということである。最澄は、この最初の書簡に関するかぎり、「胎蔵宗経」すなわち『大日経』系統の経典にのみ重点を置き、「金剛頂宗経」系統にはまるで関心を払わなかったわけである。

のみならず、かれが『金剛頂経』の借覧を申し出たのは弘仁三年（八一二）十月二十六日付、あたかもかれが初めて乙訓寺に空海を訪れた前日の書簡においてであった。そして、さきの『御請来目録』中でも特筆され、かくべつ空海が重視した『五秘密儀軌』にいたっては、同年十二月十八日付の書簡により、『守護国界主経』などと一緒に借用を申しでたことが知られるにすぎない。こうした経典借覧の状況は、おそらく最澄における密教の性格をたいへんよく反映していたと思われる。『大日経』系統の経典に関して、かれは最初から意欲的な態度を示して、これを書写し摂取しようとしたにもかかわらず、もう一方の『金剛頂経』系統については、むしろ対照的なまでに消極的な関心しか示そうとはしなかったのである。『御請来目録』の主張に対しても、何か一種の抵抗があって容易に承認できないものを感じたからであろうか、とにかく、最澄があくまで自分の密教理解の枠内に踏みとどまろうとしたことは否定できないようである。ところが、だんだん空海との交渉も深まってやがて灌頂を受けようとする時期になると、不空系の密教を本格的に理解する必要にも迫られ、また空海の勧告などもあって、最澄もようやく『金剛頂経』系統の経典を借覧するにいたったものと考えられる。

こうして最澄の経典書写が『金剛頂経』系統にまで及び、あらためて空海の請来した経典論疏の全体を借覧しようとする希望をかれが空海に伝えたころに、突如として両者の関係が暗礁に乗りあげてしまったようにみえる。すなわち、弘仁四年（八一三）の正月十八日付の書簡でもって最澄は、「目録によって皆悉く写し取り了んぬれば、即ち持して彼の院に向かひ、一度に聴学せむ」（高木訷元『弘法大師の書簡』法藏館、一九八一年、一八二頁）と、空海請来本の全部を書写する意図を告げたのであるが、その希望はついに実現しなかった。のみならず、同年三月ごろには高雄において密教を受法していた弟子たちを叡山に引きあげさせた形跡もある。空海と最澄との親交がはたしていつ疎遠になったかは、明確な史料を欠いているために確かなことは解らない。しかし、経典の借覧がこの時期以降は何らかの理由でほとんど進展しなかったことと、最澄の弟子円澄、泰範、賢栄らの密教受法が、やはり何らかの事情で中絶するにいたったこと、これら二つの事柄はどうも無関係ではなかったように思われるのである。その理由が何であったかは、もとより確認することは困難であるが、密教経典の書写がこの時期にほぼ途絶したということは何としても象徴的な事件だったといわねばならないであろう。強いていうならば、空海が経典借覧を拒絶した時期は、いわゆる理趣釈経問題を待つまでもなく、ことによると弘仁四年の春ごろまで遡って考えるべきだったかもしれないのである。

ともあれ、最澄にとって金剛頂経系統の大部分の経典は、こうして借覧書写を許されずに終わり、かれの希望はついに実現するにいたらなかったのである。あたかもかれが真言密教のまさしく核心的な部分に触れようとした段階で、挫折のやむなきにいたったことは、密教思想史の上でもたいへんに惜しまれることであるが、それと同時に最澄があれほど空海に近づきながら最後まで自分の密教理解を捨てなかった点に、われわれは注意すべきである。空海にすれば『御請来目録』を記した当初から、一貫して真言密教の主張を譲らなかったのであるが、これに対して、最澄もまた自説をまげることなく、しかもそのうえで、真言密教を受け容れようと試みたのである。ここには教団的な見地にたつまでもなく、明白なる見解の不一致を認めざるをえない。むろん前者が、後者のうちに顕教一乗の思想しか認めず、天台止観に依拠して密教を包摂する意図を厳しく斥けたことは既述のとおりである。

三　『依憑天台集』

それでは、最澄の密教思想とはどのようなものであったのか。一般にそれは円密一致思想と呼ばれているのであるが、はたして『依憑天台集』の中で最澄が提示したものは、どうであろうか。また、かれは密教に関して教理、教判の問題にはとくに触れなかったともいわれるが、その点はどうか、しばらく検討してみよう。

そこで、かれは「大唐南岳真言宗沙門一行、同二天台三徳一数息、三諦義」（伝教三―三五八）と題して、『毘盧遮那経疏』七巻（現行本は二十巻）の中から三節にわたって引用している。それらが表題のとおり、一行疏のうちでもとくに天台の三徳とか数息、そして三諦円融の思想に依憑して、密教の特色を解説した部分であったことはもちろんである。

まず最初の一節は『大日経疏』巻七下（現行本の巻二〇〈大正三九―七八五〉）から引用したもので、真言念誦に関連して世間の念誦と出世間の念誦とが解説してある。まず、三落叉の語について二義あり、世間では数のことを意味するが、出世間では三相を指していう。三相とはつまり字と印と本尊のことであって、この三相が等しく、身語心の三業が平等であることをもって、実相を見ると名づけるのである。ところで、世間の念誦においては、息の出入に随って字を出入させるわけであるが、これは「天台の誦経はこれ円家の数息なり」（伝教三―三五九）というのと同意に解してよろしい。余念なく字を息と一緒に出入させるならば、念々相続の心が散乱せず、三昧に入り易いものである。だから、これを世間の念誦の中では最上とする。

さてまた、出世間の念誦にあっては、字と印と本尊、ないし身語意の三相を説くことは先述のとおりであるが、これら三相が即一相であるということは、ひとえに阿字の三相なることから由来するのである。そして、この三相即一相あるいは非一非異という論理そのものは、天台の『摩訶止観』の所説とほぼ同様に解すべきあって、「一相一切相、非一非一切、即相即無相、即非相非無相」（伝教三—三五九）のごとく説かれていたことと同義である。このようにして、三相平等にして実相に住するということが、つまりは三落叉の義にほかならない。

つぎに第二節は、同巻の大悲胎蔵曼荼羅に関する問答釈義の部分からの引用である。すなわち、八葉蓮台の中で、普賢、文殊、弥勒はそれぞれ菩提心、慧、悲に配釈することができる。そして、大日如来を離れてこれら諸菩薩が別に存在するのでないことは、あたかも菩提心や慧、悲それぞれ大日如来と不即不離の関係にあるがごとくである。これに準じて曼荼羅諸尊の具有する万徳もまた、すべて大日如来を離れて別にあるというものではない。このことは、天台にいうところの法身、般若、解脱の三徳の義とまったく同じである。

第三節では、『大日経疏』巻一上（現行本の巻一）の文章が引用される。いわゆる「いかんが自心を知るや」（大正三九—五八九）の一段であって、頓覚成仏、入心実相門が説かれるところである。すなわち、衆縁所生の法とは天台に説くごとく即空、即仮、即中の三諦が円融せるものであって、一切の戯論を離れることによって本不生際にいたる。この本不生際はすなわち自性清浄心であり、阿字門にほかならない。このように心が阿字門に入るゆえ、一切法は悉く阿字門に収まる、ということを知らなければならない。それはつまり諸法実相を観ずる法と変わるところがない。

以上、三節にわたって最澄の引用した文章を整理してみると、ほぼ密教の念誦観、曼荼羅観、そして阿字実相観を説くものであったことが解る。これは『大日経疏』の基本的な主張を、ほぼ的確に捉えて抄出したものということもできるであろう。しかもこれら密教の基本問題を解決するにあたって、一行が天台教学、とりわけ『摩訶止観』を援用したということは、なにも最澄の指摘を俟つまでもなく、むしろ周知の事実とされている。したがってここでは、最澄が密教にとって根本的と思われる問題を、『大日経疏』全七巻の中から、どのように選択したかという点に注目すればよいこととなるが、それがまさしく右に整理した三問題であったわけである。

そこで容易に気づかれることは、かれがもしも教理とか教判への関心から『大日経疏』の援用を試みたとするならば、これらの引用文があまり適切だとはいえない点であろう。むしろ、のちの台密学者が試みたように横統仏教論とか、『法華経』と『大日経』との対応とか、また円密一致思想にしてもそれなりの援用の仕方が別にありえたはずである。もっとも第三節については、教理のうえからもとくに重要視される文章であって、いわゆる阿字体大説の論拠とみてよろしかろう。しかし、この重要な教理を説いた文章を、最澄は何故か最初ではなくて、最後に置いたというところが注意されねばならない。このことは、念誦観を冒頭に掲げたことと、ほとんど対照的な措置であって、どこか最澄自身の意図を感じさせるような配置であると推測されるからである。もしかすると、かれが密教独自の特質としてもっとも重視したのは、教理的な阿字実相観であるよりも、むしろこの真言念誦法だったのではなかろうか。しかも、それは一行の指示によるかぎり天台止観と根本的に異なった実践方法ではありえない。『摩訶止観』において事相とか三昧として説かれていたものの一種とみなすことだってできないことはない。こうして実践的関心が先立ったとしたならば、当然、密教の教理とか思想といった問題は天台教学に委せておけば、それで十分だ、という考え方も成りたつ。早くから止観の実修に専念した最澄の密教への関心の持ち方とか、その受容の態度には、このような考え方が潜んでいたのではないであろうか。

かかる観点から見直してみると、いくつかの注目すべき文献が残されているように思う。たとえば『長講法華経先分発願文同後分略願文』（伝教四—二四一〜二七六）とか『山家学生式』（伝教一—一一〜二〇）、『比叡山天台法華院得業学生式』（伝教一—二一〜二三）のごときものである。これらの中では天台止観、つまり四種三昧と並行して真言念誦が特別に課せられていたり、あるいは『表制集』に則って、比叡山では一日も欠かさず真言経典を「長転長念」することを、護国経典の「長転長講」と一緒に規定し、実修していたことが知られる。しかし、最澄が真言念誦ないし密教の実修に与えた評価は、おそらくつぎの箇所に一番よく現われていたように思う。それは『守護国界章』（上之下）における徳一の止観に対する有名な批判の一節である。

まず「修行道にまた迂回と歴劫と直道とあり、その修行者に歩行迂回道と歩行歴劫道と飛行無礙道あり」（伝教二—三四八）として、それぞれ小乗、三乗、そして一乗をこれに配したのち、最澄はつぎのようにいうのである。「当今の人機みな転変してすべて小乗の機なし。正像やや過ぎさりて末法はなはだ近きにあり。法華一乗の機、いま正さにこれその時なり」（伝教二—三四九）と。この有名な文章を掲げ、小乗や権大乗らのいう禅定堅固の時はすでに過ぎたとして、かれはその証拠を末世法滅の時代にふさわしい「直道の経」が現に今、数多く世間に行われつつあり、その成果として現在これを修行し得道するものが数えきれない事実にあるとした。そしてその際、かれは主に『法華経』に基づく慧思の安楽行および智顗の四種三昧行、それから『大日経』に説く大悲胎蔵法を指して「直道の経」と名づけている。すなわち、入著坐の行（法華安楽行）をはじめとして、六牙白象観、六根懺悔法（以上は法華三昧＝半行半坐三昧）、般若一行観（常坐三昧）、般舟三昧行（常行三昧）、方等真言行（方等三昧＝半行半坐三昧）、観音六字句（非行非坐三昧）といった『摩訶止観』所説の四種三昧をいちいち挙げたうえ、遮那胎蔵の行法をこれに加えて「如是直道経」と称したわけである。これは、まったく『法華経』の安楽行および四種三昧行と密教の事相とを同格視した好例であって、ひとしく直道成仏とか即身成仏を達成させる真実一乗の修行道として、最澄においては、これらが一律に受け取られていたことの紛れもない明証であるといえるであろう。

むろんかれが、ここで主張した点は、「小乗止観」ないし「菩薩止観」が未だ迂回道や歴劫道を離れることなく、あたかも涯なき歩行によって得道、成仏を期待するようなもので、とうていそれは無礙自在に飛行して得道にいたる直道成仏を説くごとき「一乗止観」とは比較すべくもないというところにあった。それゆえ、徳一の主張する止観に対して「大道を行かむと欲するものに小径を示すなかれ」（伝教二―三五〇）といい、維摩の故事を引いて「何ぞ訶嘖せざらむや」（伝教二―三五〇）と最澄が酷評したのも道理である。悉有仏性、悉皆成仏を奉ずることのない徳一底の止観は、法華一乗の機根が醇熟しきった現代の日本にとって相応しないという、かれ一流の時代感覚がこうした批判の背後にあったことはもはや論ずるまでもないであろう。

かくして、最澄の基本的見解はまず「法華一乗の機は今まさにこれその時なり」（伝教二―三四九）との歴史認識に基づいて、これまでの出世間主義的な禅定観にたった南都諸宗を、もはや現実には、ふさわしくない迂回、歴劫二種の成仏を説いた小乗ないし三乗教の立場だとして、厳しく排斥するところにあった。

これに対して天台止観や密教は、ひとしく真俗一貫、直道成仏を説いた真実一乗の教えであって末法の近い現代に最適のものであるという。最澄の密教は、本来こうした観点から天台法華宗の中に正しく位置づけられる性格のものであったと思われる。だから、もしもこの点を閑却して、ただ法華一乗と真言一乗とのあいだに教判上、優劣を認めなかったといっても、それは正当な論議にはならない。いわんや多分に教学的な色彩の濃い円密一致を論じても、かれ自身の立脚点を解明することにはならないであろう。問題とすべき点は、何よりもまずこの立脚点を明らかにすることにあったし、それはまた、天台止観と密教の事相とを同格視できるような根拠を、ほかならぬ最澄自身の思想のうちに求めること以外の何ものでもなかったからである。

これまで最澄の密教が論ぜられる場合、そのほとんどが台密あるいは東密の立場から翻ってかれの密教を観察してきたように思う。そのために、かれが何故どのような仕方で密教を受け容れたかといった点は問題とされることも少なかった。むしろ、かれの著作や事跡の中から、密教に関連のある断片的資料を拾い集めてきて議論するケースが多かったのである。しかし、円密一致の語が示すとおり、かれにおいては何らかの仕方で、天台と密教との結合が試みられたことは確かな事実である。ただし、その結合は台密学者のごとく教理的に根拠づけられたものだとは限られていなかった。かといってただ理由もなく漫然と並置されたということでもない。両者が結合されるためには、それ相応の十分な理由が、最澄のうちには存在したに相違ないのである。この点が従来の研究では等閑視されていたように思う。しかし、天台教学はもともと実践的性格が強かったうえ、最澄の構想は止観を中心とする、とりわけ実践的な仏教を比叡山に樹立することであった。円密戒禅のいわゆる四宗総合の理念も、法華一乗に基づく円頓戒とか一学一源の理想も、すべてこの構想を具体化するためにたてられたものであったといわれる。それならば、密教にまず最初に目をつけたかれの着眼力とか、受容の仕方、つまりは関心の所在が問題とされて当然なはずであったにもかかわらず、この問題が長らく放置されたままで終わったことはまことに残念である。かれの密教に対する関心のうちには、たしかに一面の真理が潜んでおり、かれ以後の密教思想の流れの中にも幾度か姿を現わすような密教者の一類型を示唆していた。

四　直道成仏の経典観

弘仁十二年（八二一）に成立し、やがて一部未完成のまま最澄の遺著となった大労作、『法華秀句』の序文には、つぎのような注意すべき天台批判が載せられていた。

一謀家ありていふ。天台所立の四車の義は、華厳宗をしてその義を奪ひ取らしめ、またその立つる所の成仏の義は、三論宗をしてその義を奪ひ取らしめよ。しかれば則ち天台法華宗は何らの義をもつてか、自宗の義となすや。もし自宗の義なくば別宗を許さざるものなり、と。（伝教三―一）

この天台批判は、最澄が随所で遭遇した南都仏教側のどんな非難や誹謗よりも筋道が通っているばかりか、いろいろな意味でたいへんおもしろい議論であるように思う。もとより、その内容は単純明快であって、ほとんど解説の必要もないであろう。ここで「四車の義」とは、いわゆる羊鹿牛の三車のほかに、『法華経』譬喩品によって第四の露地の大白牛車をたてて、二乗や三乗の教えに対してこれらを超過した一乗真実教を標榜するための論拠とするというもの、したがって「四車の義」とは、ここでは簡単に一乗主義を指すと解しておいてよかろう。

ところが、最澄が力説する一乗主義も別に目新しい主張ではなく、早くも南都仏教の中にあって華厳宗がこれを唱導し、天台と同様に「四車の義」を説いていたのであるから、何もことさら法華一乗を標榜して新宗を開創する必要性が認められぬではないかというのである。これと同様、「成仏の義」、すなわち悉皆成仏の思想に関しても、水波の喩のごとく、一切衆生は本来、仏であって、迷も悟も、成仏、不成仏も所詮は仮りのものでしかないと説く、三論宗の建前と何ら変わるところはない。まして諸法実相の中道に悟入せしめるために教と観、理論と実践との相即関係を強調する点でも、三論と天台はまったく軌を一にしている。そのうえ何の必要があって、あらたに天台法華宗を立てねばならないのか、と詰問したわけである。

このような批判が、天台の立宗開創から十五年を経過したのちに、こと新しく論ぜられたことにいささか驚きの念を覚えるが、とにかく天台法華宗の存在理由に鋭く切りこんだ批判であったことに間違いはない。しかも、華厳とか三論のような勢力の弱い宗派のうちに、叡山仏教を解体し還元しようとする策謀には、一種、政略的な意向がこめられていたとも解される。もとより、弘仁十二年といえば、最澄にとって一方で会津の徳一との三一権実論争がまさに熾烈をきわめ、他方、一乗戒壇院創設をめぐって僧綱との対決が火花を散らしていた時期にあたる。叡山と南都のあいだには、異常なまでに緊迫した状態が醸し出されていたことは事実である。かかる事態を背景として、天台法華の立宗の基盤が、南都仏教側であらためて問題視されたことは、きわめて自然な成りゆきであったと考えられる。

しかし、われわれの関心をそそる点は、こうした当時の南北対立の状況ではなくして、むしろ同時代の人々の目に映った、最澄のいわゆる新仏教運動の思想的基盤そのものである。いま右の天台批判を要約すれば、一乗主義と成仏思想という二点に帰着するが、この二点こそ、少なくとも南都仏教の理解したかぎりでの、最澄の新仏教の旗印にほかならなかったということができる。それらが、はたして華厳や三論に吸収し尽くされる問題であるか否かという論点には、今は立ち入るまでもないであろう。すでに最澄が、こうした誤解と誹謗に対して『法華秀句』の全十章を挙げて反駁したという事実が、いちおうの解答を準備しているからである。それよりも、かれの新仏教の理念が、同時代の仏教界においてどのように評価されていたか、というすこぶる貴重な史料が、はしなくも天台批判の形をとって、われわれに残されていたことに注目したい。のみならず最澄の遺著そのものがやはり前記の二点を中心に、法華経観や天台教学を縦横に論究した畢生の大労作であったことに深く想いを致さねばならないと思う。

このような観点にたつとき、最澄の宗教思想が一面では意外なほど中国天台の伝統に忠実だったことがまず知られる。たとえば、三車四車の問題に関して、かれは入唐の際わざわざ道邃に問尋して天台の伝統説を確かめておいたが、そこでは右にあげた華厳の四車説と天台のそれとの異同問題にもとうぜん言及せざるをえなかった。道邃はこのとき、つぎのような解答を最澄に与えたという。

蔵公（法蔵）所立の四車は、三乗に相対して別に一車を立つ。すなはち、同時において四車あり、未だ三乗を会せざるが故に。天台所伝の四車は、所開の三車をもつて能開の一車に合す。先三後一、もつて四車となすがために、この故に先三の時は一車は隠る、三にして更に一車なし。後一の時は三車泯ず、一にして更に三車なし。これをもつて彼の蔵公所立の四車に同じからず、と。（『天台宗未決』第八の問答〈伝教五―四五～四六〉）

この明快な天台四車説は、最澄が一貫して踏襲し続けた相伝説を如実に示している。いわゆる会三帰一の主張とともに、これが法華開会については相待門と称され、諸他の仏教思想に対して、法華思想の優越性を誇示する立場にたっていることは明白である。もし絶待開会の立場から論ずるときには、すべては平等視されて、優劣を論ずることもなくなってしまうからである。本来、天台の一乗主義にはこうした絶待と相待との両側面が含まれていたわけであるが、最澄の場合、中国天台の傾向をうけて相待観の立場が強かったといわれる。たしかに右の引用文にも、その傾向は顕著に現われているから、四車説に関する最澄の主張に目新しいところはなかったとみて誤らないであろう。

これに対し、成仏思想の方は、一般的な形での悉有仏性、悉皆成仏の主張は、最澄のいわゆる「一乗宗」の標幟だったといいうるから、その意味では天台独自の思想とはみなされない。かれは『守護国界章』でも随所に「一乗の師」、もしくは「一乗教」を伝えた諸師の歴名を掲げていた。しかし、その際にも最澄は注意深く、これら学匠たちが天台を依憑として一乗教を説き、悉皆成仏論をたてている点を指摘することを常に忘れなかった。その論旨は、むしろ彼の弟子、光定の殿上宗論の中に好例を見出すことができるかもしれない。すなわち、弘仁六年（八一五）三月、嵯峨帝の御前で、光定はつぎのような論議によって、法相宗に対すると同時に、他の一乗教に対する天台宗の優位を証明しようとするのであった。

天台の正義は、円成実において即身成仏の義を立つ。南岳、天台は、陳・隋の時、華厳宗は則天皇后の時、真言宗は開元・大暦の時、三宗ともに即身成仏の義を立つるも、天台が最初に即身成仏を立てたり。三論、法相のごときは、円成実において随縁不変、不変随縁の二義を立てず、また即身成仏の義を立てず、と。(『伝述一心戒文』巻中〈伝教一―六〇五〉)

ここには依憑天台の論旨こそ未だ顕われていないが、最澄の見解からあまり遠くない議論を読みとることが可能である。それは天台の優位を、いわば年代的な優先権と重ねあわすという巧妙な論旨であるが、最澄の『依憑天台集』の論旨も、ある意味では右の光定の主張を具体的に実証しようとしたものと解釈できるであろう。ともあれ、最澄は成仏思想(即身成仏)の主張にあたっても、あくまで華厳や真言のごとき一乗教に対して、天台の優先権を保持しようと試みたことは、あらためていうまでもない。ここでもやはり、天台法華宗の優越性を強調する相待開会の思想が、かれの主張の背後に潜んでいたのである。

しかし、最澄は進んで『法華経』と『無量義経』に基づく直道成仏の思想を高唱して、日本天台の独自性を強調するにいたった。その輪廓は先述の『守護国界章』によっても明らかだし、また『法華秀句』でもかなりのスペースを割いて解説されていたが、ここでは再度、前著(巻上之中)にあげる経典リストから、かれの主張を跡づけてみることとする。

いま山家に伝ふる所の円教宗の依経は、正しくは法華経および無量義経に依るが、傍ら大涅槃、華厳、維摩、方等般若のごとき甚深なる諸大乗所説の円教、(また)文殊問般若、般舟、大方等、請観音、虚空蔵、観普賢、遮那のごとき一切の円を説く等の諸経諸論らに依る。(伝教二―二六四)

この一節で、かれは天台法華宗の所依の経典の、いわば一覧表を示したわけであるが、これがほぼ三組にまとめられている点に注意して、表示すればつぎのような構成になるであろうか。

一、正依――法華経と無量義経

二、傍依┬(1)涅槃・華厳など甚深諸大乗の経典
　　　　└(2)文殊問般若・般舟など一切の説円等の経論

右の表のうち、正依の二経は、むろん伝統説に従って天台宗所依の根本経典を指し、傍依の(1)は、同じく天台以来、円教思想の経証などに依用されてきた大乗経典であるから、ほとんど問題はない。ところが、傍依の(2)の方には、『文殊問般若経』や『般舟三昧経』から『大日経』にいたるまで、かなり性格の異なった一群の経典が羅列されている。これとても、すこしく注意すると、『摩訶止観』の四種三昧を説いた経典類であることは容易に理解できる。つまり、常坐三昧を説く『文殊問般若経』、常行三昧の『般舟三昧経』、方等三昧の『大方等陀羅尼経』、法華三昧の『普賢観経』、そして非行非坐三昧の所依としての『請観音経』のごときが、それである。残りの「虚空蔵」というのが、具体的にどの経典を指すかは今のところ不明であるが、「遮那」の方は、『大日経』を指すものと考えて誤らないであろう。とすると、これらはさきに「如是直道経」（伝教二―三四九）と名づけられた経典類であるに相違あるまい。最澄によれば、これらの経典はすべて直道成仏の実践修道を説いた経典だということになるわけである。右の正依および傍依(1)の諸経典とは別に、一括して掲げられた理由もまずはその点にあったものと首肯できる。

そうなると今度は、われわれには右の経典リストをつぎのように読み解くことも可能になってくる。すなわち、正依および傍依(1)の諸経典は一乗主義にかかわり、傍依(2)の方は、単なる成仏思想ではなくして、直道成仏の実修

にかかわる経典である、と。最澄における直道成仏の問題は、何も理論とか教説といった種類の問題ではなく、ひとえに仏教者の実修の問題に帰着するものではなかったか、といいたいのである。それは、あたかも『大日経』を、大方の予想を裏切って一乗経典としては取り扱わず、より実践的な「直道経」の部類に収めたことと照応する態度のように見受けられる。たしかに、理論的には一乗経典はすべて頓教を説き、「初発心時、便成正覚」（伝教二―二八六～二八七）のごとく直道成仏ないしは即身成仏の教えを指し示さぬものはないといってもよかろう。しかし、修道の事作法を明示する経典、つまり実践の方法を如実に説き示した経典という範疇を新設することとなると、事情は大きく変わらざるをえない。

最澄のごとく、四種三昧を重要視してあらたに四種三昧院を設置した態度を考えるとき、いわゆる「如是直道経」にかれがどれほど大きな意義を認めようとしたかは、ほぼ推測に難くないように思う。たとえば『大日経』はおなじ著作の中で『涅槃経』や『法華経』と一緒に大乗経典として取り扱われていたにもかかわらず、右のリストではとくに別出されているのである。かかる直道経観を承認するかぎり、かれの一乗主義が、もともと実践的関心に裏打ちされた成仏観と不二一体のものであり、その意味できわめて斬新な、そして深刻な問題提起であったことに、われわれは気づかされるのである。この点でおそらく、当時の南都仏教が抱いていた問題意識と、最澄の新仏教のそれとのあいだには、越えがたい深溝が横たわっていたということができるであろう。さきの天台批判の盲点も、じつはこの深溝の存在に気づかなかったところにあった、とみるべきであろう。しかし、最澄がこのように直道成仏の実修を重視して、法華一乗主義の内実たらしめ、一面では伝統的な教即観の均衡をも破りかねない立場をとるにいたった機縁は何か、またかれをしてかかる構想を抱かしめたものは何であろうか。いうまでもなく、こうした実践的な成仏観は、九世紀初頭の新仏教運動によって表面化したものである。最澄の直道成仏と、空海の即身成仏とが、相呼応するかのようにほぼ同時期に擡頭したことも奇縁といえば奇縁である。もちろん、両者のあいだに思想的交流を推定することは簡単であるが、残念ながら当面の問題についての確証はない。ただ、最澄自身が密教を受け容れたこと、ないしは密教を摂取できるような素地をもっていたことと、かれの直道成仏観とは何らかの関連があったように考えられるのであるが、これらの問題については他日を期したい。

十七　円仁『真言所立三身問答』

初めて比叡山を訪れ、根本中堂に参詣した人は、だれしもその一種独特の雰囲気におもわず息を呑むであろう。ほんとうにこれが、あの鎌倉仏教の祖師たちをはぐくみ育てた根本道場だろうか。たしかに、奈良や京都にも、そして鎌倉にもない、どこか底知れぬ神秘の世界へとひきこまれそうな想いを誘う寺院の様式が、ここにはある。こうした雰囲気とか様式は、いったいどんな思想を秘めているのだろうか。一言でいうと、それは密教の思想であろうか。平安仏教は実質的には密教であった。それに日本天台の教学は、いわば密教思想の一つのバリエーションだったという人さえあるくらいだ。しかし、はたしてそうだろうか。われわれはその源流をここでたずねてみたいと思うのである。

いうまでもなく、日本の密教思想は空海によって大成された。弘仁六年（八一五）ころ、わが国で最初の密教論『辯顕密二教論《べんけんみつにきょうろん》』を著わしたかれは、その独自性をいわゆる法身説法《ほっしんせっぽう》の思想に基づけた。「仏に三身あり、教はすなはち二種なり」（定本三―七五）とて、一般に顕教とは歴史的人格である釈迦、すなわち応身仏、もしくは化身仏の説かれた浅略の教えである。これに対して、密教は超歴史的な絶対者としての大日如来、すなわち法身仏の説かれた秘密の教えであるという。この大胆な思想の発表は、およそ仏教思想史のうちでも、とりわけ顕著な出来事だったように思われる。

法身説法の思想というのは、第一に、釈迦のすぐれた人格と悟りの内容を絶対化し、崇拝の対象にまで高めるというしかたで漸次、形成されてきた釈迦観を、ほとんど行きつくところまで徹底させてしまった。つぎに、真実の悟りを一般仏教のように説きえないもの、不可言説の境地とはみず、密教は、それがあるがまま如実に説き明かすとともに、じきに悟りの世界へと直入《じきにゅう》できる道を開いたものであるという。こうして法身仏、大日如来の自内証《じないしょう》（知恵と三昧）をまのあたりに感得し、体認できる実践の道を説くところから、密教は即身成仏の教えとも名づけられた。

しかし当時、密教を日本に伝えたのは空海ひとりではなかった。すでに延暦二十四年（八〇五）、最澄がこれをもち帰っている。そのうえ、帰朝後まもなく京都の高雄《たかお》で、灌頂《かんじょう》という密教最高の儀式を行って、多くの人々の注目をあつめた。そして翌年、かれの上表に基づいて年分度者《ねんぶんどしゃ》の制度が勅許される。このとき、天台法華宗は、天台止観（止観業《しかんごう》）と密教（遮那業《しゃなごう》）を学ぶ僧侶を毎年一名ずつ得度させることを正式に認められた。この叡山仏教の礎石となった画期的な措置は、一面では最澄がいかに時流をみるに機敏だったかをよく物語っている。しかし、かれの深い配慮が十分理解され、実現するためには、かなり長い年月を必要としたのである。

もっとも、最澄には密教に関する著述もなく、その思想はただ断片的にしか知られない。いま『顕戒論』や『決《けつ》権実論《ごんじつろん》』、また空海あての書簡などをみると、法華一乗（天台）と真言一乗（密教）とのあいだに優劣はない、と考えていたことがわかる。むろん、最澄が法華一乗というときには、法相宗などの三乗教に対する一乗教の意味が含まれている。有名な三一権実の思想がそれである。つまり、三乗教とは声聞《しょうもん》、縁覚《えんがく》、菩薩の三つの教え、いいかえると小乗だとか大乗だとかといった差別にとらわれた立場ともいえよう。これに対して、真実大乗の教えは、差別なき平等の立場から、一切の衆生ことごとく成仏できると説くものでなければならない。その点、『法華経』の教えも『大日経』も別に相違はないと、最澄はみていたのである。

しかし、空海は法華一乗もまた顕教にすぎないとして、密教の独自性を強調している。そのうえ最澄の伝えた密教は、残念ながら空海のように本格的な密教とはいいがたい。こうして最澄とその弟子たちは、密教の問題をめぐって苦境に立たされ、根本的な対策を迫られる破目となった。はやくから天台止観を学び、横川《よかわ》に籠居していた円仁があえて入唐請益《しんやく》僧に推されたのも、この教団の窮地を救うためであったと思われる。事実かれは、本格的な密教をもち帰って叡山仏教の充実をはかり、また天台教学の基礎をかためて、みごとその重責を果たしたのである。

このようにみてくると、叡山仏教は何も円仁にいたって急に密教化したのではなく、その当初から密教が重要な支柱の一本であったことに変わりはなかった。ただ最澄の場合、教団経営その他の困難な情勢から、密教への関心をなかば断念せざるをえなかったが、弟子の円仁は、さいわい師の主張を貫徹できるような位置にいあわせたわけである。もっと時代が下がって円珍や安然になると、密教重視の傾向はいっそう強く、天台宗の体質もよほど変化していった。

だから円仁の密教思想は、まず最澄の考え方を忠実に受け継いだことと、善無畏《ぜんむい》・一行《いちぎょう》系の思想を拠《よ》りどころとしたことに特徴がある。一行は密教の根本経典である『大日経』の注釈書を著わした天台僧である。それにならって、円仁も『金剛頂《こんごうちょう》経』と『蘇悉地《そしつじ》経』の注釈書を著わすが、同時に、法華思想と密教との関係についても一行から多くのことを学んだ。そして、やがて叡山の密教（台密）の特色を確立するや、空海系の密教（東密）とは区別されるにいたった。

それでは、円仁の密教思想とはいかなるものであったか。ここでしばらく、かれの『真言所立三身問答《しんごんしょりつさんじんもんどう》』を読んでみたいと思う。この小篇は、かれの円熟した思想を簡潔によくまとめた好著として有名である。内容は、題名のとおり密教で立てるところの三身思想について問答をかわし、仏身とは何かという問題を理論的に説明したもので、はじめに法身説法、ついで顕教と密教の違い、第三に顕教の三身説と密教の三身説を扱っている。

この著書のおもしろさは、たぶん議論の運び方にあると思うので、第一問からみていこう。

問う、仏に三身あり、今この経はいずれの身の説であるか。

答え、毘《び》盧《る》遮那《しゃな》法身の説なり。（大正七五—五三上）

密教の根本経典は『大日経』『金剛頂経』『蘇悉地経』の三大部である、とするのが円仁の説であった。このうち、どの経典であるかを問う必要はない（おそらく『金剛頂経』だろうが）。とにかく、法身仏たる大日如来の説かれた経典だというのである。では法身仏とは何であろうか。

問う、この法身は理（法身）と智（法身）のうち、いずれの身なのか。

答え、これすなわち理智不二の智法身の如来なり。（大正七五—五三上）

理とは観られる理法、智は観るはたらきを指す。これをノエマ的にみられるもの（理体）とノエシス的にみるはたらき（智用）と解してよいであろうが、さて真理の当体はそのどちらでしょうか。むろん、どちらでもない。みるものとみられるものが、まさに一であるごとき根源的な一者、それこそ法身仏なのだという。

もし理智不二の法身ならば、理智冥合し、恒然常住であって説法なさる道理がない。今どうして説法するといわれるのか。（大正七五—五三上）

質問はあくまで初学者らしく丹念に論理をおってゆく。似たような問いは『金剛頂経疏』にもみえて、そこは「如来の内証は寂静にして言なく、心思はるかに絶えたり、何故にいま内証の境においてこの経を説くというか」

（大正六一―一五上）となっている。質問は違っても答えの方は同じである。

理体が恒然常住にして説法せずとは、浅略の機根のために説くところ、これを顕教の義と名づく。理法身よく衆生のために説法するとは、深秘の機根に教えるところ、もって秘密の義となす。（大正七五―五三上）

それならば、その法身説法の証拠はどこにありますか。『大日経』や『金剛頂経』をみたまえ。しかし、すこしお待ちください。真理の当体と智のはたらきが一だとは簡単にいえないと思います。たとえば止観でいう寂（定）と照（恵）の場合はどうなりましょうか。

寂と照が不二にして説法をうること、あたかも金塊と光沢が一体となって光り輝くようなものである。（大正七五―五三上）

もちろん自受用身《じじゅゆうじん》は、他受用身と違って自受法楽《じじゅほうらく》のために説法されますが、他者のためにではない。なのに真理のうちに衆生に対する説法のはたらきがあるとは、どうも変だと思います。

もし真理においてただ寂義のみあって、照義あることなくば、まさに理法身説法せずというべし、真理につづめて二義あるがゆえに理法身が説法されるという。（大正七五―五三中）

質問は、こうして理と智、寂と照、自受用と他受用というふうに二元的な立場から、分析的、論理的に積みあげてゆくわけであるが、円仁は、それでは真理の当体を捉えることはできぬという。生きてはたらく真理は、理即智であり智即理である。寂は照に即し、照は寂に即して全一なのである。法身説法は、その端的に一なるところをみないかぎりはわからぬという。

しかし、お話の様子では、顕教でいう「自受用身は説法せず、他受用身は説法する」の教えと大差ないように思いますが。いや、大いに違う。よくみると理内（密教）と理外（顕教）の相違がある。顕教では「真性の理は諸法を作《な》さず、ただ諸法の所依たり」、つまり一切の存在がそれによって存在するところの縁起の理法を説くのみで、とうてい、すべての存在を性起《しょうき》せしめるような真実在をみてはいない。もしそうであるなら、顕教の「一分の有《う》情《じょう》は成仏せず」などという思想が成りたつはずはない、と。

いまや、円仁が顕教を三乗教に比定し、最澄の三一権実思想をひきついでいることは明白である。『蘇悉地羯羅経略疏』でも「問う、何を名づけて顕教となすか。答え、もろもろの三乗教、それを顕教となす」（大正六一―三九三中）とあった。円仁によれば、天台や華厳のような一乗教はすべて法身の説法であり、密教だという。その間に理論上の優劣は認められぬとしたのである。ただ密教経典のみは独自の実践方法を説くものであるから、その点で、理論は同じだが実践のうえに違いがある（理同事別）とした。これをまた理密と理事倶密とに分けることができるともいう。むろん、これは空海にみられなかった創意であり、あらたな密教思想の展開を示したものである。と同時に、こうして叡山仏教が密教をとり入れる基本的な枠組みは成立し、法華思想と密教とを融合するところの日本天台の教学は基礎づけられたわけである。

ともあれ、顕教と密教の違いがわかれば、もう円仁の三身思想の輪廓もほぼ決まってくる。

三身を分別するはただこれ機の見にして仏の差別にあらず。（大正七五―五三中）

法身・報身・応身とか、自受用身・他受用身・応化身といった三仏の区別は、もともとみるものの側からのもので、すべては法身にきわまり、「三仏はただこれ理内に常に照します実相の法身なり」（大正七五―五三中）ということとなる。法華思想はもと常寂光土の法身仏をたてていたが、密教の大日如来も異なったものではないと、円仁は教えられていたのである（最澄『顕戒論』帰敬偈〈伝教一―二五～二六〉を参照）。

かくて最後の問いに達する。

もししからば随機の三身と理内の三身と、その相違はいかがであるか。（大正七五—五三中〜下）

随機の三身とは、いわゆる「法身は法界にあまねく、報身はあまねく遍《あまね》からず、応化身はただ一世界等である」（大正七五—五三下）。これに対して理内の三身は「三身ともに法界にあまねくして優劣あることなく、また三身の体に異相なし」（大正七五—五三下）。

要は三身ともに実相の法身であるゆえ、そこに差別をみるのは所詮みるものの差別にすぎぬ。真理は常にあるがままに現前して蔽いかくすところはない。真実知恵のまなこを開くこと、ただそのことをのみ如来はあわれみたもうて、真実修行の道を諭《さと》されているのである。

註

【円仁】延暦十三年（七九四）、下野国都賀《つが》郡、壬生氏に生まれる。幼くして父を失い、九歳で広智菩薩の門に入った。早くより最澄をしたい、十五歳のとき比叡山に登る。最澄のもとで、もっぱら天台止観を学び、二十歳で天台宗年分度者として得度し、十二年間籠山《ろうざん》の制をまもり修行に励んだ。二十九歳のとき最澄の遷化にあい、翌年、叡山で初めて行われた大乗戒の授戒にあたり、義真をたすけ教授師をつとめた。このころから横川《よかわ》の地に隠棲していたところ、教団興隆のため円澄らに懇請されて、承和三年（八三六）、入唐請益僧となる。承和五年（八三八）、ようやく円載《えんさい》らと渡航を果たした円仁は、天台山への巡礼を願って許されず、揚州の開元寺に留められた。やがて翌年春、遣唐使とともに帰国の途上、予定を変更して赤山にとどまり、五台山への巡礼をはかった。文殊菩薩の聖地である五台山で、志遠《しおん》や法賢、文鑒《もんかん》から天台学をうけ、また「山の念仏」の先駆となる有名な五会《ごえ》念仏を伝える。ついで長安に入り、密教を大興善寺の元政、青龍寺の義真、玄明寺の法全《はっせん》について伝受したが、いずれも恵果の孫弟子たちである。たまたま、会昌二年（八四二）に始まる会昌《かいしょう》の破仏にあい、還俗を強要されるなど辛苦をかさね、承和十四年（八四七）、無事に帰国。これより叡山教団の中心となって力を尽くし、仁寿四年（八五四）、天台座主となる。また、文徳帝以下の多くの貴顕に灌《かん》頂《じょう》を授けるなど、叡山密教の全盛期を迎え入れるとともに、天台教学の基礎をかためた。貞観六年（八六四）、七十一歳で没し、翌々年には慈覚大師の諡号《おくりな》を賜わる。著書には『入唐求法巡礼行記《にっとうぐほうじゅんれいこうき》』のほか『金剛頂経疏』『蘇悉地経疏《そしつじ》』などがあり、『大日本仏教全書』『大正蔵経』に収める。

解説

武内孝善（高野山大学名誉教授）

はじめに

宗教哲学から出発され、空海密教の解明に斬新かつ刺激的な提言をなさってこられた岡村圭真先生であるが、十代の後半から、すでに空海の著作に親しんでおられたという。諾なるかなである。

岡村先生の最大の関心事は何であったか。一言でいうと、それは本巻の題名にもなっている「空海思想とその成りたち」、いかなる経緯・順序をへて、今日われわれが知りうる空海思想が完成したか、を解明することであった。本書では、空海がその時々で何を考えていたのか、何を問題としていたか、といった思索を積み重ねることから、「空海思想の成りたち」がじつにダイナミックに語られており、空海思想に関心のある方ばかりでなく、空海そのひとに関心のある方にとっても、興味の尽きることのない著作集であるといってよい。

ところで、「空海思想の成りたち」などというと、奇異に思う方がおられるかもしれない。なぜなら、従来の空海思想の捉え方は、一面的・画一的であったからである。つまり、空海の思想は生涯変わらなかったとみなされてきたのであった。日々修法をおこない、つねに透徹した思索を深めておられた密教の阿闍梨であり、卓越した思想家であった空海が、その生涯に、一貫して同じ考えをもっておられたとは考えがたい。にもかかわらず、画一的・一面的な理解しかなされてこなかった。このような伝統的な捉え方に異議を呈し、新たに空海思想が成りたつ過程を丁寧に掘り起こそうとされたのが、ほかでもない岡村先生であり、本書に収録した諸論考であった。

本書は、昭和四十一年（一九六六）から平成二十七年（二〇一五）にかけて発表された、空海を中心とする日本密教に関する論考十七篇をもって編んだものである。松長有慶先生の献辞にも記されるように、岡村先生の論考は決して多くはない。多くはないけれども、思索に思索をかさねられた一つ一つの論考は、まさに珠玉の輝きをはなつものである。その一例をあげてみよう。

即身成仏、この魅力的な一句が残されたというだけでも、空海はじつにすばらしい宗教的な天才思想家であり、詩人だったと思う。奈良の仏教は、目にみえる大仏を造立したが、空海は、仏が各自の心のなかにあると説いたといわれる。まさしく日本人の心のうちに、仏との通路が開かれ、伽藍や経典のなかではなく、ひとりひとりの心のなかで仏と出会うという、未曾有の転換の道を示したのが空海だったのである（本書五一頁）。

本書には、空海の思想を読み解く刺激にみちた提言がきら星のごとくちりばめられており、空海の思想を学ぶ者にとって、汲めども尽きない知的宝庫といっても過言ではない。正直に白状すると、この解説を書くために重要と想われることば・文章などをメモし、それを読みかえしてみると、何とほぼ全文にちかいものを書きだしていたのであった。

それはさておき、本書には空海思想をはじめ、日本密教に関する多岐にわたる問題が論じられている。一つ一つの論考別に解説することも考えたけれども、ここでは主要なテーマ別に紹介することにしたい。主要なテーマとは、以下の七点である。

第一　恵果阿闍梨との出逢い
第二　恵果と空海の密教――マンダラから文字・ことばへ――
第三　空海思想の成りたち――空海の文字・ことば観の確立――
第四　『即身成仏義』とは何か
第五　空海と『大日経』『大日経疏』
第六　空海伝の成立
第七　最澄と空海――最澄の密教思想――

以下ご参考までに、私が理解したところをまとめておくことにする。

一　恵果阿闍梨との出逢い

かつて、「空海は、恵果和尚と邂逅したことによって、真実の空海になった」と記したことがある（拙著『空海はいかにして空海となったか』〈角川選書552〉二〇一五年、ＫＡＤＯＫＡＷＡ）。その恵果との出逢いについての宗教的・根源的な意義を論じたのが「恵果阿闍梨との出逢い」であり、これは岡村先生の空海に関する処女論文でもある。

岡村先生は、最初に、二人の出逢いは「どこまでも二重の意味を含んだできごと」であった。その一つは、密教史・日本仏教史といった広い視野からみた意義であり、「恵果と空海との対面は、なによりもまずインド伝来の密教、なかでも六祖〔不空三蔵〕直伝のいわゆる正純密教と日本仏教との結接点として位置づけねばならない（本書二三頁）」という。あと一つは、空海個人における宗教的な意義であり、「あくまでも空海じしんの宗教的な開眼すなわちあらたな転換を意味するがごとき、まさしく宗教的な出逢いの体験であった（本書二三頁）」という。

このことを踏まえたうえで、「密教のうちから光をあてた」、つまり密教の教理を根底にすえ、そこから空海の生涯を明らかにしようとされた金山穆韶師にみちびかれるかたちで、二人の出逢いの真実に迫ろうとされた。これが本稿の特色である。

すなわち、「空海における出逢いとは、（中略）密教的な特質をもっともよく伝える出来事であった（本書二八～二九頁）」といい、「恵果との出逢いということの究極に、（中略）密教付法の阿闍梨の原型ともいうべき大日如来が、本師たる恵果と一体となって現前し、かつは密教そのものの根底であるところの法身仏が、如実にそこで同時現成するという、もっとも密教的な出逢いの構造が潜んでいた（本書二八頁）」といわれる。

後半では、恵果和尚の二つのことばに注目する。一つは、初対面の場でかたられた「我さきより汝が来ることを知て相待つこと久し……（本書三五頁）」であり、あと一つは恵果が示寂した夜の「汝未だ知らずや、吾と汝との宿契の深きことを……（本書三七頁）」である。特に、後者の「宿契」と称されるものの当体は何かを問い、「空海をして師と出逢わしめたものは、何も恵果その人の力のみではなかった、否むしろ恵果をしてかくあらしめずには措かないような何かが別にあって、それこそがまぎれもなく両者を対面させ、出逢わしめた当体にほかならない（本書三八頁）」とみなされた。

ここにいう「宿契」とは、「多生の中に相共に誓願して密蔵を弘演す（本書四〇頁）」ることであった。この「宿契」は「ただに恵果のものでも、空海のものでもなく、根源的にはこの金剛薩埵、ひいては大日如来そのものに由来するというばかりではなく、かかる自覚こそ、すなわち「彼此に代《かわるがわる》師資たるや、只一両度のみにも非ず」といわしめた当のものである（本書四〇頁）」といい、「師弟関係をこえた仏の妙用のみが両者をして真に出逢わしめたと考えざるをえない（本書四〇頁）」、ここには「とりわけ密教的な師弟関係が如実に顕われていた」とみなされたのであった。

恵果和尚が「覚りをえることよりも、この法＝密教を体現した阿闍梨と出逢うことの方がもっと難しい（冒地の得難きには非ず。此の法に遇うことの易からざるなり）」とかたっているけれども、密教では師との出逢いが決定的な意味をもつ。その恵果と空海を真に出逢わせたのは、「仏の神通妙用」つまり密教の根本仏たる大日如来の計らいであり、「仏と仏の約束された出逢いであった」といえようか。まさに、卓見といってよい。

二　恵果と空海の密教――マンダラから文字・ことばへ――

空海密教を解明する課題の一つとして、空海は不空・恵果に代表される中国密教から何を継承したか、また逆に、空海独自の思想は何か、があるといわれて久しいが、いまだ明確な解答が出されているとはいえない。本書に収録された諸論考を読むと、岡村先生が一貫してこの課題と向きあってこられたことを知りうるのである。

では、何を継承したか。一つ気づいたことは、「即身成仏」なることばであろう。ただし、継承したのは「即身成仏」なることばだけであって、その内容には大きな違いがみられる。不空・恵果の段階での「即身成仏」とは、速やかに成仏することができる、つまり「速疾成仏」を意味することばであったといってよい。しかるに、『即身成仏義』以降、空海は「われわれはいかなる存在か」といった人間観にたち、大日如来と同じものを本来的にいだいている自身の価値に気づき、本来の自身に帰ること、なりきることである、といった、質的にきわめて大きく転換させたことばとして提示するのであった。この『即身成仏義』については、あとに詳述したい。

一方、空海独自の思想は何か。岡村先生は、「マンダラから文字・ことばへ」の見出しでこのことを語っておられる。すなわち、恵果は「密教のおしえの根本は経典や文字でなく、マンダラ図像にある（本書五五頁）」と捉えたけれども、空海は恵果密教を超克して、密教世界を文字・ことばでもって提示できることを見出した。ここに、空海独自の密教世界がひらかれたとみなされた。

いま少し詳しくみてみよう。唐から帰国した大同元年（八〇六）から弘仁六年（八一五）にかけての空海にとっての主要な課題は、「恵果直伝にかかる、両部曼荼羅をもって伝法の要とする、いわば曼荼羅中心の密教から、翻って不空新訳の密教経典の抜本的な検討を介して、密教とは何か、また仏教諸宗に対して密教固有の独自性は何か、という根本問題の解決にあった（本書一四〇頁）」といわれる。恵果の密教が両部マンダラを根本とすることは、空海が『御請来目録』に、

密蔵、深玄にして翰墨に載せ難し。更に図画を仮りて悟らざるに開示す。種々の威儀、種々の印契、大悲より出でて一覩に成仏す。経疏秘略にして図像に載せたり。密蔵の要、実に茲に繫がれり。伝法受法、此を棄てて誰ぞ。海会の根源斯れすなわち之に当れり。

と記すことからも知りうる。このことを踏まえて、岡村先生は「恵果は、そのシンボル体系を整備、完成して、両部マンダラという画期的な成果をもたらした（本書六八頁）」といい、

恵果は、いってみればこの深玄なる仏教哲学の道によらず、図像と象徴による瑜伽観想、実践修道と儀礼宗教との総合形態である曼荼羅のおしえを、「密蔵の要」と捉えたわけであろう。その意味で、恵果の密教は、両部曼荼羅のおしえ、すなわち「両部の大法」と称してよいであろう（本書一〇三頁）。

と把握された。

「密蔵の要はマンダラである」といってみたものの、本格的にわが国に密教を弘め、流布させようとしたとき、空海ははたと困ってしまった。さきに引用した文に「いちど見ただけでも成仏できる（一覩に成仏す）」というように、密教は直感力が要求される世界でもあったからである。最澄との交友が一段落した弘仁四年（八一三）末ころから、空海は密教の宣布活動に着手する。その劈頭をかざったのが弘仁四年十一月の「中寿感興詩并序」であった。この詩について、岡村先生は、

ことばの多義性、重要性への注目から曼荼羅の世界イメージの文字ことばへの変換が試みられ、空海の新教の土台とその新しい可能性が示されるようである。詩と文章による空海仏教の序曲という捉え方ができるかもしれない。もし、そうであるならば、あるいはここに、中国密教から日本密教への一つの転換点を見出す可能性が開かれることであろう。これは天才詩人空海によって初めてなしえた偉業と称すべきであると考える（本書一四一頁）。

と記された。ついで空海は、同年十二月の「金勝王秘密伽陀」をへて、翌五年閏七月、嵯峨天皇に『梵字悉曇字母并釈義』を呈上する。このときの上表文と『字母釈義』に、空海密教の核心にふれる文字観を見出されたのが岡村先生であった。その文字観とは、

空海は密教の文字、ことばを解明する鍵を発見する。文字は重層的であり、構造的である。密教の文字は、自

然の道理のあらわれ、つまり「法然の文字」だという。実在のことばというか、絶対の真理がみずからを開示する、作るものなしに、おのずからなれる自然の文字である（本書四六頁）。

この文字観は、やがて弘仁六年（八一五）の「勧縁疏」と『二教論』の法身説法説の確立へと向かうのであった。

三　空海思想の成りたち——空海の文字・ことば観の確立——

空海が自己の密教観を確立した記念碑的な著作が、弘仁六年（八一五）の「勧縁疏」であった。岡村先生のことばを借りると、「文字から出て、（文字を超えた）文字へ出る（上田閑照のことば）（本書六二頁）」といわれる。このことは、「通常の理論書や仏教書の文字の理解のしかたを超えた、文字の読み方があるということである（本書六五頁）」と。

ここにいたる過程を略述すると、つぎのようになろう。中国古典の文字の世界から出発した空海が、文字の世界を超えた秘密の法門と出会い、入唐して密教の曼荼羅世界を体系的に持ち帰るが、いざ密教をわが国に弘め定着させようとしたとき、文字・ことばをもって説くしか方法がないことをさとり、文字の世界に回帰するのであるが、このとき出逢ったのが「梵字悉曇」であり、『大日経』に説く「法然の文字」観であった。この根源の文字即真言観が、空海思想の骨格を形成することになった、といわれる。

私の理解したところを、もう少し詳しく記してみよう。

おじの阿刀大足らの教導により、幼少のころから文字をもって説かれた儒教・道教・仏教の三つの教えを学んだ空海は、十八歳で念願の大学に入学するけれども、程なくして文字による学問を捨てて山林修行、つまり山野を跋《ばっ》渉《しょう》し実践修道というかたちで真理の探究に立ち向かう。その真摯な求道の結果、一つの秘門を感得するわけであるが、そこに待ち受けていたのは文字だけでは真意を理解することができない世界であった。

そこで、「唐にわたり、長安で明師について学びたいとの願いを強く持つようになった」空海は、遣唐使の一員として長安におもむき、青龍寺の恵果阿闍梨から密教を総合的に学ばれた。

その恵果の説いた密教の教えの根本は、文字・ことばでは表現できない、図画を借りなければならない、つまり「マンダラ図像にあり」とするものであった。それとともに、密教の受法は面授《めんじゅ》によらなければならない、とするものであった。この面授の授法は、大同四年（八〇九）からはじまった最澄との交友のなかで強く主張されたことは、よく知られたことである。

しかし、空海の密教に対する考えは、弘仁四年（八一三）の最澄との訣別から同六年四月に書かれた「勧縁疏」のあいだで、大きく変換されたとみなされた。つまり、最澄からの経典借覧に対して、最澄の筆授《ひつじゅ》によっても密教を理解できるとの考えを排し、面授を強く主張されていた空海が、なぜ一度排したところの筆授にあたる経典の書写を依頼されたのか。この間に、空海の密教に対する考え方の大きな変換があったのではないか、と。

そうして、㈠弘仁四年（八一三）十二月の『金勝王経《こんしょうおうきょう》秘密伽陀《かだ》』、㈡同五年（八一四）閏七月八日の「梵字幷びに雑文を献ずる表」とこのとき献ぜられた『梵字《ぼんじ》悉曇字《しったんじ》母《も》并《ならびに》釈義』一巻、㈢同六年（八一五）四月一日の「勧縁疏」に見られる空海の密教観に注目された。

第一の『金勝王経秘密伽陀』では、

夫れ如来の説法は必ず顕密の二意を具す。顕は則ち常途《じょうず》の所談、是なり。密は則ち秘蔵の所論、即ち是なり。

顕家の趣は、歴代の口実なり。密蔵の旨は、此の土いまだ解せず。

【現代語訳】

如来のお説きになった教えには、必ず顕と密との二つの意味が備わっている。このうち、顕教は、常に説き示されているところの教えであり、密教は、秘密の蔵に収められているところの教えである。したがって、わが国においても、顕教の趣旨は代々解説されてきているけれども、密蔵の趣旨はいまだ誰も正しく理解するものがいない。

の個所をあげ、特に、顕密が対比されるかたちで説かれるところと「密蔵の旨は、此の土いまだ解せず」に注目された。ここで空海は、わが国では、密蔵の趣旨はいまだ誰も正しく理解するものがいない、と言いきっておられるのであった。

第二の「梵字幷びに雑文を献ずる表」では、インドの梵字悉曇章とそのアルファベット（＝字母）を絶賛する文章をかかげ、「文章の真実の意味とその妙用（＝はたらき）はなんと広大で深遠なことであるか（文章の義用、大いなるかな、遠いかな）」と言いきっているところに、空海における新たな文字観の確立をみとめ、「これまでの消極的な文字観に対して、この文章は、威風堂々と積極的な文字観を謳いあげている（本書五八頁）」とみなされた。

そうして、このとき嵯峨天皇に献上された『梵字悉曇字母幷釈義』には、特筆すべき二つの文字の捉え方、すなわち①文字の重層性、②文字が構造をもつ、が提示されている、という。ここにいう、①文字の重層性とは、通常の文字と、経験を超えた文字の二重構造ということである。②文字が構造をもつとは、たとえば「阿字《あじ》」の一字からすべての文字を出生し、一字のうちにすべてが収まる、この阿字に「一即一切」の関係がみとめられるように、「一が多であり、多が一である」といった動的な関係である、といわれる。

この文字観に到達し、みずからの密教のよってたつ立脚点を明らかにされたのが「勧縁疏」であった。「勧縁疏」は、二つの部分から成りたつ。すなわち、前半部では経典の文字・ことばを中心に、顕教と密教との決定的な違いがはじめて明示され、後半部では恵果のことばを援用して密教の特色が簡明に説かれたのであった。この点を、岡村先生は、

「勧縁疏」の内容は、いってみれば『二教論』と『即身成仏義』によって、さらに綿密・周到なかたちで論ぜられるところの二つの主題をあわせ含んだものである。つまり、密教の特色をあげて顕教との違いを示す前半と、密教のおしえを簡潔に要約してあらわす後半の二部によって構成された文章だったわけである（本書六三頁）。

とまとめられた。

以上、空海思想の骨格が形成された根源の文字との出会いとその後の展開過程がダイナミック、かつ見事に描きだされているといえよう。

「勧縁疏」を書き、文字によって密教を説きうることを確信した空海は、空海思想の核心となる著作をつぎつぎに著わされた。岡村先生は、それら空海の著作を以下のように総括された。すなわち、

空海の思想形成は『即身義』までの前半部と、『声字義』以降の後半部の二期に分かれ、大きく様相が変化すること、また『十住心論』が、この二期を総括する位置にあることがわかるであろう（本書一八一頁）。

と。特に、前半部について、何度もくり返される主題を『字母釈義』の「梵字（諸字門）」、『二教論』の「法身説法」、『即身義』の「法仏自内証智」「マンダラ」と押さえられ、

ここには空海の目指した密教の理論体系の礎石がほぼ網羅されており、これらが、いわば教理体系を構築する

ための布石、つまり空海の密教理論を読みとるためのキーワード（秘鍵）といって誤りないであろう（本書一八一頁）。

といい、後半部については、

『即身義』までの著作の流れは『声字義』において一転し、基礎的解明の段階から、あらたな理論構築の段階へと推移し、現象学や解釈学の手法が表面化してくる。（中略）華厳や天台の哲学・理論との対決をへて、それらを包摂し、かつは超越する法爾自然なる真実在のことばという地平から、全仏教を総括するための、あらたな理論探求が開始されるごとくである。このようにして『声字義』は、ちょうどコースの折り返し点にあたっており、（中略）おそらくは秘密荘厳の世界がその全容をあらわす時期の開幕をつげる象徴的な著作だったのではあるまいか（本書一八一〜一八二頁）。

といわれる。

まさに、空海思想の俯瞰図が提示されたといってよい。これで、われわれは空海思想の森に迷わないですむことになったといえよう。

四 『即身成仏義』とは何か

空海密教の中核をなすのが即身成仏思想であり、その思想を体系的に説いたのが『即身成仏義』（以下、『即身義』と略称す）である。この『即身義』に関連することが本書の半分近くをしめている。したがって、「即身成仏」とは何か、『即身義』とはいかなる著作か、といったことが、岡村先生の主要なテーマの一つであったことはまちがいない。

即身成仏思想が空海密教の中核をなすことから、古来、数多くの註釈書・解説書が書かれてきたけれども、この思想そのものが、また『即身義』とは何か、が真言学徒にとって、共通の認識のもとにあるか、といえば、甚だこころもとないのが現状であるといえよう。

かつて、「今日の『即身成仏』の理解はまちがっている」と、岡村先生から直接お聴きしたことがある。ただ一言、このようにおっしゃられただけで、どこが、どのようにまちがっているのか、については、残念ながら、お聴きしなかったように記憶する。

ここで、以下の論述の助けにもなるので、『即身義』全体の構成をあげてみよう。『即身義』は三つの部分からなる。すなわち、

第一、発端の句と「即身成仏」の論拠——二経一論八箇の証文——の提示

第二、二頌八句からなる「即身成仏の偈頌」の提示

第三、「即身成仏の偈頌」を解読し、即身に成仏できる理由・根拠とその方法を詳述する

の三つである。じつは、『即身義』の大部分は第三のところであり、したがって、二頌八句からなる「即身成仏の偈頌」がもっとも重要な位置をしめるのである。

「六大無礙にして常に瑜伽なり」ではじまる「偈頌」について、岡村先生はいわれる。

思想詩ともいうべき凝集された言葉の中にみごとな体系を捉え、宇宙論的規模でもって自己存在の真のあり方を活写する、その手法たるや、まことに驚くべきものがある。たしかに思想はまだ文字や言葉のうちに封入されて、論理的な展開まで達することなく、また実践を優位とする関心のゆえに、暗号に似た構築にとどまって

透徹した理論の光のもとに照明されることはない（本書一一六頁）。

叡知的な直感のみが捉えうる真実なるものの一つの形相である（本書一一六〜一一七頁）。

『即身義』を理解するうえで、きわめて示唆に富んだことばといえよう。

それはさておき、岡村先生のいわれる『即身義』とは何か、について、私の理解したところを紹介してみたい。岡村先生が力説されることの一つに、『即身義』はどう読むべきか、どう読まれるべきか、がある。言い換えると、ただやみくもに『即身義』を読んでも駄目だ。読むには、それなりの準備・心構えが必要であるといわれる。たとえば、

請来した密教を、空海はどのように規定し、どのような密教理解のもとに真言宗を立教開宗したのか。そしてまた空海自身が提示した密教というものの中では、即身成仏という言葉はどんな位置を占めているのであろうか。そういった問題が全体として見通されたとき、初めて空海の即身成仏思想について論ずることが可能となるはずである（本書一一九頁）。

と。また、『即身義』が書かれる以前に、空海自身に即身成仏についての体験的な先行理解があったことが予想されるという。すなわち、①青年時代の大自然との融合体験、②恵果のもとでの根本体験、入壇灌頂と受法、③両部大日如来との出会い、この三つのいずれが欠けても、『即身義』の成立は不可能であったと。

さらに、『即身義』の根底・背景として、以下のようなことが見えてくるという。

『即身成仏義』の世界は、のちにみるとおり、一方で徹底せる瑜伽禅定の体験そのものを根底とし、他方では、古代インド・中国の宗教・思想のもろもろの体系をすべて総合するような地平を開かしめるものである。そこ

には、ある根源的なものの開顕とも称すべき、空海にとって固有の精神的な位相が読みとれるはずである。総合性と体系性という、かれの思考の特性は、さらにもう一つ、根源性という契機を含んでいると解してよいのではあるまいか（本書一一七頁）。

さとりとさとりの主体、法と法を覚証せる仏との不可分の関係（人法不二）を徹底して追究した空海の文章は、もともとかれ自身の体験の深みから読みとかれねばならない（本書一二三頁）。

ここで強調されているのは、『即身義』は頭だけで書かれたものではないこと、瑜伽禅定の体験に立脚して書かれていることを肝に銘ずべきであるという。心すべきことばといえよう。

では、空海のいう「即身成仏」とは何か、「即身成仏」とはどういうことか。解説書等では、「即身成仏とは、この身このままで仏になること」といった解釈をよく目にするが、私はこの「仏になる」との表記に違和感をおぼえる。なぜなら、われわれは本来的に仏と変わりない存在なのだと、空海自身、『即身義』のなかで力説されるからである。ともあれ、岡村先生の言をうかがってみよう。先生は、

即身成仏とは何か、という問いは、基本的には真言（陀羅尼）とは何か、密教の観法とは何か、といった問題とともに、空海の宗教・思想の核心にかかわる問題であり、（中略）いまだ十分なる解明があたえられていない（本書一二〇頁）。

といわれる。また、空海の『即身義』は、修行してさとりにいたる道という考え方を覆す立場であるといい、

本来の意味では、仏の智慧をひとしくそなえた根源的な自己（本有・自然のわれ）にめざめることである。（中略）この本来の根源的な自己にめざめ、自己にかえる道は、もはや段階的な経過を示す道とはいえないもので

ある（本書六九頁）。

といわれる。ここにいう「根源的な自己にめざめ、自己にかえる道」に賛意を表したい。もう一言「本来の自己になりきることが、空海のいう成仏である」を付け加えておこう。

空海は、二頌八句からなる「即身成仏の偈頌」の前半の四句は「即身」の意味を、後半の四句は「成仏」の意味を表わしているという。では、空海のいう「即身」「成仏」とはいかなることか。岡村先生は、つぎのように解された。

即身の偈は、現身、肉身、この身このままという身（体）のうちで、あるがままの自己のあり方を根底から照らしだして、体・相・用の三大と無礙円融なる三身平等（我身・仏身・衆生身）の実相を示したもの。また、成仏の偈は、いまあらたに成仏するというのではなく、すべては法身の一切智智を法爾自然に具足しており、あるがまま人、（中略）つまりこの身このまま仏になるという理解は、この偈の意図に反することになり、さりとて即身すなわち仏であるといっても、まだ落ちつかないものが残る。要は、この四字一句の隠された意味（法然の道理）を、あるがまま読みとくことが、そのまま覚智であるという事態を、この偈そのものが開示していることではないであろうか。（本書一三〇頁、傍線筆者）

傍線部の「この身このまま仏になるという理解は、この偈の意図に反する」に留意すべきであろう。いま一つ、「即身成仏の偈頌」を総括した文章をあげておこう。

一切の存在は、真実在とともに六大所成の身という観点から捉えられることを、即身成仏の偈は教えている。仏も六大所成、われも衆生も六大所成、それゆえ仏と衆生はもともと根源的に一であって二ではない。とはいっても、本尊も六大所成、われも六大所成であるから、本尊とわれは入我我入し、感応道交することができる。こういう推論は密教のものではない。むしろ逆に、瑜伽合一のゆえに、仏身も、我身および衆生身も本来平等にして一体なのである。このはじめに禅定ありき、という考え方が基本にあって、初めて密教の方法論が成りたつ。その原型をしめしたものが、たとえば「智泉の達嚫文」である。（中略）このように禅定・瑜伽をベースとした六大所成の身という観点が、『即身成仏義』の基礎にあるとすれば、空海の人間観もまた、すこぶる実践的な性格がつよくなるのは当然であろう。仏とわれ、衆生の三身平等の原理は、単なる理念・観念でなくして、平等である（体）がゆえに、それを現成させる働き（用）と不可分な一種の力として発動する。体と用、仏とわれ、衆生の円融無礙、ダイナミックな関係を根本的に成立させるものを、さきの六大所成の身という観点は含んでいる（本書一三四〜一三五頁）。

一般の方には、少しむずかしいかもしれない。

最後に、『即身成仏義』とは何か、を見ておきたい。従来の説、たとえば「即身成仏の思想」「即身成仏の可能性」をといた理論書である、といった表現ははたして適切であるか、と疑義を呈された。そうして、「論」と「義」について論じられたあと、

『即身成仏義』は、即身成仏の意義なり意味なりを、経典・論書に基づいて解読するということが中心テーマである（本書一二三頁）。

と記される。正直申して、少し物足りない気もしないでもない。

表層的なことに終始したかもしれない。各自、直接本文にあたって、岡村先生の真意を読みとっていただきたい。

五　空海と『大日経』『大日経疏』

真言宗では、古来、『大日経』を読むとは、『大日経疏』を通して読むものであると信じられてきた。つまり、『大日経』そのものは難解であるため、その註釈書である『大日経疏』にもとづいて読まれてきたのであった。それほどに『大日経疏』が重要視されてきたにもかかわらず、空海にとって『大日経』とは、『大日経疏』とはどういうものであったか、といったことは、問題とされてこなかったという。

空海が『大日経』『大日経疏』を依用するとき、きわめて慎重な態度をとっていたことを明らかにされたのが岡村先生であった。その結論部分を要約すると、以下の三点となろう。

第一に注目すべきは、空海の著作は『即身義』までの前半部と、『声字実相義』（以下、『声字義』と略称す）以降の後半部の二期に大きく分かれ、『十住心論』がこの二期を総合する位置にあるという。何をもって前後半に分けるのかといえば、『大日経疏』の用い方の違いによるのであった。

このことが第二の注目すべき点である。すなわち、『即身義』と『声字義』とのあいだで、『大日経疏』の取り扱い方が大きく異なり、前者では消極的な評価しかなされていなかったが、後者では積極的な評価がなされ、その依用のしかたが明白に分かれるという。『二教論』『略付法伝』『即身義』など、空海の前期著作というべき著述での特色は、まず顕教の三劫成仏に対する密教の即身成仏の強調という点で軌を一にしている。そのうえ、これらの論述では、総じて『大日経疏』の引用を慎重に避けたということでも共通している。一方、『声字義』『吽字義』など後期の著作では、『大日経疏』を自在に援用、駆使しつつ論が進められており、すこぶる対照的であるといい、この顕著な転換の事実をどう説明するかは、空海の思想展開の核心にふれる問題であるにもかかわらず、これまで注目されたことはなかった、不審というほかないという。

第三は、空海の『大日経疏』の取り扱い方は、三つの型に分けられることである。すなわち、

①『疏』によらず……『即身義』……『大日経疏』を使用しない

②『疏』にしたがう……『字母釈義』『吽字義』……『大日経疏』を駆使する

③『疏』によって、『疏』をこえる……『声字義』『十住心論』……『大日経疏』に空海独自の解釈を加える

の三つとなる。解りにくいのが「『疏』によって、『疏』をこえる」という③であろう。岡村先生は、『十住心論』巻第十に引用された『大日経』本文、

故経云「一時薄伽梵。住如来加持広大金剛法界宮。一切金剛者皆悉集会」

を例示される。この引用文のうち、「一時薄伽梵」と「一切金剛者皆悉集会」には、『大日経疏』をもって解釈しているが、真ん中の「住如来加持広大金剛法界宮」の十二文字については、『大日経疏』によらず、空海独自の解釈をあてているという。この『大日経疏』の解釈ではなく、自身の解釈をあてるところを「『疏』をこえる」とされたのであった。

要するに、空海の『大日経疏』の依用のしかたは三段階に分かれる。第一は、『即身義』までの著作で、『大日経』を重要視し引用しているにもかかわらず、『大日経疏』を重視する態度はみられない。第二は、『声字義』以降の著作で、「大日経疏にいわく」と名前をだして引用するだけでなく、自家薬籠中のものとして『大日経疏』の名前をださないで多用する。第三は、『十住心論』にみられた総まとめともいうべき引用のしかたであり、『大日経疏』によるべきときは引用し、肝心な問題にかぎっては『大日経疏』によらず、空海自身の解釈によったという。

じつに興味深い指摘といえよう。

ではなぜ、空海はこのような方法をとったのであろうか。岡村先生は、外的要因として、最澄の存在をあげられる。すなわち、弘仁四年（八一三）の最澄撰『依憑天台義集』――『大日経疏』がよりどころとしたのは天台の理論・教義であると指摘する――への対応に苦慮していたのではなかったか、と。つまり、安易に『大日経疏』を引用すると、天台の傘下に吸収されるかもしれないとの危機意識が働いていたのではなかったか、といわれる。確かに、いかにすれば天台を超えられるかは、喫緊を要した課題であったといえよう。

最後に、従来の『声字義』の取り扱いと『十巻章』の読み方についての苦言を呈しておられるので紹介しておく。まず、『声字義』であるが、

従来の『声字義』の研究は、決まったように『大日経』および『疏』との関連のもとに検討されて、『二教論』や『即身義』との関連に光をあてることが少なく、空海の著作活動の一貫性を問うといった試みもなかった（本書一七六頁）。

といい、一方、『十巻章』については、

従来の研究は、『十巻章』を一枚岩のように捉えて、著作の流れや背景については一切考慮を払わなかったから、空海が『疏』のとり扱い方にきわめて慎重を期し、一行の解釈ではなく善無畏の解説を直接聞きとろうと腐心したことなどは夢想だにせず、一途に『経』を読むとは、『疏』を読むなりと断言してはばからなかったのであろう（本書一八二～一八三頁）。

といわれる。空海の著述をいかに読めばよいか、傾聴すべきことばである。

六　空海伝の成立

「空海伝の成立」（第一章）は、空海の最古の伝記である「空海卒伝」に、新たな光をあてた刮目すべきものである。「空海卒伝」とは、『続日本後紀』（以下、『続後紀』と略称す）承和二年（八三五）三月二十五日条所収の空海略伝をいう。岡村先生は、撰者が作成するにあたって依拠した資料があったかどうか、また「空海卒伝」の構成は撰者のオリジナルであったか否か、といった「卒伝」の根本問題を問われた。正史の記録であり、かつもっとも古い「空海卒伝」は、真実の空海を知りうる唯一といってよい伝記であったけれども、なぜか正面から学的検討が加えられることはなかったといってよい。真実の空海を、空海伝の成立を考えるうえからも無視できない、いくつかの新しい視点が提示されたのであった。

以下の論述とも関連するので、はじめに「空海卒伝」の概略を記しておこう。国史大系本によると、この「卒伝」はわずかに二百四十七文字、きわめて簡略な伝記といえる。『続後紀』は、貞観十一年（八六九）八月十四日に上進された六国史の一つであり、最後まで撰修にたずさわったのは藤原良房と春澄善縄であった。『続後紀』の承和二年（八三五）三月二十五日条は、「空海卒伝」だけでなく、①空海の喪に内舎人を派遣し喪料を施入したこと、②後太上天皇（淳和帝）の弔書、③空海の略伝（＝「空海卒伝」）、の三つの部分からなる。なお、空海が閉眼したのは承和二年三月二十一日であった。『続後紀』同日条には、「大僧都伝灯大法師位空海、紀伊国の禅居に終る」と記される。

本論の前半は、総論の様相を呈す。すなわち、「空海卒伝」は、「おそらく六国史に収める僧伝のうち、もっとも異例の部類に入るにちがいない」といい、ここにいう異例とは淳和帝の「弔書」を載せることであって、「前代未聞のこと」であった。その典拠となったのは、真言付法の第六祖・不空三蔵の葬送に際して読まれた代宗皇帝の祭文であり、「不空と代宗の祭文」「空海と淳和帝の弔書」といった対応関係がみとめられるという。

では、「卒伝」の撰者は空海に六祖不空と対応させる構想をどこから得たのか。岡村先生は、撰者が参考に資することができた文献資料のなか、特に真済の『性霊集』序に注目された。そこには、学問・修行・遍歴・入唐受法・立教開宗・弘法利人といった「卒伝」に似た構成がみられ、「卒伝」全体の構造は、この『性霊集』序にその祖型・元型がもとめられるという。『性霊集』序にえがかれた空海は、「不空の孫弟子であり真言付法第八祖にあたる大遍照金剛その人という一句に集約できる」といい、この真済の空海観が「卒伝」の撰者・春澄善縄に大きな影響をあたえた。換言すれば、「空海を世界的な水準の文化人・宗教家とみなす」善縄の空海観は、『性霊集』序から学びとったものであったとみなされたのである。まさに慧眼というべきであろう。

それとともに、従来の「空海卒伝」の扱いに苦言を呈された。つまり、今日、「卒伝」を単独の完結した空海伝であるかのごとくみなしているけれども、「卒伝」撰者は、「弔書」を含む一連の記事に托して、その伝記記事を補完し、「卒伝」を骨子としながら、ひとまわり大きな空海伝の全体構想を、暗に示していた（本書一一頁）のではなかったか。また「卒伝」の祖型である『性霊集』序の解明も試みられてこなかった。なによりも、空海伝の成立を問うこと自体、問題とされてこなかった、と。まことに手厳しい指摘であり、かつ傾聴すべきことばといえよう。

かつて、「空海卒伝」がどこまで史実を伝えているか、を精査したことがあった（拙稿「空海の誕生年次」〈拙著『弘法大師空海の研究』二〇〇六年、吉川弘文館〉）。そこでは、「卒伝」の祖型が『性霊集』序にあること、同序に

「卒伝」の文章に似た文言があること、これらにまったく気づいていなかったことを、正直に白状しなければならない。それはそれとして、正史に収載される「卒伝」の文章すべてが信頼できるとはいえない、少なからず誤記がみられることを付言しておこう。

後半では、「卒伝」記事とその材料に用いた資料の対照表を提示するとともに、表記上の問題の概略をたどることによって、「空海伝の成立した背景なり、「卒伝」の性格なりが見通せるようになった（本書二〇頁）」という。その成果を六点に集約された最終の段落は圧巻といえよう。二、三要約してみよう。

「空海卒伝」は、ひとつの空海伝の完成を意味し、空海が閉眼した直後の時代の空海観を総合網羅するものであった。「卒伝」は、基本的には公的文書、ならびに『三教指帰』序と『性霊集』序を主たる材料として書かれたことはまちがいない。特に、『性霊集』序の構想にもとづきながら、これを超える独自の判断と評価――たとえば、最高の礼、すなわち弔書をもって祀られる、世界一流の宗教家という栄誉につつまれた空海像――を加えるところに特色がみられる。ただ、ここに示された空海像を、「史実としての空海その人を描いた伝記（本書二一頁）」とみなすか、「異例・格別といった装置のもと、日本人離れした世界性という基準に照らして評価する、主観的な判断によってまとめられた伝記（本書二一頁）」とみなすか、は意見の分かれるところ、との指摘は重要であろう。

最後に、「史実の空海を追究しただけでは空海伝は完結しない（本書二一頁）」との「あらたな課題」が提示されている。ここ三十年あまり、真実の空海をもとめて、徹底した史料批判をおこない、信頼できる史料だけにもとづいた空海像の構築をこころがけてきた私にとって、頭をガンと殴られたような痛みをおぼえることばであった。

ところでこの論考のなか、疑問に想うことが一つある。それは、真済の空海観に関してである。さきに、真済の空海観は「不空の孫弟子であり真言付法第八祖にあたる大遍照金剛その人という一句に集約できる」と記したけれども、その典拠とされたのが、つぎの三つの文章であった。

(一)ここにひとりの上人います。号して大遍照金剛という。

(二)たまたま京城青龍寺の大徳恵果阿闍梨にまみゆ。すなわち南天竺の大弁正三蔵(不空)の上足の弟子なり。代宗皇帝の師とし供する所なり。

(三)金剛薩埵、大日の寂を扣《たた》いてのち、いはゆる第八の析負は吾が師これなり。(本書一一頁、傍線筆者)

岡村先生は、これをうけて「撰者は、(二)の「代宗皇帝の師とし供する所」に基づいて、代宗の「祭文」と淳和帝の「弔書」を対照させ」、「ここに示された代宗と不空の関係を前提とすることによって、淳和帝と空海の緊密な関係を、あたかも二重写しのようにかさねあわすこともできた(本書一一頁)」。「なによりも、(三)「第八の析負」(中略)が、六祖不空に対して八祖空海という対比を可能にする決定的な要因となったと思(本書一一頁)」うといわれる。ここでは、「代宗皇帝の師とし供する所」が「代宗と不空との関係」の前提とされているけれども、はたしてこの「代宗皇帝の師……」を不空のこととみなしてよいであろうか。疑問なしとしない。文脈からいって、この「代宗皇帝の師とし供する所」は恵果和尚の事跡についていったものと想われるからである。「代宗皇帝の師」から不空三蔵への祭文を導きだされたことは、じつに驚歎に値することだけれども。

いま一つ、私見を記すことをお許しいただきたい。それは、岡村先生が、「卒伝」等の空海の最期を表わす表記に注目されたことに関してである。すなわち、「「化去」とあわせ、「終焉」「禅居に終る」といった表記法は、撰者のことばとして、やはり異例であり、格別のものであったことが注意をひく(本書二〇頁)」といい、「なぜ通例に従わなかったか、については別の機会に検討したい(本書二〇頁)」とつづけられた。同じく空海の最期をめぐる表記に留意されたのが、竹内信夫氏であった。特に、「終る」の表記に『続後紀』の特異性を指摘された（『空海の本——密教最大の聖者の実像と伝説を探る——』二〇〇六年、学習研究社）。

はたして、これらの表記は空海の最期が特別のものであったことを物語っているのか、空海だけに用いられたものであったか。ここで結論的なことを記すならば、この「終る」は、異例でも格別でもなかった。なぜなら、撰者である善縄は、同様の表記をほかの僧の「卒伝」でも使用しているからである。

『続後紀』に収録された僧侶の略伝＝卒伝は八つある。それらを、僧名・記載された年月日・最期を表わす語句の順に一覧表にすると、つぎのようになる。

僧名	示寂年月日	最期を表わす語句
円澄卒伝	天長十年（八三三）十月二十日条	円澄卒。時年六十二。
護命卒伝	承和元年（八三四）九月十一日条	終㆓于元興寺少塔院㆒。
空海	承和二年（八三五）三月二十一日条	終㆓于紀伊国禅居㆒。
空海卒伝	承和二年（八三五）三月二十五日条	自有㆓終焉之志㆒。隠㆓居紀伊国金剛峯寺㆒。化去之時年六十三。
慈朝卒伝	承和五年（八三八）十一月三十日条	卒時年八十二。
寿遠卒伝	承和五年（八三八）十二月二十七日条	卒時年八十八。
守寵卒伝	承和八年（八四一）十二月二十六日条	将㆓化去㆒時年五十有八
守印卒伝	承和十年（八四三）十二月二十九日条	空化㆓一房之内㆒
明福卒伝	嘉祥元年（八四八）八月二十四日条	其後終㆓于所㆑居寺㆒

これを見れば、空海の最期を表わすことばが、特異でも異例でもないことは一目瞭然であろう。すなわち、八名のうちの五名に「終る」「化す」「化去」といった、ほかの正史ではあまり見かけない表記がみられるのである。

具体的にみてみよう。まず「終る」であるが、承和元年（八三四）九月十一日条の「護命卒伝」に「元興寺少塔院に終る」とあり、嘉祥元年（八四八）八月二十四日条の「明福卒伝」には「其の後、居する所の寺に終る」とあって、「終る」の表記は空海だけではなかった。つぎに「化す」は、承和十年（八四三）十二月二十九日条の「守印卒伝」に「空しく一房の内に化す」とある。最後に「化去」は、承和八年（八四一）十二月二十六日条の「守寵卒伝」に「将に化去すべし。時に年五十有八なり」とあり、「空海卒伝」には「化去の時、年六十三」とあった。

これらは、何を物語るのであろうか。かつて私も、「禅居に終る」を、空海が特別な最期を迎えたことを暗にかたっているのではないかとの想いを抱いたことがあった。だが、右の一覧からは、「終る」「化す」「化去」は、特別な最期を表わしたことばとは考えがたいといえよう。これらは、おそらく、編者・春澄善縄の好みによる文学的表現であったとみなしておきたい。

七　最澄と空海——最澄の密教思想——

空海の生涯とその思想の成立に多大な影響をあたえた一人が最澄であった。この言に異をとなえる方は、それほど多くはいないであろう。二人は、当初、手に手を取らんばかりに意気投合していたけれども、弘仁三年（八一二）十一、十二月の高雄灌頂の直後、急に二人のあいだに溝が生じ、程なくして修復できない状態にまで立ちいたり、やがて袂を別つことになった。その要因は、古くは『理趣釈経』の貸出拒否と泰範の帰山拒否といわれてきたが、近年は両者の密教観と密教受法に対する見解の相違が大きかったといわれる。しかるに、二人が袂を別った弘仁四年末の時点で、最澄はまだみずからの密教観を明確に表明していなかった。このことより、両者が訣別した根本の要因は、密教受法に対する最澄のかたくなな姿勢にあった、つまり再三にわたる忠告・叱責にもかかわらず、筆授を改めなかったことによる、と私は考える（拙稿「空海と最澄の交友」〈拙著『弘法大師空海の研究』〉）。

それはさておき、岡村先生の論考にもとづいて、最澄の密教思想をみていこう。

古来、最澄の密教観は、「円密一致の思想」とみなされてきた。ところが、そこには等閑視されてきたことがあった、と岡村先生はいう。すなわち、「天台教学はもともと実践的性格が強かったうえ、最澄の構想は止観を中心とする、とりわけ実践的な仏教を比叡山に樹立することであった（本書三二〇頁）」。だから、密教に「最初に目をつけたかれの着眼力とか、受容の仕方（本書三二〇頁）」といった、最澄の関心の所在が問題とされてしかるべきであったけれども、長く放置されてきた、と。この等閑視されてきた課題の解明を試みられたのが、「最澄と密教思想」であった。

岡村先生はいわれる。若き日の最澄にとっての関心事の一つは、天台止観の実修にあった。これが根底となり、密教への扉をひらく重要な機縁となったのが『大日経疏』との出逢いであった。天台止観の実修がなければ、一行の密教思想を理解することはできなかったであろう。最澄が早く入唐以前から天台止観に注目した背景には、真実の実践修道が等閑視され、坐禅や念仏、陀羅尼などの雑多な修行方法を任意に採用していた、当時の日本仏教界に対する批判的な見方があった、と。

入唐以前の最澄にとって、『大日経疏』は唯一、かつ第一級の密教指南書であった。すなわち、①密教への感心を最初に喚起された記念すべき著書であり、②それ以上に重要なことは、これが中国密教学のほとんど唯一の著述であったこと、③そこには天台教学によって密教が解説されているばかりでなく、天台と密教との親縁関係をこれほど明瞭に教えてくれるものはほかになかった、④最澄が天台法華宗のなかに密教を包摂できたのも、この一行疏の指南にもとづくとみてまちがいないことであった。

このような『大日経疏』にもとづいた最澄の密教観に衝撃がはしった。それは、大同元年（八〇六）十月、唐から帰国した空海が上進した『御請来目録』であった。この『目録』には、『大日経疏』の筆録者・一行や最澄が理解した密教とは異質の密教を請来したことが表明されていた。つまり、密教には本源と枝葉の二つがあり、善無畏・一行系の密教に対して、金剛智・不空系の密教が本源であるとするものであったからである。最澄は、この『御請来目録』をかなり早い時期に目にし書写していたにもかかわらず、態度を保留しつづけるのであった。

とはいえ、最澄は大同四年（八〇九）八月から弘仁三年（八一二）末にかけて、空海が請来した密教経典を頻繁に借覧しつづけたのであった。最初の段階では、明らかに善無畏・一行が訳した『大日経』系統の経典に重点をおき、金剛智・不空が訳した『金剛頂経』系統にはまるで関心を示さなかった。その最澄が、弘仁三年十一月・同十二月の高雄灌頂の前後にいたって、『金剛頂経』系統の経典を借覧しようとした矢先、突如として二人のあいだが険悪となり、弘仁四年三月ころには高雄に派遣していた弟子たちを叡山に引きあげる事態にまでいたっていた。何があったのか。岡村先生は明言しておられないが、最澄の密教受法のあり方に対する空海の叱責があったことはまちがいない、と私は考える。

それはさておき、留意すべきは、大同四年（八〇九）八月から矢継ぎばやに密教経典の借覧を空海にもとめた最澄が、最後まで自分の密教理解を捨てなかった点である。空海も『御請来目録』以来、一貫して真言密教の主張をゆずらなかった。ここに、密教に対する「明白なる見解の不一致を認めざるをえない（三一四頁）」、と岡村先生はいわれる。あるいは、先生は両者のあいだが険悪化した要因を、ここにみておられたのかもしれない。

最澄がみずからの密教観を著作として最初に公表したのは、弘仁七年（八一六）の『依憑天台義集』序であり、そこには「新来の真言家は筆授の相承を泯ぼす」と記されていた。この「筆授の相承を泯ぼす」をうけて、空海が面授の相承をとなえ、最澄が筆授の相承を重んずる立場であった、との言に対して、岡村先生は「二、三の重要な問題が閑却されて（三〇四頁）」いるといわれる。つまり、最澄には空海から二つの問題がつきつけられており、それに対する批判が「新来の真言家は……」の一文にほかならないとみなす。二つの問題のうち、一つは「教判の問題」であり、「勧縁疏」で天台を顕教の一つとみなしたことである。あと一つは「密教の正嫡問題」であり、密教の正統は金剛智・不空系の密教であるとみなすことであった。ちなみに、入唐した最澄は善無畏系の密教を受法して帰国したのであった。

古来、最澄の密教思想は「円密一致の思想」の一言ですまされ、最澄には密教思想をまとまったかたちで説いた著作は見あたらない、といわれてきた。しかるに、岡村先生は、課題は二つあるといわれる。一つは、最澄が『依憑天台義集』で提示したものはなにか。一つは、最澄は密教の教理・教判の問題については詳述しなかったといわれるが本当か。と、従来の説に再考を促されたのであった。

最澄は、『依憑天台義集』で一行が天台の教理をもって解説しているところを三つ指摘する。その三つとは、ほぼ密教の念誦観、曼荼羅観、阿字実相観を説くものであって、『大日経疏』の基本的な主張を、ほぼ的確に捉えて抄出したものといえる。とはいえ、教理的にみると、もっとも重要なのは第三の阿字実相観――阿字体大説の論拠とみなされる――であるにもかかわらず、それは三番目におかれ、冒頭にかかげたのは念誦観であった。

このことは何を物語るのか。最澄が密教独自の特質としてもっとも重視したのは、教理的な阿字実相観ではなく、むしろこの真言念誦法だったのではなかったか。

このことを手掛かりとして、最澄の著作をみていくと、最澄が評価していたのは真言念誦であり、密教の実修であったという。すなわち、『守護国界章』にもとづいて、以下のように指摘される。

最澄の基本的見解はまず「法華一乗の機は今まさにこれその時なり」との歴史認識に基づいて、これまでの出世間主義的な禅定観にたった南都諸宗を、もはや現実には、ふさわしくない迂回、歴劫二種の成仏を説いた小乗ないし三乗教の立場だとして、厳しく排斥するところにあった。

これに対して、天台止観や密教は、ひとしく真俗一貫、直道成仏を説いた真実一乗の教えであって末法の近い現代に最適のものであるという（本書三一九頁）。

以上をまとめて、「最澄の密教は、本来こうした観点から天台法華宗の中に正しく位置づけられる性格のものであって、従来、この視点が閑却されていた。最澄の密教観を論じるとき、問題とすべき点は、何よりもまずこの立脚点を明らかにすることであった（本書三一九頁要約）」という。じつに鋭い、傾聴するに値する指摘といえよう。

岡村先生はもう一つ、最澄の著作をとりあげられた。弘仁十二年（八二一）成立の『法華秀句』序文である。これによると、天台の立教開宗から十五年が経過したこの時点で、最澄の新仏教の理念・思想的基盤が、南都仏教側からあらためて問題視されたていたことを知りうる。ちょうどこの弘仁十二年は、叡山と南都のあいだに、異常なまでに緊迫した状態が醸し出されていた時期であった。すなわち、一つには会津の徳一との三一権実論争、いま一つは一乗戒壇院創設をめぐる僧綱との対決であった。

このときの南都による天台批判は、一乗主義と成仏思想との二つに集約され、一乗主義に対する最澄の主張には目新しいところはなかった。一方、成仏思想では、最澄は進んで『法華経』と『無量義経』にもとづく直道成仏の思想を高唱して、日本天台の独自性を強調したのであった。そうして、『守護国界章』に所載された天台法華宗の所依の経典に注目された。それらの経典は、正依と傍依（1）・傍依（2）にわけられ、正依と傍依（1）の諸経典は一乗主義にかかわり、傍依（2）は単なる成仏思想ではなく、直道成仏の実修にかかわる経典であった、とみなされた。

このことを踏まえて、岡村先生はつぎのように指摘されている。

最澄のごとく、四種三昧を重要視してあらたに四種三昧院を設置した態度を考えるとき、いわゆる「如是直道経」にかれがどれほど大きな意義を認めようとしたか（本書三二六頁）」が推測できる。「かかる直道経観を承認するかぎり、かれの一乗主義が、もともと実践的関心に裏打ちされた成仏観と不二一体のものであり、その意味できわめて斬新な、そして深刻な問題提起であったことに、われわれは気づかされるのである（本書三二六頁）」と。

このように、最澄が打ち立てた密教思想の特色を「直道成仏」なる成仏観に見出されたのであった。ここにいたって、従来の「顕密一致」といった平面的な密教観が超克され、新たな地平が拓かれたといえよう。いま一つ、特筆すべきことは、最澄の関心が実践修道面にあったとの観点が全篇にわたってみられることである。

ここで、最澄が『依憑天台義集』に引用する『大日経』の注釈書について一言しておきたい。最澄は「其れ毗盧遮那経疏の第七の下に云はく」と記す。これより、引用された註釈書を『大日経疏』と表記する論考が大半である。しかるに、この『大日経疏』は誤りであり、『大毗盧遮那経義記』、略称『大日経義記』が正しい。詳細は拙稿にゆずるとして、『大日経義記』とする根拠をいくつか記しておきたい。

第一は、九世紀初頭のわが国に伝来していた『大日経』の註釈書は、空海が請来した『大日経疏』とそれ以前に将来されていた『大日経義記』の二つであった。第二は、円珍撰『大毗盧遮那成道経義釈目録』によると、最澄が手許におき、依用することができた注釈書は『大日経義記』だけであった。第三は、最澄が空海請来の『大日経疏』を借覧したとする史料は見あたらないことである。第四は、今日まで伝存する『大日経義記』の写本が二本あり（青蓮院本と高野山大学図書館蔵本）、これらの本文と最澄が引用した本文を対校したところ、ぴったり一致した。一方、最澄が引用した『大日経疏』の本文と大正蔵経所収の『大日経疏』本文とを対校したところ、微妙な違いがみられた。以上から、最澄が『毗盧遮那経疏』と表記して引用した『大日経』の註釈書本文は、『大日経義記』のそれであったことはまちがいない（拙稿「高野山大学図書館蔵『大日経義記』をめぐって」〈『高野山大学大学院紀要』第一五号、二〇一六年〉参照）。

おわりに

特記すべきことは少なくないけれども、紙数を大幅に超過してしまったので、このあたりで擱筆したい。とはいえ、最後に二つばかり略記しておきたい。その一つは、十代後半からの課題であったといわれる「真言に対応する梵語はマントラか、マンダラか」の命題についてである（第十章参照）。『大日経疏』が「真言とは梵に曼怛羅と曰う」と記すところを、空海は『声字義』で「仏界の文字は真実なり。（中略）此の五種言、梵には曼荼羅と云う」と引用する。この『声字義』の「曼荼羅」については、かつて「曼怛羅」の誤写説もだされたという。しかるに、『十住心論』に、

真言とは且らく語密について名を得、もし具さに梵語に拠らば曼荼羅と名づく。

とあって、真言を語密としていうと梵語の「曼荼羅」である、と空海は明記している。これより、『声字義』の「曼荼羅」は誤写ではありえない。とすると、なぜ空海は『大日経疏』の「曼怛羅」を「曼荼羅」に変換したのか、が問われなければならない、と岡村先生はいわれる。そうして、『大日経疏』と『声字義』の本文の対照表を作成し、「真言」に対応する梵語は「曼荼羅」でなければならないことを読み解かれたのであった。そのことを、『広付法伝』は、法仏が真実語をもってマンダラを説きたもうたのが、「秘密曼荼羅教」であると主張し、『声字義』は、マンダラをあらわすのは仏界文字・真実語のみであると論ずる。この真実語とマンダラの相互・不可分なる関係が明示されるのは、『十住心論』の「真言とは且らく語密について名を得、もし具さに梵語に拠らば曼荼羅と名づく」という命題であろう。つまり、法仏の語密としての真言（真実語）に対応する梵語は、

「マンダラ」以外の何ものでもありえないということである（本書一八九頁）。

とまとめられた。

要するに、空海は「真言とは曼荼羅なり」と理解されたわけである。ここにいう「真言」と「曼荼羅」の連関は、真言とは仏界の文字、真実のことばであり、法身大日如来の語密（＝秘密語）であるから「曼荼羅」というのである。ここにいう「曼荼羅」とは、われわれをさとりの境界に導くために、真実語・如義語でもって説法している大日如来の境界、この宇宙そのものをいったものである。

と解せないであろうか。

二つ目は、岡村先生といえば空海思想の研究者といったイメージをもつ方が多いかもしれないけれども、実践面への造詣もきわめて深いことである（第十二・十四・十五章参照）。たとえば、

①密教が成立する、その根源を問うという作業は、いわゆる歴史的、実証的な方法のみで尽くされるものではない。経典研究に基づく文献学や密教史の研究の肝要なことはあらためて説くまでもないが、実践的宗教としての密教には、あくまで実践に即して、その根源を解明するという方法がやはり不可欠なのである。いわば、密教の根本構造を実践的に問うという手続きが緊急に必要とされざるをえないのである（中略）。ここでいう密教の根本構造は形式のみでなく、むしろその実質としての体験の構造を指している。つまりは、事相や教相が分かたれて出てくるもとになる体験、その意味で密教の成りたつ原体験の構造が、ここでは問題なのである（本書二九一頁）。

こうした主体的な密教への問いをたてる作業が、これまでの密教研究に欠如してはいなかったか。

②真言の行者も本尊の前で実修すべく義務づけられているのです。いいかえると、哲学的な思弁あるいは熟慮、

洞察ということを、自由な場所や自由な方法で行うのではなく、本尊と我とが端的に一つになった、まさしくその場所で行わなければいけないというのであります（本書二一〇頁）。

といったことばに、実践面を重視される姿がよく現れているといえよう。特に、空海の著作を読むとき、頭だけで考えがちであるけれども、空海思想の根底には瞑想・修法といった実践・体験があったことを肝に銘じるべきであるという。また、密教とは何か、の根源的な問いをつねに心がけるべきであるともいう。

最初にも記したように、本書に収録した諸論考には、透徹した思索に裏打ちされたハッとさせられることばに出逢うことが少なくない。それら一つ一つのことばと真摯に向きあうことにより、真実の空海を知りうる、新たな地平が拓けることを確信する。

出典一覧

一　空海伝の成立——空海と弘法大師——
『日本密教』（『シリーズ密教』第四巻）、春秋社、二〇〇〇年五月

二　恵果阿闍梨との出逢い
『密教文化』七七・七八号、密教研究会、一九六六年十一月。のちに『空海』（日本名僧論集第二巻）、吉川弘文館、一九八二年十二月所収。『日本密教Ⅰ』（密教大系第四巻）、法藏館、一九九四年七月所収

三　空海の魅力
『密教の聖者　空海』吉川弘文館、二〇〇三年十一月

四　即身成仏への道——文字とマンダラ——
『密教の聖者　空海』吉川弘文館、二〇〇三年十一月

五　即身成仏の世界観——根源性と調和——
『密教の聖者　空海』吉川弘文館、二〇〇三年十一月

六　『即身成仏義』を読んで
高野山大学通信教育室（高野山大学通信制大学院テキスト）、二〇〇五年三月

七　即身成仏義
『日本文学と仏教』（岩波講座第一巻　人間）、岩波書店、一九九三年一月

八　空海思想の形成過程を探る

『マンダラの諸相と文化（頼富本宏博士還暦記念論文集）』（〔上〕金剛界の巻）、法藏館、二〇〇五年十一月

九　『梵字悉曇字母幷釈義』について

『空海研究』二、空海学会、二〇一五年三月

十　真言マンダラ私考

『高木訷元博士古稀記念論集　仏教文化の諸相』山喜房仏書林、二〇〇〇年十二月

十一　空海の哲学と曼荼羅

『曼荼羅――色と形の意味するもの――』（朝日カルチャーブックス19）、大阪書籍、一九八三年三月

十二　密教修行の方法と思想――その基底にあるもの――

『密儀と修行』（『大系　仏教と日本人』第三巻）、春秋社、一九八九年二月。のちに『日本密教Ⅱ』（『密教大系』第五巻）、法藏館、一九九四年十一月所収

十三　お大師さまの『大日経』観――造反から包摂――

『講義録』（第三四回高野山安居会）、高野山真言宗教学部、一九九九年三月

十四　真言密教――その教相と事相――

『弘法大師空海』毎日新聞社、一九八四年十月

十五　密教とは何かという問い

『密教学会報』二三、高野山大学密教学会、一九八四年三月

十六　最澄と密教思想

『密教文化』八九、密教研究会、一九六九年十一月

十七　円仁『真言所立三身問答』
『日本の仏典』（中公新書）、中央公論社、一九六九年二月

あとがき

ただ一途に弘法大師空海を読む、この一念でつき進んできた生涯の想いをこの一冊に注ぎたいと思う。おそらく昭和三十年代の初めに、不思議なご縁により高野山大学に奉職して、中野義照、宮坂宥勝といった碩学のもと、松長有慶、高木訷元など素晴らしい先輩たちと出会わなければ、ここに収められた論稿は成立していなかったであろう。当時の、ときにかんかんがくがく、またときには清談のごとく集い合って語らう、あの貴重な時間がなければ、ここに収める論稿は生まれなかったであろう。また平成に入って始めた「祖典を読もう会」の幹事たちの勧めがなければ、この論集は成立しなかったことであろう。さらに、またとなき協力者武内孝善氏の援助なくしては到底、日の目をみることはなかったに違いない。

いまや大きく時代が変動する中で、あらたに空海の思想に対する関心が深まり、あるいは世界思想史的なスケールの大きな視野のもと、抜本的な考察が施される一方、各分野こぞって綿密周到な考察が進められている。その一端を荷なうべく着手した旧稿であるが、事情があり中絶するにいたった。

幸いにして、畏友高木訷元氏の近著『空海の座標　存在とコトバの深秘学』（慶應義塾大学出版会、二〇一六年）が、まったく新しい手法で、空海思想の神秘を刻明に写し取っている。その手法は、井筒俊彦の斬新なる言語理論を承けて、意表をつく解釈法を駆使し、空海の文章の透徹した解釈を提示し、さらに新しい研究成果を吸収して画期的な空海論を提示するというものである。

ただ一つ気になるのは、『梵字悉曇字母并釈義』の意義である。これは帰朝後八年、改めて留学の成果を上進したものである。しかも梵字悉曇は法爾自然の文字、つまり真理そのものの自己開示であるところの真実のことば、即ち真言とみなされている。つまり永遠の真理の表われである原初の文字というわけである。たしかに漢訳の経典をこえて、古代インドの文字ことばが請来された意義は画期的である。その一方では、この梵字悉曇の上呈は密教教理の基礎解明の確立を裏づけるものであるといえるであろう。なお『梵字悉曇字母并釈義』については、氏家覚勝の先駆的研究がある。

それにしても、この論集は折にふれて書かれた論文の集成にすぎない。あるいは求めに応じ、あるいは関心に任せて成稿したものを集録したにすぎない。唯ほぼ一貫して、空海の教えを主体的に問うことを目指したつもりであるが、非力のため大した効果をあげることはできなかった。省みて忸怩たるものがあるが、その時々に精一杯の想いをこめて書いてきたつもりである。

ただ願うところは、時代をこえて新しい大師像の展開することである。新しい時代には新しい時代に即応した大師像が打ちたてられる必要がある。各自には各自の大師像が打ちたてられることが願わしいと思う。大師への想いの切なるに応じて、新しい大師像が生まれるに相違ないであろう。

最後に、拙稿の出版にあたり、多くの方がたに随分とお世話になりましたことひとえに有難く、心より感謝申しあげる次第であります。とりわけ、笠谷覚真師の献身的な協力なくして、この企画は成立しなかったことであろう。改めて師の御尽力に対して甚深なる謝意を捧げたいと思う。

合掌

二〇一八年十月

【著者略歴】

岡村圭真（おかむら　けいしん）

1931年徳島県生まれ。1953年京都大学文学部哲学科宗教学卒業。同大学大学院博士課程〈宗教学〉修了。1959年高野山大学文学部講師，助教授，教授。1973年高知大学文理学部（のち人文学部）教授。1995年退任。1979年～2017年まで真言宗大覚寺派源久寺住職。

1999年密教学芸賞受賞。

2019年２月遷化。

単著に，『慈雲尊者　その生涯と思想』（岡村圭真著作集第二巻）。

主な論文に，「恵果阿闍梨との出逢い」『密教文化』第77・78合併号。「最澄と密教思想」『密教文化』第89号。「西洋哲学と密教―密教哲学の新しい可能性のための覚書」『密教の理論と実践』（『講座密教』第１巻），「空海伝の成立―空海と弘法大師」『日本密教』（『シリーズ密教』第４巻），「慈雲尊者の生涯と思想―「正法」の復興をめざして」『大法輪』第69巻，ほか多数。

空海思想とその成りたち
――岡村圭真著作集 第一巻

二〇一九年九月二〇日　初版第一刷発行

著　者　岡村圭真
発行者　西村明高
発行所　株式会社法藏館
京都市下京区正面通烏丸東入
郵便番号　六〇〇-八一五三
電話　〇七五-三四三-〇〇三〇（編集）
〇七五-三四三-五六五六（営業）

装幀者　田中　聡
印刷・製本　亜細亜印刷株式会社

ISBN978-4-8318-5690-6 C3315